Kevin J. Conner

Os segredos do
Tabernáculo
de
Moisés

O TABERNÁCULO NO DESERTO

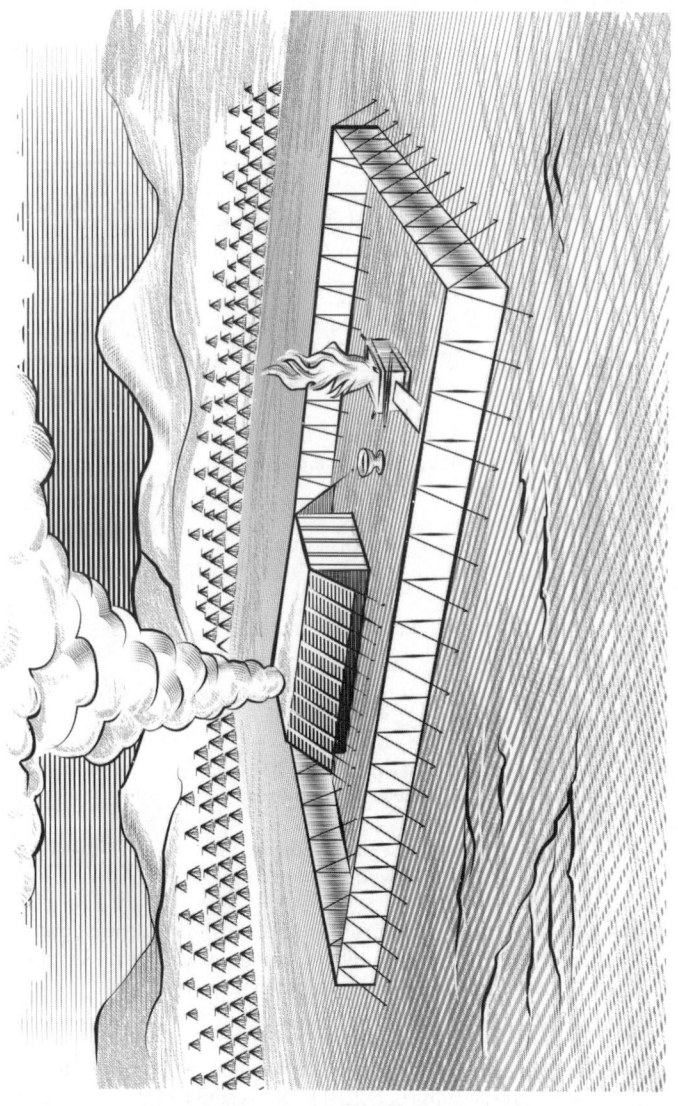

Conner, Kevin J.
   Os segredos do Tabernáculo de Moisés / Kevin J. Conner; [tradutora Célia Regina Chazanas Clavello]. Belo Horizonte: Editora Atos, 2004.

   Título original: The tabernacle of Moses
   Bibliografia.
   ISBN 85-7607-042-1

   1. Bíblia. A.T. – Êxodo – Comentários 2. Moisés (líder bíblico) 3. Tabernáculo I. Título.

04-3776   CDD-222.1207

Índices para catálogo sistemático:
1. Tabernáculo de Moisés: Êxodo: Livros históricos:
Bíblia: Antigo Testamento: Comentários   222.1207

The tabernacle of Moses
© Copyright 1976 by Kevin J. Conner
All rights reserved

Tradução para o português
Célia Regina Chazanas Clavello

Revisão
Heloisa Lima

Capa
Leandro Schuques

Ilustrações
Holy Design

Projeto gráfico
Leandro Schuques

Segunda edição
Novembro de 2015

Nenhuma parte deste livro pode ser reproduzida, arquivada ou transmitida por qualquer meio – eletrônico, mecânico, fotocópias, etc. – sem a devida permissão dos editores, podendo ser usada apenas para citações breves.

Publicado com a devida autorização e com todos os direitos
reservados pela EDITORA ATOS LTDA

Atos

www.editoraatos.com.br

SUMÁRIO

Prefácio 7
Agradecimentos 9
Introdução 11
    Observações preliminares e gerais 13
    Formas de abordagem 24
    Materiais usados na construção 25
A arca da aliança 29
A mesa dos pães da presença 45
O candelabro de ouro 55
O altar de incenso e o sumo sacerdote 63
A estrutura do tabernáculo 73
As cortinas e as coberturas 83
As entradas do tabernáculo 91
O pátio externo 99
A entrada do pátio 107
O altar de bronze 111
A bacia de bronze 127
A nuvem de glória 135
Apêndice 139
    Padrão para a igreja no Novo Testamento 139
    Cristo no Santuário Celestial 143
    Os metais do Tabernáculo 145
    Significado profético das medidas do Tabernáculo 147
    Cristo tipificado nos materiais do Santuário 153
    Significado dos números 155
Bibliografia 159

PREFÁCIO

"Não há limites para a produção de livros" (Ec 12.12). Assim disse o sábio rei Salomão. Enquanto Deus continuar a nos revelar seu Livro, a Bíblia Sagrada, outros livros continuarão a ser escritos.

Na introdução deste estudo do Tabernáculo de Moisés, é bom lembrarmos das palavras do seguinte versículo de Provérbios: "A glória de Deus é ocultar certas coisas; tentar descobri-las é a glória dos reis" (Pv 25.2). Isto não é diferente em relação ao Tabernáculo de Moisés, conforme revelado por Deus a Israel. Através da própria estrutura, mobília e material desse Tabernáculo, Deus, em sua glória, se agradou em ocultar e encobrir verdades eternas. Assim, torna-se a glória dos cristãos, que são reis e sacerdotes para Deus e para Cristo (Ap 1.6; 5.9,10; 1 Pe 2.5,9), descobrir essas gloriosas verdades.

É muito importante que conheçamos o que Deus tem ocultado para nós no Tabernáculo de Moisés. Muitas partes do Antigo e do Novo Testamento tornam-se sem significado para nós sem uma compreensão geral, conhecimento e interpretação daquilo que se relaciona com o Tabernáculo de Moisés. A Bíblia inteira está baseada na celebração, nas ordenanças e nas cerimônias relacionadas com esta estrutura. Contudo, esta é uma das áreas de estudo mais negligenciadas por grande parte do povo de Deus.

Não há necessidade de permanecermos na ignorância com respeito às realidades espirituais ocultas nos símbolos externos, pois a própria Palavra de Deus as esclarece. Nosso propósito neste estudo é simplesmente buscar na Palavra de Deus os meios para interpretá-la por si mesma, nada mais que isso.

Sob a aliança mosaica, Deus revelou verdades ao seu povo, os filhos de Israel, em cinco áreas principais. São elas: (1) a lei: moral, civil e cerimonial; (2) o sacerdócio: araônico e levítico; (3) os cinco tipos de ofertas, ou sacrifícios cerimoniais; (4) as três festas principais: Páscoa, Pentecostes e Tabernáculos; (5) o Tabernáculo do Senhor, com suas funções específicas. Cada uma dessas áreas é profundamente vasta mesmo se consideradas individualmente. O esboço a seguir se refere basicamente à última, ou seja, ao Tabernáculo de Moisés (Nota: este Tabernáculo é mencionado também nas Escrituras como o Tabernáculo do Senhor. Neste estudo preferimos chamá-lo de Tabernáculo de Moisés para distingui-lo dos outros tabernáculos mencionados nas Escrituras e também porque o modelo para sua construção foi dado a Moisés no monte).

Por aproximadamente 400 anos toda a nação de Israel viveu em função dessa estrutura. Qual sua importância? Por que o ouro, a prata, o bronze, a madeira e as peles desempenhavam um papel tão importante na vida desse povo? Porque foi nesse lugar que Deus escolheu habitar, e ali Ele demonstrou de maneira simbólica toda a revelação e conhecimento de si mesmo. O Tabernáculo foi o "recurso visual" usado por Deus para instruir a nação de Israel.

Procuramos acrescentar algumas sugestões de estudos que podem ser úteis tanto para o professor quanto para o estudioso do assunto. A disposição das notas permite ao professor uma maior flexibilidade e um vasto espaço para desenvolver sua linha de pensamento. Para o estudioso estas notas foram preparadas da forma mais resumida possível, trazendo os pontos essenciais de uma maneira razoavelmente concisa. É importante que todas as referências das Escrituras sejam lidas. Se não examinarmos a verdade encontrada na própria Palavra de Deus, estaremos empregando nosso tempo em vão.

Procuramos evitar o excesso de detalhes, comentários desnecessários ou interpretações extravagantes e questionáveis, com o objetivo de deixar claro que as Escrituras falam por si mesmas ao confirmar as verdades tipificadas nos pontos mais importantes. Estas notas foram simplesmente deixadas aqui para que os rebuscadores da maravilhosa Palavra de Deus as recolham (ver Rt 2.7,16).

Nesses estudos você encontrará "semente para o semeador e pão para o que come" (Is 55.10). O Tabernáculo de Moisés e sua mobília serão vistos nos seguintes aspectos:

1. Tipificando o Senhor Jesus Cristo

A primeira e principal interpretação referente ao Tabernáculo de Moisés é encontrada na pessoa do Senhor Jesus Cristo, o Filho de Deus. A Palavra que se tornou carne e "habitou [literalmente: tabernaculou] entre nós" (Jo 1.14-ERA). Jesus mesmo declarou: "No livro está escrito a meu respeito" (Hb 10.7) e também testemunhou que "ele [Moisés] escreveu a meu respeito" (Jo 5.46). A Lei, os Salmos e os Profetas profetizaram a respeito do Senhor Jesus Cristo e de seu ministério redentor (Lc 24.44). Em Ez 11.16 e Is 8.14 encontramos "Ele será um santuário".

2 .Profeticamente, a respeito da Igreja, tanto a local quanto a universal

A segunda aplicação é aquela que encontra cumprimento na Igreja, que é o Corpo de Cristo, "a plenitude daquele que enche todas as coisas" (Ef 1.22,23). A Igreja do Novo Testamento, local e universal, é agora a morada de Deus, sua habitação. Assim, o Tabernáculo e sua mobília são "cópia e sombra daquele que está nos céus" (Hebreus 8.5), "para que Cristo habite [no grego, tabernacule] no coração de vocês" (Ef 3.16,17; Cl 1.19; 2.9; 2.17).

3. Dispensacionalmente a respeito dos tempos e épocas

Há uma aplicação adicional nas medidas encontradas na estrutura do Tabernáculo e do pátio externo. Estas, como veremos, tipificam e são formas proféticas das dispensações da aliança da Lei e da nova aliança, consumando-se nos tempos eternos por vir.

4. Celestialmente, retratando o santuário verdadeiro e celestial

Devemos lembrar que o Tabernáculo de Moisés era simplesmente uma reprodução esboçada na terra do Santuário verdadeiro nos céus. Há um Santuário no céu. Há um Tabernáculo real, verdadeiro e espiritual. As Escrituras são explicitamente claras quanto a essa verdade (Hb 9.21-24, Ap 15.5; Jr 17.12; Hb 8.1-4). Quando Arão exerceu seu ministério nos Lugares Santos do Santuário terreno isso nada mais era do que a sombra do ministério de Cristo, nosso grande sumo sacerdote no Santuário celestial. Este aspecto é o tema predominante do livro de Hebreus, Cristo exercendo seu ministério no Santuário celestial, no Tabernáculo celestial e no Templo. Os três locais do tabernáculo terreno apontam para os três céus no Tabernáculo eterno.

5. Prática e experimentalmente

O pleno propósito da expressão e interpretação da verdade espiritual, tal como encontrada nos tipos do Tabernáculo, é sua aplicação no coração e na vida do cristão, tanto individual quanto coletivamente. A verdade deve se tornar prática e experimental, ou permanecerá apenas como a letra da lei. Teoria sem vida é pregar doutrina sem experiência, e isto transmite morte para os que estão ouvindo. O Espírito é quem traz vida.

Uma palavra final de exortação

Nunca é demais enfatizar o quanto é importante ler e estudar as passagens das Escrituras mencionadas nesse estudo relacionadas aos conceitos aqui apresentados. A Palavra, e não os nossos comentários, é que é "a espada do Espírito" e renova a vida daquele que crê. Portanto, leia e medite nas Escrituras conforme você prosseguir seu estudo.

AGRADECIMENTOS

Seria impossível mencionar aqui a grande quantidade de mestres, pregadores e pastores, além de inúmeros escritores, dos quais temos retirado observações sobre esse assunto maravilhoso através dos anos. Nas palavras do apóstolo Paulo, nenhum autor deve dizer: "Acaso a palavra de Deus originou-se entre vocês? São vocês o único povo que ela alcançou?" (1 Co 14.36). Podemos apenas dar toda a glória ao Senhor Jesus Cristo, que traz entendimento, revelação e iluminação para a Igreja através do ministério do Espírito Santo, cuja tarefa é tornar real a Palavra do Senhor em nossos corações e vidas.

Esta série de estudos tem sido usada na Austrália e Nova Zelândia, e também na Faculdade Bíblica de Portland, em Portland, Oregon.

Kevin J. Conner

ALIANÇA MOSAICA

ANTIGO TESTAMENTO
Livro de Êxodo

NOVO TESTAMENTO
Livro de Hebreus

MONTE SINAI - Hb 12.18-29

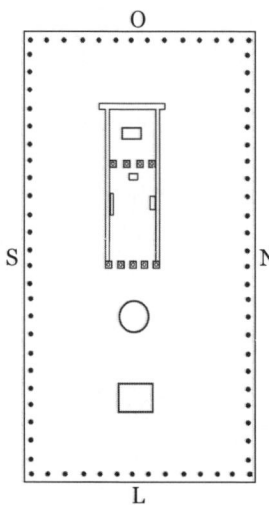

1. O TABERNÁCULO
Pátio externo
Lugar Santo
Lugar Santíssimo

2. AS FESTAS
Páscoa
Pentecostes
Tabernáculo

3. AS CINCO OFERTAS
O holocausto
A oferta de cereal
A oferta de comunhão
A oferta pelo pecado
A oferta pela culpa

4. A LEI
Lei moral
Lei cerimonial
Lei civil

5. O SACERDÓCIO
O sumo sacerdote
Sacerdote aarônico
Sacerdócio levítico

INTRODUÇÃO

Muitos cristãos costumam perguntar: "Por que estudar sobre o Tabernáculo de Moisés?" ou "Por que estudar o Antigo Testamento?". Quando os escritores do Novo Testamento escreveram seus livros, eles continuamente mencionavam a Lei, os Profetas e os Salmos para interpretar as ações de Deus em sua época. O Novo Testamento apresenta várias evidências sobre a importância de se estudar o Antigo Testamento. Apresentamos a seguir 17 razões encontradas no Novo Testamento para estudarmos o Tabernáculo de Moisés, tal como é descrito no Antigo Testamento. Elas certamente nos fornecerão uma boa base bíblica para esse estudo.

Devemos estudar o Tabernáculo de Moisés:

1. Porque a revelação do Tabernáculo de Moisés é parte integrante das Escrituras, e "Toda a Escritura é inspirada por Deus e útil para o ensino, para a repreensão, para a correção e para a instrução na justiça" (2 Tm 3.16).

2. Porque "... tudo o que foi escrito no passado, foi escrito para nos ensinar, de forma que, por meio da perseverança e do bom ânimo procedentes das Escrituras, mantenhamos a nossa esperança" (Rm 15.4).

3. Porque todas "essas coisas ocorreram como exemplos [no grego, "tipos"] para nós... e foram escritas como advertência para nós, sobre quem tem chegado o fim dos tempos (1 Co 10.6,11).

4. Porque o próprio Cristo deu aos discípulos uma tríplice divisão das Escrituras quando disse: "Era necessário que se cumprisse tudo o que a meu respeito está escrito na Lei de Moisés, nos Profetas e nos Salmos" (Lc 24.44). A revelação do Tabernáculo é parte da Lei de Moisés e, consequentemente, contém profecias concernentes a Cristo (Lc 24.26,27,44-46). "[Moisés] escreveu a meu respeito" (Jo 5.45,46; At 3.22,23), tanto profética quanto simbolicamente.

5. Porque Jesus disse: "No livro está escrito a meu respeito" (Hb 10.7 e Sl 40.6-8). Portanto o Tabernáculo, sendo parte do livro, é também uma profecia de Cristo e da Igreja.

6. Porque "a Lei foi o nosso tutor até Cristo" (Gl 3.24). A lei concernente ao Tabernáculo serve de tutor para nos levar a Cristo ou revelar Cristo em nós.

7. Porque Jesus disse: "Não pensem que vim abolir a Lei ou os Profetas; não vim abolir, mas cumprir. Digo-lhes a verdade: Enquanto existirem céus e terra, de forma alguma desaparecerá da Lei a menor letra ou o menor traço, até que tudo se cumpra" (Mt 5.17,18).

8. Porque "todos os Profetas e a Lei profetizaram" (Mt 11.13). Todos clamam: "Glória" (Sl 29.9). Todos profetizaram "os sofrimentos de Cristo e as glórias que se seguiriam àqueles sofrimentos" (1 Pe 1.11).

9. Porque a lei era uma "sombra [no grego, "figura"] dos benefícios que hão de vir"(Hb 10.1). O propósito da sombra é trazer-nos para a realidade, assim como o propósito da

profecia é levar-nos ao seu cumprimento. É função do tipo revelar o antítipo. A Lei corresponde à época da "sombra", indicando-nos o que é real. A sombra de um objeto não contém algo real propriamente, apenas indica o objeto que lança a sombra.
É preciso seguir o curso da sombra em contraste com a luz para se chegar à realidade. Se alguém fica de costas para a luz, se perde na sombra, mantendo-se afastado da realidade. O único propósito de olhar para a "sombra da Lei" é segui-la até chegar Àquele que a sombra representa.
O Tabernáculo poderia ser descrito como um esboço ou uma figura das coisas que viriam. Verifique os seguintes versículos sobre esse assunto: Hb 8.5; 9. 9, 23,24; 10.1; 1 Co 10.11 e Cl 2.17).

10. Porque o Tabernáculo era um modelo (no grego, "tipo") das realidades celestiais, do Tabernáculo Celestial (Hb 8.5; 9.23).

11. Porque "na Lei temos a forma da sabedoria e da verdade" (Rm 2.20 – ERA).

12. Porque o Tabernáculo, suas medidas, seus utensílios e suas cortinas eram todos "revelações separadas – cada qual expressando uma porção da verdade" (Hb 1.1,2 – Bíblia Amplificada).

13. Porque o Tabernáculo era uma figura do verdadeiro Tabernáculo. "Pois Cristo não entrou em santuário feito por homens, uma simples representação [no grego, "antítipo"] do verdadeiro; ele entrou nos céus" (Hb 9.24).

14. Porque "Eles [os sacerdotes] servem num santuário que é cópia e sombra daquele que está nos céus (Hb 8.5). "Portanto, era necessário que as cópias das coisas que estão nos céus fossem purificadas com esses sacrifícios, mas as próprias coisas celestiais com sacrifícios superiores" (Hb 9.23).
O Santuário terreno era simplesmente uma cópia do Santuário celestial.

15. Porque o Tabernáculo era também uma parábola. "Isso [o primeiro Tabernáculo] é uma ilustração [no grego, "parábola"] para os nossos dias" (Hb 9.9). Parábola é uma história ou narrativa usada como comparação ou ilustração de uma verdade.

16. Porque todas as coisas no Tabernáculo eram tipos daquilo que estava por vir, até mesmo o próprio Cristo. Como Deus disse a Moisés: "De acordo com o modelo [no grego, "tipo"] que ele tinha visto (At 7.44).

17. Porque o princípio de Deus é: "Não foi o espiritual que veio antes, mas o natural; depois dele, o espiritual" (1 Co 15.46,47).
Nós olhamos para o natural, para o material, para o que é temporal, para as coisas que se veem, com o objetivo de descobrir, pelo Espírito, a verdade, que é espiritual e eterna; coisas que não são compreendidas pela mente natural do homem (ver 2 Co 4.18).

No Antigo Testamento, Deus deu a Israel, seu povo, as letras do seu alfabeto. No Novo Testamento, a Igreja pode colocar essas letras juntas e elas formarão "Jesus Cristo", não importa como sejam ordenadas.
    Para esclarecer melhor o que estamos dizendo, vamos olhar rapidamente alguns exemplos de como Deus, em sua sabedoria, usou coisas naturais do Antigo Testamento para revelar Cristo e a Igreja:

1. A rocha ferida, da qual Israel bebeu, apontava para Cristo (1 Co 10.1-4)
2. O maná que veio do céu apontava para Cristo (Jo 6.55-58)
3. O cordeiro sacrificial da Páscoa tipificava o Cordeiro de Deus que tira o pecado do mundo (Jo 1. 29)
4. O ministério de Arão como sumo sacerdote era uma demonstração do ministério sacerdotal de Cristo (Hb 4.14; 5.1-5; 6.19,20)
5. O Tabernáculo e toda sua mobília, metais, cortinas, coberturas e cerimoniais tipificavam o Senhor Jesus Cristo e seu ministério na Igreja

Embora o Tabernáculo e seus utensílios tenham perecido e cessado de existir, as verdades espirituais e realidades eternas tipificadas na habitação de Deus ainda permanecem, pois a verdade é eterna!

É por essas razões que devemos estudar a revelação de Deus no Tabernáculo de Moisés. Isso também se aplica a qualquer outro estudo que fizermos do Antigo Testamento.

Em Rm 1.20 Paulo declara: "Pois desde a criação do mundo os atributos invisíveis de Deus, seu eterno poder e sua natureza divina, têm sido vistos claramente, sendo compreendidos por meio das coisas criadas". Deus quer tornar claro que Ele nos tem dado coisas visíveis da criação para nos ajudar a compreender as coisas espirituais (invisíveis). As coisas que são vistas são temporais, mas as que elas nos revelam são eternas (2 Co 4.18). O Tabernáculo de Moisés foi construído com vários elementos diferentes da criação: ouro, prata, bronze, madeira e pedras preciosas. Ele possuía cortinas e cobertura e uma disposição correta da mobília, desde a arca da aliança até o altar de bronze. Todas essas coisas passam a ser símbolos, ocultando ou desvendando verdades e diferentes facetas da revelação concernentes a Cristo e à sua Igreja.

Jesus costumava ensinar profundas verdades espirituais por meio de parábolas. Era a única forma de o homem limitado poder compreender algumas das verdades de Deus, um ser infinito. Em todas as parábolas que Jesus contou há verdades encobertas que o Espírito ainda está desvendando para nós. Assim como Jesus falou através de parábolas em seu ministério terreno, Deus fala conosco através da parábola do Tabernáculo de Moisés, tomando elementos naturais da criação e transformando-os numa linguagem simbólica para descrever verdades eternas. Desta forma, o Tabernáculo se apresenta como o código secreto de Deus para revelar verdades a todos que o buscam de modo sincero e dedicado. De fato, podemos afirmar que todo o sistema mosaico representa o "flanelógrafo" de Deus para ensinar a verdade divina ao seu povo.

O Novo Testamento nos dá a exposição doutrinária dos tipos. Declarações abstratas da verdade são muito mais fáceis de serem compreendidas através de algumas representações visíveis, como as usadas no Tabernáculo. Assim, o Tabernáculo é repleto de tipos ilustrativos. Tipos, como já dissemos, são sombras, e sombras envolvem substâncias. Todos esses elementos são lições objetivas, símbolos materiais para expressar verdades espirituais. O Senhor Jesus Cristo é a chave para compreendermos "o evangelho segundo Moisés".

Observações preliminares e gerais

1. Israel, a Igreja no deserto (At 7.38)

A nação de Israel é mencionada no Novo Testamento como sendo a "congregação (Igreja) no deserto". Assim, Israel é apresentado como um tipo ou sombra da Igreja do Novo Testamento, a qual é o Israel espiritual de Deus (Rm 9.6-8). Este princípio de interpretação é expresso por Paulo em 1 Co 15.46,47, onde ele indica que o natural precede ou aponta para o espiritual (isto é, primeiro o natural, depois o espiritual). O "Israel de Deus" (Gl 6.16) é agora a Igreja, a qual é uma nova criatura em Cristo Jesus (Gl 3.16,28,29).

O Deus de Israel é descrito na Bíblia como uma oliveira na qual os crentes em Cristo estão enxertados. Este enxerto ocorre pela fé em Jesus Cristo (veja especialmente Rm 11.1-12 e 9.1-10). Contudo, assim como em Cristo todos os crentes estão enxertados na oliveira (o Israel de Deus), após a cruz todos os judeus incrédulos são lançados fora da oliveira. Crer em Cristo, o Filho do Deus Vivo, torna-se o único critério para fazer parte do enxerto na árvore de Deus.

Por esse motivo, Paulo é capaz de nos dizer que o que aconteceu para o Israel natural serviu como tipo e exemplo e foi escrito como advertência para nós (1 Co 10.11). Portanto, é justificável observarmos a verdade no Tabernáculo como um tipo ou sombra das boas coisas por vir no Novo Testamento ou Nova Aliança da Igreja.

2. A aliança mosaica

Quando olhamos para o livro de Êxodo percebemos que ele se divide, basicamente, em duas partes. A primeira compreende os capítulos de 1 a 19, com material de conteúdo histórico por natureza. Esta parte trata basicamente do problema da escravidão e libertação do povo de Israel através das mãos de Moisés e Arão, levando-os ao Monte Sinai, no deserto. A segunda parte abrange os capítulos de 20 a 40 e trata principalmente da questão legislativa, isto é, das leis que governariam a vida da nação. Estas leis incluíam a Lei Moral, a Lei Civil e a Lei Cerimonial. A Lei Moral está contida basicamente nos Dez Mandamentos. A Lei Civil incluía o Livro da Lei ou Livro da Aliança e a Lei Cerimonial regulamentava a vida religiosa da nação expressa nas dádivas para a construção do Tabernáculo, no sacerdócio e nas ofertas (veja o capítulo que trata dos elementos da arca para mais informação).

A "Igreja no deserto" foi construída sobre cinco fundamentos baseados na aliança mosaica, que se cumpre primeiramente em Cristo e depois na Igreja. Esse fundamento quíntuplo corresponde:

1. Ao Tabernáculo de Moisés: Êx 25-40
2. À aliança da Lei (também chamada antiga aliança ou aliança mosaica): Êx 20
3. Ao sacerdócio, tanto araônico quanto levítico: Êx 28,29,39
4. Às cinco ofertas e vários tipos de sacrifícios: Lv 1-7
5. Às três festas do Senhor: Páscoa, Pentecostes e Tabernáculos: Lv 23

A epístola aos Hebreus faz uma abordagem profunda desses cinco fundamentos relacionando cada um deles ao ministério de Jesus Cristo. Cada um, por si só, corresponde a um estudo profundo. Abordaremos a seguir o primeiro deles, o Tabernáculo de Moisés.

3. Descrição geral do Tabernáculo

O Tabernáculo de Moisés era uma espécie de tenda móvel, com várias cortinas e coberturas, sobre uma estrutura de madeira. O Tabernáculo possuía três compartimentos ou lugares aos quais as Escrituras se referem como: (1) o Lugar Santíssimo ou Santo dos Santos; (2) o Lugar Santo e (3) o Pátio Externo. Em cada compartimento havia um mobiliário específico:

1. No Lugar Santíssimo:
    A arca da aliança

2. No Lugar Santo:
    a. O altar de ouro do incenso
    b. A mesa com os pães da Presença
    c. O candelabro de ouro

3. No pátio externo:
   a. O altar de bronze
   b. A bacia de bronze

Era no Lugar Santíssimo que a própria presença de Deus, com sua glória manifesta, (*shekinah*) habitava. Era ali que Deus se comunicava com o homem, habitando no meio do povo de Israel, assim como hoje Cristo habita no meio de seu povo, a Igreja. "Pois onde se reunirem dois ou três em *meu nome*, ali *eu* estou no meio deles" (Mt 18.20).

4. O propósito divino do Tabernáculo

O propósito divino para a construção do Tabernáculo é resumido no versículo-chave encontrado em Êxodo 25.8 e 29.46,47: "E farão um santuário para mim, e eu habitarei no meio deles". Este versículo é a síntese de tudo o que diz respeito ao Tabernáculo. O desejo de Deus é habitar no meio do seu povo redimido em seus próprios termos e em suas próprias condições. Deus declara o seu propósito ao fornecer o padrão que deveria ser seguido na construção do seu lugar de habitação.

Deus criou um lugar de habitação para o homem ao criar a Terra. Os detalhes desta criação podem ser encontrados nos dois primeiros capítulos do livro de Gênesis. A humanidade se maravilha com a grande variedade de material produzido na criação da habitação do homem. Os cientistas dedicam suas vidas ao estudo e à pesquisa dos mistérios e maravilhas desta habitação. Contudo, o mistério e as maravilhas do lugar de habitação de Deus, o Tabernáculo, são infinitamente maiores. A Bíblia dedica 43 capítulos consecutivos (Êx 25 a 40 e Lv 1 a 27) e mais algumas partes das Escrituras (veja Números, Hebreus e Apocalipse) para tratar do assunto da habitação de Deus. Se os dois capítulos de Gênesis relativos à habitação do homem fornecem tão rico material de estudo e pesquisa, então a habitação do Deus eterno certamente deve prover abundante material para os estudiosos. Nesta revelação estão escondidos tesouros espirituais de conhecimento e verdade. Externamente, nada podemos ver além de uma grande quantidade de madeira e peles, mas como as Escrituras claramente afirmam: "A glória de Deus é ocultar certas coisas; tentar descobri-las é a glória dos reis" (Pv 25.2). O cristão precisa aprender a valorizar e dar importância às coisas que Deus valoriza, e uma delas diz respeito ao seu lugar de habitação.

Deus sempre desejou habitar *com* e *entre* seu povo. Isto é revelado nos lugares de habitação no Antigo Testamento e consumado no Novo Testamento, onde a Palavra se fez carne e "habitou" entre nós. À medida que analisamos este assunto mais detalhadamente, constatamos uma revelação progressiva dos "lugares de habitação" de Deus. Começando pelo livro dos princípios (Gênesis) com o Jardim do Éden e terminando com o livro do final dos tempos (Apocalipse), com a cidade de Deus, vejamos brevemente esta progressão através da Bíblia:

1. Deus habitou com o homem antes que o pecado entrasse na habitação ou tabernáculo do Éden. Deus caminhou e conversou com Adão neste Jardim (Gn 3.8, 24).

2. Deus caminhou e conversou com Noé e com os patriarcas em suas épocas (Gn 6.9). Deus apareceu a Abraão, Isaque e Jacó (Gn 17.1; 26.24 e 35.1).

3. Deus habitou com o homem no Tabernáculo de Moisés (Êx 25.8,22). Ele habitou com o Israel redimido.

4. Deus acrescentou revelações e verdades quando habitou no Tabernáculo de Davi, construído pelo rei Davi (1 Cr 17.1-6 e At 15.15-18).

5. Deus fez ainda revelações adicionais no Templo de Salomão (2 Cr 5).

6. A perfeita e plena revelação de Deus está na pessoa do Senhor Jesus Cristo. Ele é a "plenitude da divindade" (Cl 1.19 e 2.9). Ele é Deus em forma humana. Ele é o Tabernáculo e o Templo (Jo 2.19-21). Ele é a Palavra que se fez carne "e habitou [lit. tabernaculou] entre nós, ... e vimos a sua glória" (Jo 1.14-18 – ERA). Deus está em Cristo (2 Co 5.18,19).

7. Deus agora habita no tabernáculo ou lugar de habitação da Igreja. Ele habita individualmente em cada coração que crê (2 Co 5.1; Ef 3.17 e 2 Pe 1.13,14). Ele também habita corporativa ou coletivamente na Igreja, que é o seu corpo (1 Tm 3.15; Jo 14.23; 1 Pe 2.5; 2 Co 6.15-18; 1 Co 3.16,17 e Ef 2.20-24).
Vimos assim que Deus habitou com o homem, entre os homens e, finalmente, nos homens. O relacionamento entre Deus e o homem é necessário para cumprir o propósito e o plano de Deus na redenção. [No início (Gênesis) vemos Deus descendo a terra para habitar e relacionar-se com o homem eternamente]. Deus deseja relacionar-se com o homem, contudo para que isso seja possível, é necessário que se cumpram certas condições. Isto é, a santidade divina precisa tratar antes da inclinação do homem para o pecado. "Sejam santos, porque eu sou santo"(Lv 11.44 e 1 Pe 1.15,16).

8. A revelação final da habitação de Deus é vista na revelação da cidade santa, a Nova Jerusalém. "O tabernáculo de Deus... com os homens, com os quais ele viverá. Eles serão os seus povos; o próprio Deus estará com eles e será o seu Deus" (Ap 21.3. Veja também Hb 8.2,5; 9.11,24; Ap 11.19; 21.1-3).
Vemos em cada situação as Escrituras se cumprindo: "Fui de uma tenda para outra, e de um tabernáculo para outro" (1 Cr 17.5).

5. Os nomes e títulos dados ao Tabernáculo

No Antigo Testamento encontramos muitos nomes diferentes para designar o Tabernáculo de Moisés. Cada um desses nomes revela um aspecto particular da verdade, assim como os vários nomes dados à Igreja no Novo Testamento falam de diferentes aspectos da Igreja. Esse Tabernáculo era chamado de:

1. Tabernáculo (Êx 25.9): A palavra "tabernáculo", literalmente, significa "tenda" ou "morada". Esse Tabernáculo deveria ser o lugar de habitação do Altíssimo.

2. Santuário (Êx 25.8): A palavra "santuário" significa "lugar santo" ou "lugar separado". Esse Tabernáculo deveria ser um lugar separado para a habitação de um Deus santo.

3. Tenda do Testemunho (Nm 9.15; 17.7; 18.2). Veja também: Êx 25.22 e 26.33,34: O Tabernáculo recebeu este título porque nele estava a arca da aliança, a qual continha as Tábuas da Lei. As Tábuas da Lei eram consideradas o "Testemunho" de um Deus santo e determinavam seu padrão moral para o Israel redimido.

4. Casa de Deus (Êx 34.26; Dt 23.18; Js 9.23; e Jz 18.31 – ERA): Esta seria a Casa de Deus na qual Ele deveria ser o Senhor.

5. Tenda do Encontro (Êx 40.34-35). Este deveria ser o lugar onde todos se reuniam junto à porta para os dias festivos e para a adoração. Da mesma forma como eles se reuniam junto à porta do Tabernáculo, nós nos aproximamos da Porta, a saber, o Senhor Jesus Cristo, que declarou: "Eu sou a porta" (Jo 10.9).

Note que em dois desses títulos aparece a palavra "tenda". Aqueles que habitam em tendas são chamados de peregrinos. Tendas são moradas provisórias. Esses títulos são significativos para a vida peregrina do deserto. A igreja é também composta de estrangeiros e peregrinos neste mundo. Eles permanecem com Abraão na companhia daqueles que não têm cidade permanente, mas olham para "a cidade que tem alicerces, cujo arquiteto e edificador é Deus" (Hb 11.10).

Todos esses aspectos da verdade revelada nos vários nomes do Tabernáculo demonstram seu cumprimento espiritual na Igreja do Novo Testamento, local e universal. A Igreja é o lugar de habitação de Deus, formada por um povo especial, separado para Deus, pois Ele habita em meio aos louvores de seu povo. A Igreja é a Casa de Deus edificada com pedras vivas; é o lugar de reunião ou ajuntamento no Novo Testamento.

6. Os sete requisitos para a construção do Santuário

O Antigo Testamento menciona sete requisitos necessários para a edificação do Santuário do Senhor. O lugar de habitação de Deus deveria ser construído:

1. *Através de ofertas voluntárias*: "Diga aos israelitas que me tragam uma oferta. Receba-a de todo aquele cujo coração o compelir a dar" (Êx 25.2).
O anseio de contribuir surgiu entre os israelitas em gratidão ao Senhor que os havia libertado da escravidão no Egito através do sangue do Cordeiro Pascal. Esse é o tipo de oferta que interessa ao Senhor.
É interessante notar que o povo de Israel obteve os materiais para edificar o Santuário com os próprios egípcios. Esse fato é um cumprimento direto da profecia dada a Abraão anos antes, de que Israel deveria sair com grandes riquezas (Gn 15.12-16. Veja também: Êx 3.21,22 e 12.33-36). Essas bênçãos que o povo recebeu das mãos dos egípcios não tinham o propósito de enriquecê-los, mas foram dadas para serem devolvidas ao Senhor. Agora era tempo de ofertar, e o povo correspondeu.

2. *Pelo ânimo do povo*: "Todos os que estavam dispostos, cujo coração os impeliu a isso, trouxeram uma oferta ao Senhor" (Êx 35.21-26 e 36.2).
As pessoas se animaram para edificar o Santuário do Senhor. Da mesma forma os cristãos deveriam se sentir animados para edificar a Casa do Senhor hoje (Is 64.7 e 2 Tm 1.6).

3. *Pela disposição das pessoas*: "Todo aquele que, de coração, estiver disposto" (Êx 35. 5, 21,22,29; 25.1,2). O povo de Deus deve ser constituído por pessoas dispostas a fazer a sua vontade (Sl 51.10-17 e Sl 110.3).

4. *Com um coração voluntário*: Um estudo dos capítulos 35 e 36 do livro de Êxodo revela que a palavra "coração" e a expressão "de todo coração" aparecem pelo menos doze vezes. As pessoas deram suas ofertas livremente, com um coração agradecido pela bondade do Senhor (Êx 36.3). Essa disposição de coração é o que tem valor diante de Deus (Sl 51.10,12, 17 e Mc 7.6).

5. *Pela sabedoria de Deus*: "Os homens capazes, a quem o Senhor concedeu destreza e habilidade para fazerem toda a obra de construção do santuário" (Êx 36.1-8 e 35.10,25).

O Tabernáculo foi edificado de acordo com os critérios de Deus dados através de Moisés. Posteriormente, o Templo foi edificado pela sabedoria de Deus através de Salomão (1 Rs 3.12,13). Da mesma forma a Igreja do Novo Testamento somente será edificada pela sabedoria de Deus (Pv 1.1-6; 9.1; 1 Co 3.9-11 e Ef 1.14-18). É importante saber que embora Moisés fosse instruído em toda a sabedoria dos egípcios, ele dependia da sabedoria de Deus para a edificação de seu Santuário (At 7.22). A sabedoria do mundo é loucura diante de Deus (1 Co 1.18-25).

6. *Pelo Espírito de Deus*: "E o encheu do Espírito de Deus, dando-lhe destreza, habilidade e plena capacidade artística, para desenhar e executar trabalhos em ouro, prata e bronze" (Êx 35.30-35 e 36.1-3).
O Tabernáculo foi edificado pela capacitação e pelas habilidades do Espírito Santo concedidas aos homens. A Igreja do Novo Testamento só pode ser edificada dessa forma também. Vivemos hoje na era ou dispensação do Espírito. Mais do que naquela época, o povo de Deus precisa estar totalmente disponível e disposto a viver na dependência do ministério do Espírito Santo de Deus (1 Co 12.1-13 e Gl 5.16-26). Esta é a forma pela qual Deus realiza sua obra entre os homens. "Não por força nem por violência, mas pelo meu Espírito" (Zc 4.6).

7. *De acordo com o padrão divino*: "Tenha o cuidado de fazer tudo segundo o modelo que lhe foi mostrado no monte" (Hb 8.5; Êx 25.40; 26.30; 27.8; Nm 8.4 e At 7.44).
A leitura atenta dos capítulos 39 e 40 do livro de Êxodo revela que por 17 vezes é mencionado que Moisés edificou o Tabernáculo "como o SENHOR tinha ordenado a Moisés". Além disso, em pelo menos sete outras passagens foi dito a ele para fazer todas as coisas de acordo com o padrão de Deus. Nada foi deixado para a mente ou imaginação do homem. Tudo deveria ser feito de acordo com o modelo de Deus. Deus somente pode abençoar e confirmar com glória aquilo que é feito de acordo com o padrão da sua Palavra. A Igreja do Novo Testamento também deve estar sujeita ao mesmo padrão de Deus.

Moisés é um exemplo notável de alguém submisso à vontade e à Palavra de Deus, demonstrando plena e completa obediência às instruções para a construção do Santuário. Ele cumpriu cada palavra que Deus lhe ordenou. Como consequência, podemos traçar a seguinte progressão na experiência de Moisés com Deus:

a. Moisés fez "como o SENHOR tinha ordenado"
b. "Moisés terminou a obra" (Êx 39.32,42, 43; e 40.33)
c. "... a glória do SENHOR encheu o tabernáculo" (Êx 40.34-38)

Deus somente pode abençoar e encher um lugar com sua glória (Shekinah) quando este está de acordo com a sua Palavra e com o padrão divino (Cl 4.17; Zc 4.9; e Jo 17.1-6 e 19.30). A Igreja, da mesma forma, deverá ajustar-se ao padrão de Deus, e como resultado, a obra será concluída!
Se todos esses atributos foram necessários para a construção da habitação temporária de Deus, muito mais será exigido para a construção do Santuário do Novo Testamento, o qual representa o eterno propósito de Deus.

7. Os construtores do Tabernáculo

Inicialmente, dois homens estavam envolvidos na construção no Tabernáculo. O primeiro era Bezalel (Êx 31.1-5 e 35.30-35 ERA), um homem cheio de habilidade, inteligência, conhecimento e capacidade artística. Ele era um homem cheio do Espírito de Deus, com uma visão do plano de Deus em seu coração (Êx 35.34). No significado de seu nome vemos que a mão de Deus estava sobre ele. Sempre que Deus chama uma pessoa pelo nome, está expressando uma verdade espiritual. Nomes divinamente dados são expressões da natureza e propósito de um indivíduo. Esse princípio é demonstrado em Hb 7.2. A interpretação do significado de um nome revela o caráter e a mensagem ocultos no nome.

Deus disse de Bezalel: "Eu escolhi Bezalel, filho de Uri, filho de Hur, da tribo de Judá" (Êx 31.2). Bezalel significa "à sombra de Deus" ou "Deus é a minha proteção" (compare Is 49.1,2). O nome "Uri" significa "luz" ou "resplendor", e revela que Jesus seria o resplendor da glória de Deus e a expressão exata do seu ser (Hb 1.3). O nome "Hur" significa "nobre, puro ou livre". Isso nos lembra que Jesus foi ungido para libertar os cativos (Lc 4.18). Ele é a Verdade, e só o conhecimento da verdade é capaz de tornar o homem livre (Jo 8.32,36). Bezalel era da tribo de Judá, que significa "louvor". Jesus é o Leão da tribo de Judá (Ap 5.5). Somente Ele é digno de receber louvor.

O outro homem envolvido na edificação do Tabernáculo foi Aoliabe (Êx 31.6 e 35.34,35). Ele era também um homem hábil, cheio de sabedoria. Aoliabe era "filho de Aisamaque, da tribo de Dã". Aoliabe significa "tabernáculo ou tenda de meu pai". Jesus é o Tabernáculo ou o Templo do Pai (Jo 1.14 e 2.19-21). Jesus é aquele que edifica o Tabernáculo, que é a Igreja, para seu Pai. A Igreja torna-se habitação de Deus através do Espírito de Deus (Ef 2.20-22). O nome Aisamaque significa "aquele que apóia ou auxilia", apontando para o ministério do Espírito Santo que é chamado para ser nosso apoio ou nosso ajudador (Jo 14.26 e 15.26). Aoliabe era da tribo de Dã, que significa "juiz", reportando também a um aspecto do ministério do Espírito, que convence o mundo do pecado, da justiça e do juízo (veja também 1 Co 2.15).

O arquiteto do Tabernáculo foi o próprio Deus. Moisés, Bezalel e Aoliabe construíram de acordo com o padrão divino.

8. A revelação da "cruz" na disposição das tribos no acampamento (Nm 1 – 4)

Israel é frequentemente mencionado como sendo um "acampamento". Este é um termo militar e se refere ao fato de que Israel deveria ser o "Exército do Senhor". Israel estava sob a liderança do Senhor, e à medida que eles obedeciam à Palavra do Senhor obtinham vitória no acampamento. A igreja ou Israel espiritual é o acampamento atual do Senhor. É o "acampamento dos santos" (Ap 20.9) sob a liderança do capitão, Jesus Cristo (Hb 2.10; 2 Co 10.3,4 e Js 5.14). Os crentes são os soldados do exército do Senhor (2 Tm 2.3,4 e Ef 6.12).

Deus é um Deus de ordem, e para organizar o exército, o acampamento precisa estar em ordem. Deus nunca faz nada aleatoriamente ou sem cuidado. Israel era um grande acampamento e Deus estabeleceu uma ordem para este acampamento. A primeira delas é que o Tabernáculo deveria estar "no meio" do acampamento (Nm 2.17 e 3.5-10). Em relação ao acampamento do Novo Testamento, isso se refere à posição central ocupada por Cristo no acampamento dos santos. O Senhor Jesus Cristo está "no meio" de seu povo (Mt 18.20). Cada um de nós deve se colocar nessa posição em relação ao Filho de Deus.

Em Israel havia doze tribos. Essas doze tribos foram divididas em quatro grupos com relação à sua posição em volta do Tabernáculo. Cada grupo de três tribos tinha uma bandeira sob a qual acampavam. Os quatro agrupamentos eram os seguintes:

1. *A Leste*, sob a bandeira do Leão se posicionavam as tribos de Judá, Issacar e Zebulom (Nm 2.3-9). Esse exército era formado por 186.400 indivíduos e representava o maior dos agrupamentos.

2. *A Oeste do Tabernáculo*, sob a bandeira do Boi estavam as tribos de Efraim, Manassés e Benjamim (Nm 2.18-24). Este era o menor grupo das tribos, abrangendo 108.100 pessoas.

3. *Ao Norte*, as tribos de Dã, Aser e Naftali acampavam sob a bandeira da Águia (Nm 2.25-31). O total de pessoas desse acampamento era de 157.000 indivíduos.

4. *No lado oposto do acampamento* encontramos as tribos de Rúben, Simeão e Gade, ao Sul do Tabernáculo, sob a bandeira do Homem (Nm 2.10-16). A quantidade de indivíduos neste acampamento era quase igual ao número de pessoas do lado norte: 151.450.
(Nota: É importante acrescentar que uma enciclopédia hebraica menciona que os quatro rostos da visão de Ezequiel correspondem aos quatro símbolos encontrados nas bandeiras sob os quais a nação de Israel acampava. Os quatro rostos representavam um leão, um boi, uma águia e um homem – veja Ezequiel 1 e Apocalipse 4.5).

Portanto, ao observarmos a distribuição das tribos no acampamento, temos uma imagem bastante interessante, não do ponto de vista humano, mas de Deus. Com as tribos dispostas a norte, sul, leste e oeste, tendo no centro o Tabernáculo, a partir de uma visão do alto o acampamento de Israel adquire a forma de uma cruz! (Veja o diagrama).

No Novo Testamento isso se cumpre no acampamento dos santos ao redor do mundo na relação entre eles e o Senhor Jesus Cristo através da cruz. Esta é a ordem estabelecida por Deus! Assim como Deus estabeleceu uma disposição para as tribos Ele dispôs uma ordem para a Igreja do Novo Testamento. O conceito da cruz precisa ser mantido para sermos plenamente abençoados (Mt 16.16-25; 1 Co 2.1,2; 1 Co 14.40 e Cl 2.5). Não admira as palavras de Paulo: "Quanto a mim, que eu jamais me glorie, a não ser na cruz de nosso Senhor Jesus Cristo" (Gálatas 6.14).

9. Disposição dos utensílios

Uma confirmação adicional do conceito da "cruz" pode ser vista na disposição e distribuição divina dos utensílios do Tabernáculo. Deus deu instruções precisas de como posicionar os objetos, e vemos nessa disposição a ordem divina.

A arca da aliança estava posicionada no "Lugar Santíssimo".
As varas de madeira ficavam nas laterais da arca (Êx 25.13,14).
Os querubins ficavam nas extremidades da tampa (Êx 25.18).
O propiciatório ficava voltado para o leste (Lv 16.14 – ERC).

As varas foram colocadas nas argolas laterais da arca (portanto a arca foi colocada com as varas na direção norte e sul).
O altar do incenso foi colocado na seguinte posição:

Em frente do véu (Êx 30.6)
Diante da arca (Êx 40.5)
Diante do Propiciatório – tampa (Êx 30.6). Isto colocaria o altar do incenso alinhado com a arca da aliança, ou com o "coração" do Tabernáculo, no Lugar Santo

A mesa dos pães da Presença foi colocada no lado norte do Tabernáculo (Êx 40.22).
O candelabro de ouro foi colocado no lado sul do Tabernáculo (Êx 40.24), mais especificamente em frente da mesa. Ambos se localizavam no Lugar Santo. A mesa e o candelabro estavam um em frente do outro (Êx 26.35).

A CRUZ NA DISPOSIÇÃO DO ACAMPAMENTO

BENJAMIN

MANASSÉS

EFRAIN

GADE SIMEÃO RUBEN   DÃ ASER NAFTALI

JUDÁ

ISSACAR

ZEBULOM

Vista Superior do acampamento de Israel no deserto

Saindo para o pátio externo encontramos o altar de bronze (ou altar dos holocaustos) bem em frente à porta (Êx 40.6,29), isto é, "na entrada", simbolizando o início da aproximação do homem na presença de Deus. A pia de bronze também estava colocada no pátio externo, "entre" a tenda do Tabernáculo e o altar de bronze (Êx 40.7), estando assim, alinhada com o altar de bronze.

Embora as Escrituras não declarem expressamente a posição de cada utensílio, é possível perceber que se traçarmos uma linha reta entre a arca da aliança, o altar de incenso, a pia de bronze e o altar de bronze, e outra linha reta entre o candelabro de ouro e a mesa dos pães, teremos uma cruz. Assim, as evidências indicam que os utensílios foram dispostos em forma de cruz.

Observe o diagrama com a representação do acampamento na forma de cruz e a disposição dos utensílios do Tabernáculo formando uma cruz.

A mensagem divina é clara! Tudo que se refere à morada de Deus com seu povo é baseado na obra da cruz, através de Jesus Cristo. Note as seguintes passagens das Escrituras que mencionam a "cruz": 1 Co 1.17,18; Gl 5.11; Cl 2.14. Veja também:

"... e reconciliar com Deus os dois em um corpo, por meio da cruz, pela qual ele destruiu a inimizade" (Ef 2.6).

"... por meio dele reconciliasse consigo todas as coisas... estabelecendo a paz pelo seu sangue derramado na cruz" (Cl 1.20).

"... Ele, pela alegria que lhe fora proposta, suportou a cruz, desprezando a vergonha, e assentou-se à direita do trono de Deus" (Hb 12.2).

"E, sendo encontrado em forma humana, humilhou-se a si mesmo e foi obediente até a morte, e morte de cruz!" (Fp 2.8).

10. Ordem da revelação e construção do Tabernáculo

O livro de Êxodo trata da revelação e construção do Tabernáculo nos seguintes capítulos:

1. de 25 a 31: Aqui Deus revela a Moisés, no monte, os detalhes para a construção do Tabernáculo, concluindo com a entrega dos Dez Mandamentos, escritos em duas tábuas de pedra.

2. de 32 a 34: Aqui é relatada a construção do bezerro de ouro e a idolatria de Israel, seguida pelo juízo de Deus. Essa parte termina com Moisés intercedendo pelo povo e com a segunda entrega dos Dez Mandamentos, em novas tábuas de pedra.

3. de 35 a 40: A parte final inclui a construção efetiva do Tabernáculo e termina com a colocação das tábuas dos Dez Mandamentos na arca de Deus. Depois que tudo foi feito de acordo com o modelo estabelecido por Deus, o Santuário se encheu da glória divina.

O quadro a seguir apresenta um resumo dos relatos da revelação e da construção do Tabernáculo:

	Construção	Revelação
a. Ordem para trazer ofertas e material	Êx 25.1-9	35.4-29
b. A arca e o propiciatório	Êx 25.10-23	37.1-9
c. A mesa dos pães da Presença	Êx 25.23-30	37.10-16
d. O candelabro de ouro	Êx 25.31-40	37.17-24
e. As cortinas e coberturas	Êx 26.1-14	36.8-19
f. As armações, os travessões e as bases	Êx 26.15-30	36.20-34
g. O véu	Êx 26.31-35	36.35-36

Introdução

A cruz na disposição dos utensílios no tabernáculo

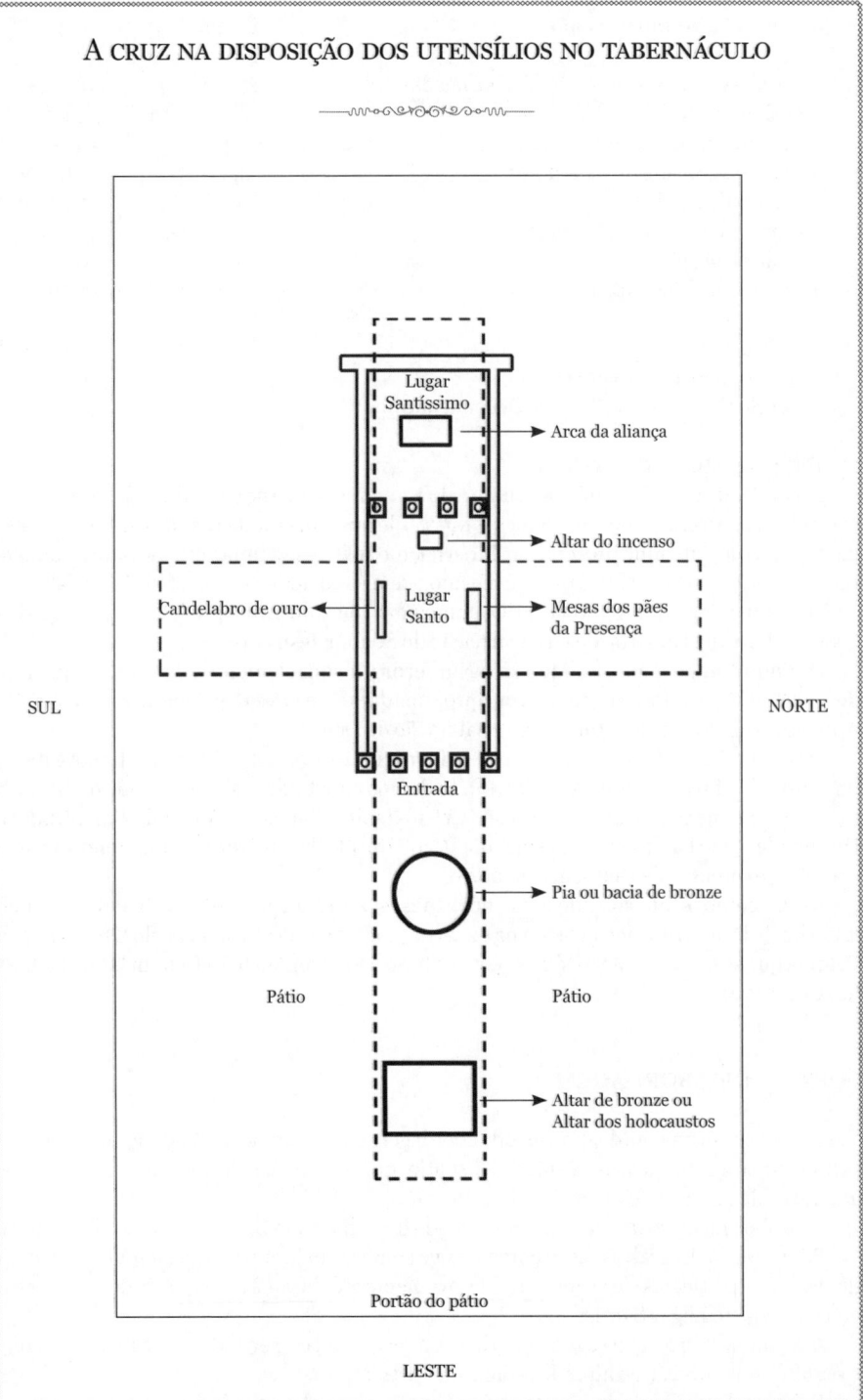

h. A entrada do Tabernáculo	Êx 26.36,37	36.37,38
i. O altar de bronze	Êx 27.1-9	38.1-7
j. O pátio, as colunas, bases, ganchos e ligaduras de prata	Êx 27.9-19	38.9-20
k. O óleo do candelabro	Êx 27.20,21	39.27
l. As vestes sacerdotais	Êx 28	39.1-32
m. A consagração dos sacerdotes	Êx 29	Lv 8.1-36
n. O altar de incenso	Êx 30.1-10	37.25-28
o. O preço da propiciação (resgate)	Êx 30.11-16	38.21-31
p. A pia de bronze	Êx 30.17-21	38.8
q. O óleo santo da unção	Êx 30.22,23	37.29
r. O incenso	Êx 30.34-38	37.39
s. Os construtores	Êx 31.1-11	35.30-36.7
t. Moisés inspeciona a obra		39.33-49
u. Conclusão da obra: a glória de Deus enche o Santuário		40

11. Tempo gasto na construção

Nosso Deus é o soberano governante do universo, e quando Ele diz que "todas essas coisas lhes ocorreram como exemplos" (KJV), Ele quer dizer todas as coisas. Nosso Deus é detalhista. Cada detalhe presente no Tabernáculo refere-se a uma verdade para os tempos futuros. Assim, descobrimos que até mesmo o tempo gasto para a construção do Tabernáculo traz uma importante revelação. O tempo por si mesmo é uma profecia daquilo que iria ocorrer 1500 anos mais tarde na encarnação do Senhor Jesus Cristo.

Quando comparamos Êxodo 19.1 e Números 9.1 com elementos da tradição judaica, descobrimos que o Tabernáculo levou aproximadamente nove meses para ser construído. Após esses nove meses ele tornou-se a habitação de Deus.

O Senhor Jesus Cristo, a Palavra que se fez carne, esteve em preparação por nove meses no ventre de Maria (Mt 1.21,23 e Cl 1.19). Podemos constatar assim a verdade de Hb 10.5-8: "um corpo me preparaste". Em Jesus Cristo habita corporalmente toda a plenitude da Divindade. Nele habita (ou "tabernacula") a plenitude da natureza divina, sendo assim a completa expressão de Deus encarnado.

Assim como o Tabernáculo levou nove meses para ser construído pela Palavra e pelo Espírito de Deus, o mesmo ocorreu na encarnação. Maria foi envolvida pelo Espírito e pela Palavra que se fez carne. Jesus é a perfeita e apropriada morada para Deus habitar (Lc 1.30-38; Cl 1.19; 2.9).

FORMAS DE ABORDAGEM

Existem basicamente duas formas de abordagem para o estudo do Tabernáculo de Moisés.

A primeira começaria pela entrada do pátio, prosseguindo pelo altar de bronze até chegar à arca da aliança, no Lugar Santíssimo.

Esta abordagem está relacionada à jornada do homem até Deus, que é o caminhar da fé.

Para se aproximar de Deus, o homem deve começar pela entrada, aceitando o sacrifício de Jesus Cristo. Depois ele avança progressivamente até chegar à plena glória de Deus, assim como é vista no Lugar Santíssimo.

A segunda abordagem seguiria a ordem da revelação, começando com a arca da aliança e seguindo em direção ao altar de bronze e ao pátio.

Esta abordagem está relacionada à jornada de Deus até o homem, isto é, o caminho da graça.

Se primeiramente Deus não vier até o homem pela sua graça, este não será capaz de permanecer na presença de um Deus santo.

Neste estudo empregaremos a segunda forma de abordagem, começando por onde Deus começou. Seguiremos a ordem da graça soberana: Deus vindo do seu trono no céu até a terra para buscar e resgatar o pecador, através do seu amor.

Do altar de bronze para a arca da aliança: o homem se aproximando de Deus pela fé.

Da arca da aliança até o altar de bronze: Deus se aproximando do homem através da graça.

(Nota do autor: O professor pode escolher qualquer uma dessas abordagens, pois os comentários desse estudo são adequados a ambas).

Materiais usados na construção

Antes de qualquer investigação sobre o Tabernáculo de Moisés, é preciso considerar quais os materiais determinados por Deus para serem usados na estrutura do Tabernáculo, pois através desses materiais Deus estava revelando verdades eternas. Deus usa os elementos da Criação para revelar parte da verdade da redenção (Rm 1.20). Não podemos esquecer que cada palavra que procede da boca de Deus tem um significado eterno. Não importa se compreendemos ou não o significado de cada palavra, isso não muda o fato de que a Palavra de Deus é verdadeira.

Assim, conforme observamos os materiais usados no Tabernáculo, descobrimos que Deus usou esse outro caminho para expressar sua verdade. Deus sempre se revela ao homem de modo progressivo, do nível mais baixo para o mais alto. Ele passa do ritual para a realidade, da sombra para a substância, do tipo para o antítipo, da profecia para o cumprimento, do simbolismo para a verdade espiritual, do natural para o espiritual, do primeiro para o segundo e do terreno para o celestial.

Os materiais usados no Tabernáculo de Moisés são mencionados em duas passagens das Escrituras: Êxodo 25.1-7 e 35.4-9: "Diga aos israelitas que me tragam uma oferta. Receba-a de todo aquele cujo coração o compelir a dar. Estas são as ofertas que deverá receber deles: ouro, prata e bronze, fios de tecidos azul, roxo e vermelho, linho fino, pelos de cabra, peles de carneiro tingidas de vermelho, couro [peles de animais marinhos – ERA], madeira de acácia, azeite para iluminação; especiarias para o óleo da unção e para o incenso aromático; pedras de ônix e outras pedras preciosas para serem encravadas no colete sacerdotal e no peitoral". (Nota: estes materiais foram oferecidos voluntariamente pelo povo. Deus não está interessado na aparência e sim numa atitude que vem do coração).

Os materiais listados por Deus pertencem a três categorias naturais: mineral, vegetal e animal.

Os materiais de origem mineral usados no Tabernáculo são:

1. *Ouro*: Tanto no Antigo como no Novo Testamento, o ouro sempre está relacionado à divindade, à natureza divina, para a glória de Deus e de Deus Pai. (Examine os seguintes versículos: Jó 23.10; 1 Pe 1.7; 2 Pe 1.4 e Ap 21.21,22).

2. *Prata*: Esse metal precioso relaciona-se com a redenção, com a expiação, com o valor do resgate e com Deus, o Filho. Essa relação se torna evidente no preço pago pela traição de Cristo, nosso resgatador (veja também: Êx 30.11-16; Zc 11.12,13 e 1 Pe 1.18-20).

3. *Bronze*: Esse metal simboliza poder e juízo contra o pecado, e está relacionado ao Espírito Santo de Deus. Deus declara que se nós não atentarmos para a sua voz, o céu sobre nossas cabeças será como bronze (Dt 28.13-23), expressando o juízo de Deus

sobre o homem. Se nós não atentarmos para a sua voz, Ele não atentará para a nossa voz (passagens adicionais: Nm 21.5-9; Jó 40.18; Is 4.4 e Ap 1.12-15).

4. *Pedras preciosas*: As pedras preciosas deveriam ser utilizadas principalmente nas vestes sacerdotais, representando os vários dons do Espírito Santo, a glória dos santos, as riquezas pertencentes ao povo de Deus e os atos de justiça dos filhos de Deus. Elas dão testemunho tanto da Palavra quanto do Espírito (1 Jo 5.6-11) Para referências adicionais, veja Pv 17.8, 1 Co 3.9-17 e Ap 21.18-20.

Os materiais de origem vegetal usados no Tabernáculo são:

1. *Linho fino*: Ap 19.7,8 menciona claramente que o linho fino "são os atos justos dos santos". Os santos, contudo, somente experimentam essa justiça quando se revestem de Cristo. Assim, esse elemento representa primeiramente a justiça de Cristo (veja também Ap 15.5,6).

2. *Madeira de acácia*: Esta madeira usada no Tabernáculo é bastante durável. A Septuaginta traduz como "incorruptível" ou "não deteriorável". Como a madeira é produzida na terra, ela revela a natureza humana de Cristo. A madeira de acácia ou madeira incorruptível está relacionada à humanidade incorruptível, sem pecado, do Senhor Jesus Cristo, que é o "renovo [ramo novo] justo". Da mesma forma também está relacionada ao seu corpo redimido, a Igreja (veja Is 11.1-3 e Jr 25.5-6).

3. *Óleo para a iluminação*: O óleo sempre simboliza o Espírito Santo. Aqui ele é usado para a iluminação, revelando o ministério de iluminação representado pelo Espírito Santo. Cabe ao Espírito Santo iluminar nossos olhos para a Palavra de Deus (1 Jo 2.20,27; Jo 1.41).

4. *Especiarias para o óleo da unção*: A unção com óleo revela a ação do Espírito Santo nos ungindo para o ministério. As especiarias, portanto, referem-se aos dons, caráter, fruto e outras ações do Espírito Santo (1 Jo 2.20,27; Gl 5.22,23 e Ct 4.16).

5. *Especiarias para o incenso aromático*: O incenso simboliza a oração, que chega ao Senhor como incenso (Sl 141.2). As especiarias para este incenso aromático representam os vários aspectos ou tipos de oração: intercessória, de louvor e de adoração a Deus. O incenso sempre se move no sentido do homem em direção a Deus (Lc 1.10; Rm 8.26,27 e Ap 5.8).

Os materiais de origem animal usados no Tabernáculo são:

1. *Tecido azul* (obtido de moluscos): Basta olhar para cima num dia claro para ver que o azul é naturalmente a cor do céu. Na Palavra de Deus o azul também é a cor celestial. Se fôssemos designar uma cor para cada evangelho, o evangelho de João certamente seria o azul, pois apresenta Cristo como o Senhor que veio dos céus (Êx 24.10; Ez 1.26 e 1 Co 15.47-49).

2. *Tecido roxo ou púrpura* (obtido de moluscos): esta era a cor mais preciosa dos tempos antigos e referia-se à nobreza ou reino. A cor púrpura seria adequada para o evangelho de Mateus, que apresenta Jesus como rei. Veja também Jz 8.26; Lc 16.19 e Jo 19.1-3.

3. *Vermelho* (obtido de vermes e insetos): Vermelho é a cor do sangue e lembra sacrifício. Essa cor se refere à obra redentora de Cristo ao oferecer sua vida em sacrifício, derra-

mando seu sangue pelos pecados de muitos (Lv 17.11 e Is 1.18). Vermelho seria a cor do evangelho de Marcos, que retrata o sofrimento sacrificial de Cristo.

4. *Pelos de cabra*: Cabras eram usadas basicamente como oferta pelo pecado no Antigo Testamento. Assim, a cobertura feita de pelos de cabra refere-se ao pecado (Lv 4.22-29 e 16.15,16).

5. *Peles de carneiro tingidas de vermelho*: O carneiro, assim como o cordeiro, era um animal de sacrifício. Abraão ofereceu um carneiro no lugar de seu filho Isaque. As peles de carneiro referem-se à consagração, dedicação e substituição (Gn 22.13,14; Êx 29).

6. *Couro* (possivelmente de animais marinhos): O couro desses animais não tem grande valor. Era usado na parede externa do Tabernáculo para protegê-lo. Se um observador olhasse para o Tabernáculo teria essa visão. Se relacionarmos o couro desses animais a Cristo, encontraremos a humanidade de Cristo. O couro aponta para seu corpo terreno, sem qualquer majestade ou beleza para nos atrair. A beleza de Cristo estava em seu interior, não em sua aparência externa (Is 52.14 e 53.1-3).
Retornaremos a essa parte frequentemente, pois estas verdades simbólicas serão mantidas nos demais ensinamentos.

A ARCA DA ALIANÇA

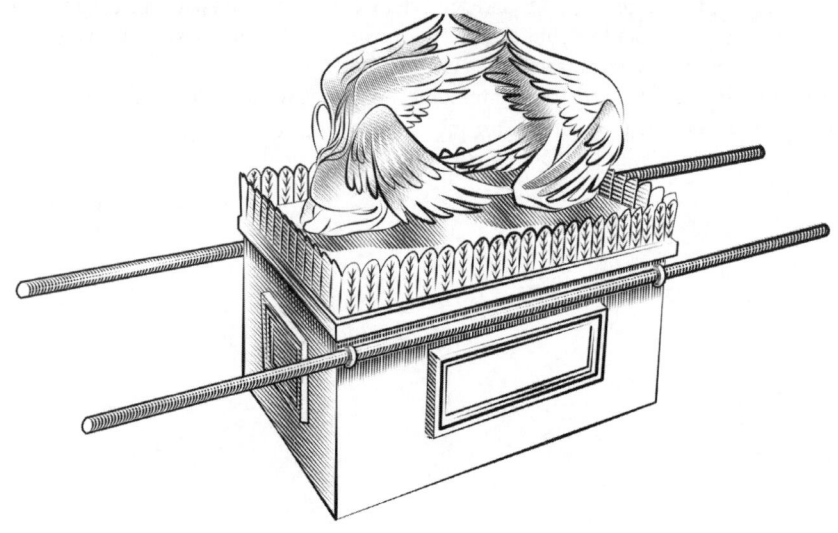

A ARCA DA ALIANÇA

Êx 25.10-22; 37.1-9; 40.20,21; Lv 16.13-15

1. Tipos de arca

No Antigo Testamento, Deus dispôs a revelação da verdade divina em três diferentes arcas, todas indicando um sentido de preservação. A primeira arca mencionada nas Escrituras é a arca de Noé (Gn 6.13-9.18). Esta arca foi fabricada com madeira de cipreste e revestida de piche por dentro e por fora. O conceito de preservação é evidente nessa arca, pois nela foram preservadas as vidas dos animais e de oito pessoas, salvando-as das águas do juízo e da morte (1 Pe 3.20).

A segunda arca mencionada no Antigo Testamento foi preparada para preservar a vida de um bebê, Moisés, e a chamaremos aqui de arca de Moisés (Êx 2.3-6). Esta arca era feita de junco e vedada com piche por dentro e por fora, assim como a arca de Noé. Aqui, também, podemos notar que a arca foi usada para preservar o bebê Moisés das águas da morte. É interessante notar que a palavra hebraica "tebah" é usada para se referir a essas duas arcas, significando literalmente "caixa, baú, embarcação ou arca".

A terceira arca referida na Bíblia é a arca da aliança. Ao mencionar essa arca, a Bíblia emprega uma palavra hebraica totalmente diferente, "arown", que significa "baú ou arca", mas também carrega uma série de outras conotações. Em Gênesis 50.26, esta mesma palavra é usada com relação ao caixão (sarcófago) de José. Em outra passagem, em 2 Reis 12.10,11, encontramos essa palavra usada em referência a uma caixa (cofre) para guardar dinheiro. Porém, essa palavra é usada com mais frequência em relação à arca da aliança. A arca da aliança é mencionada no Antigo Testamento com vários títulos ou nomes diferentes. Ela é chamada de:

1. Arca do testemunho (Êx 25.22)
2. Arca da aliança do Senhor (Nm 10.33)
3. Arca do Soberano, o Senhor (1 Rs 2.26)
4. Arca do Senhor, o Soberano de toda a terra (Js 3.13)
5. Arca de Deus (1 Sm 3.3)
6. Arca sagrada (2 Cr 35.3)
7. Arca de tua fortaleza (Sl 132.8 – ERA)
8. Arca da aliança de Deus (Jz 20.27 – ERA)
9. Arca da aliança (Js 3.6)
10. Arca do Senhor (Js 4.11)
11. Arca do Deus de Israel (1 Sm 5.7)
12. Arca de madeira de acácia (Êx 25.10)

A arca da aliança era feita de madeira de acácia, revestida de ouro por dentro e por fora. Essa arca também trazia a ideia de preservação, que pode ser claramente percebida no episódio da travessia do rio Jordão pelo povo de Israel (Js 3-4). Enquanto a arca guiava o caminho, os filhos de Israel foram preservados das águas do Jordão (salvos da morte). Além disso, a ideia de preservação também pode ser aplicada com relação às Tábuas da Lei, ao vaso contendo o maná e à vara de Arão que floresceu, objetos guardados dentro da arca da aliança.

2. Faça uma arca... (Êx 25.10)

Em Êxodo 25.8, Deus expressou o desejo de viver entre seu povo chamado e escolhido. Assim, Deus deu instruções a Moisés para construir um Santuário onde Ele pudesse habitar no meio deles. Deus disse a Moisés para fazer tudo "segundo o modelo" revelado a ele no monte. Por quê? Porque em cada detalhe da construção, nas próprias instruções, nos materiais, nas dimensões e cores, Deus ocultaria verdades divinas e eternas. Assim, no versículo 10, Deus começa pela arca de madeira de acácia. Essa arca, provavelmente, é a peça mais importante em todo o Antigo Testamento. Na verdade, é a única peça que habitou em três diferentes Tabernáculos ou Santuários (1 Cr 16.1 e 1 Rs 8.9). Há aproximadamente 185 referências à arca no Antigo Testamento, e em todas podemos perceber o quanto Deus a considerava importante. A primeira referência à arca aparece aqui, em Êxodo 25.10, e a última menção a ela no Antigo Testamento se encontra em Jeremias 3.14-16. A última referência à arca na Bíblia está em Apocalipse 11.19, onde a verdadeira "arca da sua aliança" é vista no céu.

Mas por que Deus começa exatamente com esta arca ou baú de madeira revestido de ouro? Por que Deus designou especificamente este objeto do Santuário para ser construído em primeiro lugar? Para podermos compreender isso melhor, devemos começar analisando o que esta arca representa. A arca da aliança do Senhor representa o seguinte:

1. A arca representa o Trono de Deus na terra
2. A arca representa a presença de Deus em Cristo, pelo Espírito, no meio do seu povo redimido
3. A arca representa a glória de Deus, revelada na ordem divina e na adoração
4. A arca representa a plenitude da divindade revelada no Senhor Jesus Cristo (Cl 1.19 e 2.9). O que a arca representava para Israel no Antigo Testamento, Jesus Cristo é para sua Igreja, o Israel espiritual, no Novo Testamento

Deus começa a revelação do seu Santuário por Ele mesmo: "No princípio Deus" (Gn 1.1). Deus começa no Lugar Santíssimo, no Santo dos Santos, na sala do trono, com a arca da aliança. Era sobre esta peça que o sumo sacerdote aspergia o sangue da expiação uma vez por ano (Lv 16 e Hb 9.7). Era a partir dessa peça que a voz de Deus falava com Moisés, o legislador e com Arão, o sumo sacerdote (Lv 1.1). Todos os outros objetos ocupam um lugar secundário em relação à arca do Senhor. Se a arca da presença de Deus fosse removida do Tabernáculo (como aconteceu com o Tabernáculo de Davi), tudo mais perderia o sentido. Pois sem a presença do Senhor na arca e no propiciatório, todos os rituais perderiam seu significado e poder. A adoração de Israel era dirigida somente a Jeová, que habitava sobre a tampa da arca (propiciatório – ERA) e cujo trono estava sobre os querubins (Sl 80.1).

Deus começa com Ele mesmo, por onde deve começar, pois somente Ele existe desde a eternidade. Isto é uma representação da graça de Deus. Deus, que habita na eternidade, tornou-se carne e habitou ("tabernaculou") entre nós (Jo 1.14). Deus começa primeiro com seu trono, a arca da aliança, e prossegue pela graça em direção ao homem através do lugar de sacrifício: o altar de bronze. Para o homem se aproximar de Deus deve seguir o caminho contrário. O homem deve começar pelo altar de bronze e passar pela experiência da cruz e do sangue antes de se aproximar da arca da glória de Deus. Esta é a verdadeira imagem da graça de Deus. Se Deus não buscasse primeiramente o homem, este não teria acesso de forma alguma a Deus. Qualquer homem que tentasse vir diretamente à presença de Deus, sem que fosse através do sangue, seria morto. A violação do padrão de Deus significa morte. A arca e tudo que ela contém são representações da santidade de Deus. O altar de bronze é necessário por causa da natureza pecaminosa no homem. Mas devido à provisão de Deus no altar de bronze, há um dia em que o sumo sacerdote pode entrar além do véu até o trono de Deus (Hb 9).

3. ... de madeira de acácia... (Êx 25.10)
A madeira de acácia provavelmente vinha das árvores de acácia, que ainda eram comuns no deserto do Sinai. A árvore de acácia cresce no deserto em condições áridas e produz uma goma medicinal. A madeira desta árvore é resistente, de cor marrom alaranjada e extremamente durável. A versão da Septuaginta do Antigo Testamento traz a expressão "incorruptível" ou "não deteriorável" para descrever essa madeira.

Desta forma, esta madeira representa de modo apropriado a humanidade incorruptível e sem pecado do Senhor Jesus Cristo. Ele era como "uma raiz saída de uma terra seca" e "não tinha qualquer beleza ou majestade que nos atraísse" (Is 53.2). Em meio às más condições do deserto, de corrupção e maldade, Ele permaneceu incorruptível, puro e irrepreensível em sua natureza e caráter (Sl 16.10; Lc 1.35; 1Pe 1.23 e 1 Jo 3.5).

Essa madeira também se refere a Cristo como sendo o "renovo" revelado através do Antigo Testamento. Deus continuamente prometeu levantar um "renovo" justo para governar sobre seu povo (Is 4.2; 11.1; Jr 23.5; Zc 3.8 e 6.12).

4. ... com um metro e dez centímetros de comprimento, setenta centímetros de largura e setenta centímetros de altura (Êx 25.10)
As medidas da arca da aliança sugerem um significado espiritual em seus números.

As medidas da arca, em hebraico, são 2,5 côvados de comprimento, 1,5 côvado de largura e 1,5 côvado de altura.

A tampa (propiciatório) se ajustava perfeitamente sobre a arca.
Assim 2 x 1,5 = 3, o número da divindade.
2 x 2,5 = 5, o número da expiação, da graça de Deus.
Perímetro da extremidade: 1,5 + 1,5 + 1,5 + 1,5 = 6, o número do homem.
Perímetro da tampa: 2,5 + 1,5 + 2,5 + 1,5 = 8, o número da ressurreição.
Soma das laterais maiores (na tampa e no fundo da arca): 4 x 2,5 = 10, o número da lei, da ordem e da justiça.
Soma das laterais das duas extremidades: 8 x 1,5 = 12, o número do governo perfeito, da ordem de Israel.

A altura da arca era de 1,5 côvado (70 cm), a mesma altura da mesa dos pães da Presença e da grelha do altar de bronze no pátio.

Assim, três objetos, um no pátio, outro no Lugar Santo e outro no Lugar Santíssimo tinham a mesma altura e representavam a mesma verdade.

Somente quando chegamos ao sacrifício de sangue (a grelha do altar de bronze, 1,5 côvado) é que podemos ir para o propiciatório (lugar de misericórdia – na arca da aliança, 1,5 côvado) e então podemos ter comunhão na mesa dos pães da Presença (mesa, 1,5 côvado).

Através dos números 3, 5, 6, 8, 10 e 12 podemos compreender o significado da verdade cumprida no Senhor Jesus.

Jesus Cristo é Deus (3) e a graça de Deus personificada (5). Ele se fez homem, tornando-se numa só pessoa, o Deus-Homem (6). Somente Ele poderia cumprir perfeitamente a Lei, a ordem de Deus. Ele foi julgado pelos nossos pecados, por nossa quebra da Lei (10).

Nele será manifestada a perfeita e eterna ordem de Israel, o governo perfeito. Ele escolheu doze apóstolos (12).

5. Revista-a de ouro puro... (Êx 25.11)
Além da madeira de acácia, a arca da aliança era revestida de ouro puro. Como já dissemos anteriormente, o ouro sempre é visto como símbolo da divindade ou da natureza divina. A madeira, por outro lado, diz respeito à humanidade ou à natureza humana, vinda do crescimento natural

na terra. Por essa razão, temos uma combinação desses dois materiais na arca. Temos assim dois materiais em uma arca. O ouro não deixa de ser ouro, nem a madeira deixa de ser madeira. Essa figura simboliza as duas naturezas em uma única pessoa, tal como é vista na pessoa do Senhor Jesus Cristo, "aquele que foi manifestado em corpo" (1 Tm 3.16). O ouro simbolizava sua natureza divina (Hb 1) e a madeira simbolizava sua natureza humana (Hb 2). Essas duas naturezas permanecem distintas, embora estejam unidas em uma só pessoa. Deus e Homem, juntos em uma só pessoa, a nova criatura, o primogênito de toda a nova criação, Emanuel (Deus conosco), a Palavra que se fez carne, o Deus-Homem, o Senhor Jesus Cristo (Mt 1.21,23; Is 7.14; 9.6 e Jo 1.14).

6. ... por dentro e por fora... (Êx 25.11)

A segunda figura que aparece aqui se refere à plenitude da divindade (Cl 1.19; 2.9). Ao recobrir a madeira da arca com ouro puro, por dentro e por fora, podemos notar que a arca passou a ter três camadas: ouro, madeira (no centro) e ouro. Isto simboliza as três pessoas da divindade: Pai, Filho e Espírito Santo. O ouro na camada externa representa o Deus-Pai, o Criador do universo. O ouro na camada interna simboliza o Espírito Santo que habita em nós. E a camada de madeira no centro representa a figura central da divindade, o Filho, crucificado numa cruz de madeira, com dois criminosos, "um à sua esquerda e outro à sua direita" (Lc 23.33). Todas essas figuras reunidas na arca são evidências daquele "em quem habita corporalmente toda a plenitude da divindade": o Senhor Jesus Cristo. Pedro proclamou essa maravilhosa verdade no grande dia de Pentecostes, ao afirmar que Deus tinha feito deste "Jesus... Senhor e Cristo" (At 2.36). Veja também Jo 14.7-10,18 e Jo 3.33,34.

Assim:

Ouro por fora	Tipo do Deus Pai	}	Senhor	{	A plenitude
Madeira no centro	Tipo do Filho (a cruz)	}	Jesus	{	corpórea
Ouro por dentro	Tipo do Espírito Santo	}	Cristo	{	da divindade

7. ... e faça uma moldura [ou coroa – ERC] de ouro ao seu redor (Êx 25.11)

Três peças do Tabernáculo receberam coroas: o altar de ouro do incenso, a mesa dos pães da Presença e a arca do Senhor. A coroa de ouro nos revela o conceito que o Pai tem de seu Filho. Quando o Filho de Deus tornou-se carne, os homens o coroaram com espinhos (Mc 15.17), mas Deus o coroou com glória e honra (Hb 2.9).

A coroa sempre evidencia a realeza. Assim, é natural encontrarmos uma coroa relacionada à sala do trono de Deus na terra referente a Israel.

O Lugar Santíssimo era a sala do trono do Rei dos reis e Senhor dos senhores.

A coroa representa a soberania do Senhor Jesus Cristo.

Ele nasceu como rei dos judeus (Mt 2.2).

Ele foi apresentado como rei no Evangelho de Mateus, o Evangelho do Reino.

Ele foi crucificado como rei (Jo 19.14).

Ele é rei e sacerdote para sempre, e está sentado à direita de Deus (Sl 110.1).

Ele é rei em Sião (Sl 2.6), a Jerusalém celestial, que é a Igreja (Hb 12.22,23).

Observe que o Senhor Jesus, em seu ministério como rei e sacerdote segundo a ordem de Melquisedeque, é quem dispõe e aplica a misericórdia divina, do mesmo modo que a coroa de ouro estava disposta no propiciatório (tampa) da arca de Deus.

Por último, quando Jesus vier novamente, virá com muitas coroas em sua cabeça (Ap 19.11-21), e nós depositaremos nossas coroas aos seus pés, em adoração (Pv 4.9, Is 28.5,6, 1 Pe 5.4, Ap 3.11 e 5.5-10).

Jesus é o Rei dos reis e o Senhor dos senhores. Que seu reino dure para sempre! Aleluia!

A ARCA DA ALIANÇA

8. Mande fundir quatro argolas de ouro para ela e prenda-as em seus quatro pés, com duas argolas de um lado e duas do outro (Êx 25.12)

Essas quatro argolas serviam para segurar as varas, como veremos a seguir. O número quatro é geralmente considerado como símbolo da criação ou do mundo, fazendo referência aos quatro cantos da terra e à vastidão do mundo e seu apelo universal.

Podemos citar vários exemplos do número quatro apropriados à essas argolas, cuja função era manter a arca em equilíbrio.

1. *O evangelho pregado nos quatro cantos da terra (At 1.8)*
a. Jerusalém   ]
b. Judéia   ]   O poder do Evangelho é universal
c. Samaria   ]
d. Até os confins da terra]

Jerusalém, Judéia, Samaria e confins da terra: somam quatro regiões, demonstrando que Cristo tem poder sobre toda a terra.

As quatro argolas eram fundamentais para manter o equilíbrio da arca. Isso representa a importância de falarmos a respeito de Jesus de maneira equilibrada.

2. *Os quatro Evangelhos*
a. Evangelho de Mateus   Cristo como rei   Filho de Davi
b. Evangelho de Marcos   Cristo como servo   Filho do Homem
c. Evangelho de Lucas   Cristo como o homem perfeito   Filho de Adão
d. Evangelho de João   Cristo como o filho de Deus   Filho de Deus

Esse equilíbrio pode ser visto também nos quatro evangelhos. No Evangelho de Mateus Jesus é apresentado como rei ou ungido (Mt 1.6; 4.17). No Evangelho de Marcos Jesus é retratado como servo. O simples fato de Marcos não registrar a genealogia de Jesus, um dado importante naquela época, enfatiza essa posição de servo. No Evangelho de Lucas, Jesus é descrito como o Filho do Homem, enquanto João apresenta Jesus como o Filho de Deus, aquele que é eterno.

3. *Quatro maneiras como Deus é descrito na Bíblia*
O equilíbrio também pode ser visto em relação ao número quatro nas formas usadas na Bíblia para descrever Deus. Em Jo 4.24 está escrito que "Deus é espírito, e é necessário que os seus adoradores o adorem em espírito e em verdade". Em outra passagem, 1 João 1.5, está escrito: "Deus é luz; nele não há treva alguma". 1 João 4.16 apresenta uma terceira descrição de Deus: "Deus é amor. Todo aquele que permanece no amor permanece em Deus, e Deus nele".

Por fim, uma quarta descrição de Deus pode ser encontrada em Hebreus 12.29, onde lemos que "o nosso Deus é fogo consumidor". Quando consideramos todas essas descrições de Deus, temos uma visão equilibrada de quem Ele é. Enfatizar uma descrição em detrimento da outra é distorcer a verdadeira natureza de Deus.

a. Deus é luz   1 Jo 1.5
b. Deus é espírito   Jo 4.24
c. Deus é amor   1 Jo 4.16
d. Deus é fogo consumidor Hb 12.29

4. Os quatro atributos morais de Deus referentes às suas criaturas
Esse mesmo conceito de equilíbrio também é verdadeiro em relação aos quatro atributos morais de Deus ao tratar com suas criaturas. Deve haver uma equilibrada manifestação do caráter, do ser e dos atributos de Deus.

a. Perfeita santidade
b. Perfeita justiça
c. Perfeito amor
d. Perfeita fidelidade

Primeiramente, Deus habita em perfeita santidade. Deus é perfeitamente inocente, no sentido literal da palavra. Ele tem absoluta aversão ao pecado. Em segundo lugar, Deus manifesta perfeita justiça. Justiça representa a santidade em ação. É a santidade lidando com o pecado. Em terceiro lugar, Deus é descrito como tendo perfeito amor. A bondade, a misericórdia, a graça e a benignidade de Deus por suas criaturas estão intimamente relacionadas ao seu amor por elas. Finalmente, Deus manifesta perfeita fidelidade, isto é, Deus é absolutamente digno de confiança. Ele sempre mantém a sua Palavra.
Há vários exemplos que evidenciam esses quatro atributos de Deus em seu relacionamento com o homem. Um deles pode ser encontrado no Salmo 85.10, que diz: "O amor e a fidelidade se encontrarão; a justiça e a paz se beijarão". Todos esses conceitos devem ser mantidos se desejarmos manter uma imagem equilibrada do Senhor Jesus Cristo. Muitas heresias não resultam apenas de ensinos falsos, mas de uma ênfase exagerada em certa verdade em detrimento de toda a verdade. Quando a mensagem do Evangelho é transmitida, isso deve ser feito de maneira equilibrada.
Assim, as quatro argolas de ouro representam o equilíbrio verdadeiro em relação às coisas de Deus.

9. Depois faça varas de madeira de acácia, revista-as de ouro e coloque-as nas argolas laterais da arca, para que possa ser carregada. As varas permanecerão nas argolas da arca; não devem ser retiradas (Êx 25.13-15)
Deus instruiu Moisés a fazer varas de madeira de acácia, revestidas de ouro. Temos aqui, novamente, a mistura de duas naturezas, a divina e a humana ou terrena (veja o item 5). As varas deveriam ser colocadas nas argolas para que a arca pudesse ser carregada nos ombros do sacerdote sem que ele a tocasse (1 Cr 15.15). As varas deveriam permanecer nas argolas da arca como símbolo da peregrinação terrena ou de uma arca sem local determinado. As varas permaneceram na arca até o Templo de Salomão ser construído. Ali então a arca foi finalmente colocada (1 Rs 8.8). O significado desse fato para Israel seria que as peregrinações e a caminhada pelo deserto haviam terminado. Isso representa que somos apenas estrangeiros e peregrinos em terra estranha (Mt 8.20; Jo 15.19; 1 Pe 2.11 e 1 Jo 3.1), e como Abraão, estamos esperando pela " cidade que tem alicerces, cujo arquiteto e edificador é Deus" (Hb 11.10). Nosso lar eterno não é nesse mundo. Estamos aqui apenas de passagem.

10. Faça uma tampa de ouro puro com um metro e dez centímetros de comprimento por setenta centímetros de largura... Coloque a tampa sobre a arca, e dentro dela as tábuas da aliança que darei a você. Ali, sobre a tampa, no meio dos dois querubins que se encontram sobre a arca da aliança, eu me encontrarei com você e lhe darei todos os meus mandamentos destinados aos israelitas (Êx 25.17,21,22)
Considerando que os escritores do Novo Testamento são os melhores intérpretes do Antigo

Testamento, Paulo nos diz em Romanos 3.25 qual o significado exato dessa tampa de ouro puro (NVI) ou propiciatório (ERA): "Deus o ofereceu [Jesus] como sacrifício para propiciação, mediante a fé, pelo seu sangue". A palavra grega empregada aqui para "propiciação" é a mesma palavra usada em Hebreus 9.5 traduzida pela Versão King James como "trono de misericórdia". Vemos então que Jesus foi designado por Deus para ser nosso trono de misericórdia. Quando descobrimos o que estava envolvido no trono de misericórdia, isso torna tal conclusão ainda mais evidente.

Foi ali, sobre o trono de misericórdia, que Deus falou a Arão (Êx 25.22; Nm 7.89). Este é o lugar onde o sangue do novilho do sacrifício era aspergido como propiciação pelo pecado da nação (Lv 16). O sumo sacerdote não poderia entrar no Lugar Santíssimo sem fazer a expiação pelo sangue. Vemos também que a voz de Deus somente era ouvida a partir do trono de misericórdia através da expiação pelo sangue. Deus não tem nada a dizer ao homem sem a mediação de Jesus Cristo e seu sangue remidor.

Foi o sangue que transformou o trono de justiça em trono de graça (Hb 4.14-16). É mediante a fé, pelo seu sangue, que Jesus torna-se nossa propiciação (trono de misericórdia – KJV). A palavra "propiciação" significa "apaziguar, aplacar, satisfazer". Deus é um Deus santo, cheio de retidão e justiça. Esta é a imagem de Deus que vemos na Lei. Quando o povo de Israel desobedeceu à Lei, eles atraíram a ira de Deus. A ira divina é a santidade de Deus em ação contra o pecado. O pecado deve ser condenado, e a pena exigida é a morte. O sangue aspergido sobre o propiciatório testificava que a morte havia ocorrido. O juízo de Deus havia sido executado e a ira de Deus apaziguada. Sua justiça fora satisfeita, e agora, a misericórdia de Deus poderia fluir.

Sob a antiga aliança (aliança mosaica), Deus aceitava o sangue de um animal sem defeito como expiação pelo pecado, mas isto era somente uma sombra do sangue sem pecado de Cristo, que seria nossa propiciação. Quando somos aspergidos com o sangue de Cristo, Deus pode ser misericordioso, justo e justificador de todos os que creem ou têm fé no sangue (1 Jo 2.2; 4.10 e Rm 3.20-27). Podemos agora orar como o publicano: "Deus, tem misericórdia de mim, que sou pecador" (ver Lc 18.9-14), ou literalmente "Sê propício a mim, pecador". O sangue derramado no altar de bronze (apresentado como tipo da cruz) é trazido para a arca e para o trono de misericórdia (o trono de Deus), e Deus se torna propício.

Encontramos no Tabernáculo uma mistura de justiça e misericórdia. Misericórdia e verdade, justiça e paz eram reconciliadas ali (Sl 101.1; 85.10; 86.5,13, 15 e Tg 2.13). A grelha do altar de bronze do sacrifício, que media um côvado e meio de altura (70 cm) era o trono do juízo. Ali o pecado de toda a nação era justificado pela morte substitutiva. Porém, a arca da aliança, que também media um côvado e meio de altura, era o trono de misericórdia. Nele toda a nação de Israel era reconciliada com Deus.

Remover a tampa onde o sangue havia sido aspergido, como fizeram alguns israelitas curiosos (1 Sm 6.19,20), significava expor-se e colocar em operação a ministração da morte, como pode ser visto nos Dez Mandamentos. Se alguém desejasse olhar as tábuas de pedra dentro da arca, as quais eram sem vida, teria que remover ou deixar de lado o sangue. Se nós rejeitamos o sangue (a lei do Espírito de vida – Rm 8.2) caímos para o nível da Lei (a Lei do pecado e da morte – Rm 8.2), que pode somente trazer morte para o homem caído (2 Co 3). A Lei podia apenas ameaçar, exigir, ordenar e condenar. Ela era o padrão perfeito da justiça de Deus, mas não tinha poder para dar vida e graça. Somente em Cristo podemos encontrar vida, "Porque o fim da Lei é Cristo, para a justificação de todo o que crê" (Rm 10.4). Portanto, já que Cristo morreu para satisfazer a justiça exigida por um Deus santo (sendo seu sangue a evidência de que o pecado foi justificado), nosso relacionamento com Deus pode ser novamente restaurado (Ap 5.8-10).

É importante notar também que essa estrutura é chamada de trono de misericórdia. Este é o único trono em todo o Tabernáculo, e apesar de ser chamado de trono, ninguém podia sentar-se nele. Paulo, ou o escritor de Hebreus, claramente identifica essa verdade: "Dia após dia, todo sacerdote apresenta-se e repetidamente oferece os mesmos sacrifícios, que nunca podem remover os pecados. Mas quando este sacerdote acabou de oferecer, para sempre, um único sacrifício pelos pecados, assentou-se à direita de Deus" (Hb 10.11,12). Veja também Sl 110.1, Mc 16.19; Hb 8.1-3 e 12.1,2. O fato de que Jesus assentou-se significa que sua obra foi consumada (Is 16.5 e Jo 19.30). Cristo ofereceu seu próprio sangue ao Trono de Deus, e tendo feito isso, Ele assentou-se. E agora está assentado como nosso sumo sacerdote celestial, segundo a ordem de Melquisedeque. Ele agora está sentado no trono de ouro puro, um trono apropriado para o eterno Filho de Deus.

Resumindo, vimos que o trono de misericórdia refere-se ao:

Lugar de santidade, justiça e retidão
Lugar de expiação e propiciação
Lugar de misericórdia e reconciliação
Lugar de comunhão entre Deus e o homem redimido
Lugar da glória de Deus
Lugar sobre o qual é invocado o Nome do Senhor (2 Sm 6.1,2)

11. ... com dois querubins de ouro batido nas extremidades da tampa. Faça um querubim numa extremidade e o segundo na outra, formando uma só peça com a tampa. Os querubins devem ter suas asas estendidas para cima, cobrindo com elas a tampa. Ficarão de frente um para o outro, com o rosto voltado para a tampa (Êx 25.18-20)

Nas figuras dos querubins e do trono de misericórdia, que formavam uma só peça de ouro, temos a mais magnífica representação da trindade divina em toda a Escritura! Já identificamos o que representa o trono de misericórdia, e agora identificaremos o que representam os dois querubins colocados em cada uma das extremidades. Em nenhum lugar da Bíblia eles são citados como anjos. Anjos não têm parte no trono de misericórdia porque eles não são "um" com Jesus. Por isso, não podemos identificá-los como anjos interessados em observar o mistério da nossa salvação (1 Pe 1.12). Os querubins do trono de misericórdia são mencionados como os "querubins da glória" (Hb 9.5).

A tampa da arca da aliança foi feita de uma única peça de ouro na qual foram modeladas três figuras: os dois querubins e o propiciatório aspergido com sangue. Essa é uma figura da plenitude da divindade, constituída pelo Pai, pelo Filho e pelo Espírito Santo (Deus triúno). Assim como há uma única peça de ouro, há somente um Deus, e tal como há três figuras representadas na tampa, há três pessoas da divindade (veja o diagrama abaixo). Assim:

Um querubim	Trono de misericórdia	Querubim
O Pai	O Filho	O Espírito Santo

Uma peça de ouro: um único Deus

Formando três figuras (triângulo): representando a trindade divina e eterna: Pai, Filho e Espírito Santo. Um triângulo ilustra bem esta verdade:

Somente o Pai, o Filho e o Espírito Santo são *um* no plano da redenção (1 Jo 5.5-8). Assim, o Pai e o Espírito Santo observam com olhos atentos e satisfeitos o propiciatório manchado de sangue, a obra consumada da redenção. Deus disse a Moisés: "Quando eu vir o sangue, passarei adiante" (Êx 12.13). Quando Deus vê o propiciatório aspergido com sangue, sua justiça é satisfeita e Ele suspende a sentença de morte.

Através de todo o Antigo Testamento, os querubins sempre estão relacionados com o julgamento do pecado. Eles são os guardiões da santidade de Deus, assim como de tudo que pertence à obra da redenção. A seguir apresentamos alguns exemplos:

1. Os querubins guardavam o caminho para a árvore da vida com a espada flamejante, a leste do jardim do Éden (Gn 3.21-24)
2. Figuras de querubins foram bordados no véu (Hb 10.20), guardando a entrada do Lugar Santíssimo, a sala do trono de Deus (Êx 26.31-33)
3. O Pastor de Israel habita entre os querubins (Sl 80.1)
4. O Senhor reina e se assenta entre os querubins (Sl 99.1)

Só podemos concluir que os querubins representam o Pai e o Espírito Santo, enquanto o propiciatório, o trono de misericórdia, representa o abençoado Filho de Deus, o Redentor.

Esta ideia não é nova, e outros estudiosos da Palavra têm chegado a conclusões semelhantes. Vejamos um exemplo extremamente interessante. Em um livro sobre doutrina publicado em 1804 por um homem chamado Jones, há um capítulo sobre "Nomes e Títulos de Cristo" do qual extraímos os seguintes trechos:

> A arca da aliança, o primeiro objeto a ser construído, preconizou a aliança da graça acertada entre as pessoas da divindade, ou Elohim em Jeová, representados de maneira perceptível nos querubins em relação às suas funções na graça divina. O Pai e o Espírito são apresentados desta forma, observando e cobrindo com suas asas o trono de misericórdia, ou propiciação, Mediador, o lugar de seus pés. Todos esses termos são sinônimos e expressam a natureza humana assumida pela natureza divina na pessoa de Jesus Cristo, que coroou e cobriu a arca ou a Igreja sob Ele, com o qual toda a Igreja deveria se apresentar unida, assim como Cristo e o Pai são um, e coparticipantes nele da glória e natureza divinas (João 17).
>
> O crente verdadeiro deve ter um lugar pela fé na arca de Deus, estar coberto por Cristo, a propiciação e estar sob as asas ou proteção de Elohim, ou seja, das três pessoas da aliança. Assim é dito a respeito de Rute, que veio a crer ou se colocou sob as asas de Jeová, o Elohim de Israel, seu povo.
>
> Assim, buscar a face de Jeová significava apresentar-se diante da arca, o único lugar onde estava o Shekinah, a manifestação divina sob a Lei. É isto que o salmista quis dizer com a expressão "à sombra das asas de Deus", para demonstrar sua própria confiança e alegria, fervorosamente exaltada diante de outros.
>
> O Senhor também empregou a figura afetiva de um pássaro ao lamentar o fato dos judeus terem rejeitado se ajuntar sob sua proteção, embora Ele estivesse no meio deles e os tivesse trazido para si em "asas de águia" (i.e., o poder do Espírito). Ver Êxodo 19.4; 25.20.
>
> Em resumo, a construção da arca deu origem a vários conceitos espirituais aplicados pela igreja primitiva (At 7.38), motivando-os a considerá-la acima de todos os demais objetos sagrados. A arca da aliança, ou arca de Jeová Elohim como também é chamada, serviu como símbolo ou testemunho, para a igreja primitiva, desta verdade fundamental (do Deus Triúno). Desta forma Deus se apresentou a nós, como habitando no próprio querubim (pois assim deveria ser traduzido). E é ali que devemos invocá-lo (Dt 6.4; 1 Cr 13.6; Lv 16.2; Nm 7.89; Êx 25.22).

12. O Shekinah

No meio desta peça de ouro triúna estava a própria presença de Deus com sua glória resplandecente, em manifestação visível sobre o propiciatório aspergido de sangue. Como já vimos, foi ali que Deus falou em voz audível (Êx 29.42; 30.6, 36 e Nm 7.89). Os hebreus chamavam esta manifestação da glória visível ou do esplendor de Deus de "Shekinah". Embora essa palavra nunca apareça na Bíblia, ela é citada em outros textos hebraicos. Em *Shabat 22b* encontramos que as lâmpadas que queimavam fora do véu atestavam que o "Shekinah" permanecia no meio de Israel". Além disso, o Antigo Testamento contém inúmeras passagens impregnadas da ideia da presença e do esplendor visível de Deus. A palavra "Shekinah" significa "aquele que habita", referindo-se à habitação visível de Deus entre o seu povo.

O registro dessa manifestação visível descendo sobre a arca é encontrado em Êxodo 40.33-38, onde "a glória do SENHOR encheu o tabernáculo". Antes disso, Moisés esteve na Presença do Senhor e foi visivelmente transformado por essa experiência (Êx 34.29-35). A Presença de Deus era tão evidente na arca que quando esta seguia adiante ou parava, Moisés dirigia-se a ela como o "SENHOR" (Nm 10.35,36). Essa ideia se mantém através de todas as jornadas e conquistas do povo de Israel. Quando a arca foi perdida em 1 Samuel 4, os filhos de Israel perceberam claramente que tinham perdido muito mais do que um simples objeto, eles sabiam que junto com a arca haviam perdido a "Glória de Deus" (1 Sm 4.21,22).

Asafe refere-se convictamente a esta manifestação nas palavras iniciais do salmo 80: "Escuta-nos, Pastor de Israel... tu, que tens o teu trono sobre os querubins, manifesta o teu esplendor" (veja também Is 37.16).

A arca da aliança é a única peça da mobília do Tabernáculo sobre a qual Deus residiu em esplendor. Todas as outras seriam peças vazias se a "Presença" não estivesse na arca. Da mesma forma, a Igreja torna-se vazia e sua cerimônia perde o significado se a "Presença" não estiver ali (Mt 18.20). Então, você entende por que esta "Presença" na Igreja é tão importante?

No Novo Testamento, o Shekinah representa a glória de Deus na face de Jesus Cristo (2 Co 4. 6). Jesus era "o resplendor da glória de Deus e a expressão exata do seu ser" (Hb 1.3). Ele era a Palavra que se fez carne e "habitou" entre nós, e "vimos a sua glória, glória como do Unigênito vindo do Pai, cheio de graça e de verdade" (Jo 1.14). Ele era "o Senhor da Glória" (1 Co 2.8). De fato, seu esplendor um dia iluminará a terra (Ap 18.1).

O Lugar Santíssimo era um local muito especial dentro do Tabernáculo. O pátio era iluminado pela luz natural do dia e o Lugar Santo era iluminado pelas sete lâmpadas, mas no Lugar Santíssimo não havia luz artificial ou natural. Contudo, este era o local mais claro do Tabernáculo, pois era iluminado pela luz de 1 Timóteo 6.15,16, a "luz inacessível, a quem ninguém viu nem pode ver". Ele era iluminado pela própria glória de Deus.

13. O lugar da arca

A arca da aliança estava no Lugar Santíssimo ou no Santo dos Santos. Esta área media 10 côvados de comprimento, 10 côvados de largura e 10 côvados de altura, ou 1000 côvados cúbicos de volume. Tinha a forma de um quadrado, assim como o altar de bronze, o altar de incenso e o peitoral usado pelo sacerdote. A glória Shekinah de Deus enchia este espaço quadrangular e cobria o piso de terra no interior do véu. Isto representa a terra sendo cheia "do conhecimento da glória do SENHOR, como as águas enchem o mar" (Hc 2.14). Os 1000 côvados de volume apontam para a glória plena do Reino conforme expressa no milênio (1000 anos) relatado em Ap 20.1-6. O cumprimento completo e final será a glória de Deus na Jerusalém celestial, a cidade quadrangular e a cidade eterna de Deus e dos redimidos (Ap 21-22).

14. Nessa arca estavam o vaso de ouro contendo o maná, a vara de Arão que floresceu e as tábuas da aliança (Hb 9.4)

A arca da aliança era o lugar onde eram guardadas as Tábuas da Lei (Êx 25.21; Dt 10.5 e Êx 40.20), o vaso de ouro com o maná (Êx 16.33,34) e a vara de Arão que floresceu (Nm 17.10). Não era só a arca que representava o Senhor Jesus Cristo, aquele em quem habita corporalmente toda a plenitude da divindade. Os objetos da arca também nos dão algumas revelações adicionais. Esses objetos representam duas figuras distintas, isto é, representam a divindade, e também aquele em quem habita corporalmente toda a plenitude da divindade, a saber, o Senhor Jesus Cristo.

Primeiramente, veremos os objetos da arca como figuras da divindade. Tais itens incluíam três artigos em uma única arca. Cada artigo pode ser visto como revelação de cada uma das três pessoas da divindade. Cada artigo apresenta características e simbolismos de cada uma das pessoas da divindade. Veja a seguir:

As tábuas da lei: Temos aqui uma figura do Deus-Pai, o Legislador. A Lei foi dada através da sua voz. A Lei simboliza autoridade e poder, que são atributos do Pai
O vaso de ouro do maná: o maná nos remete ao Deus-Filho, que é o pão da vida e o pão que desce do céu (Jo 6.48-50)
A vara de Arão que floresceu: a vara de Arão é uma figura de Deus na forma do Espírito Santo, pois na vara de Arão observamos o princípio de gerar vida e frutificar (Gl 5.22,23)

Em segundo lugar, os objetos da arca representam aquele em quem habita "corporalmente toda a plenitude da divindade". Todas as exigências contidas no Antigo Testamento foram completamente cumpridas pelo Senhor Jesus Cristo, "pois em Cristo habita corporalmente toda a plenitude da divindade" (Cl 2.9). Devemos também estar cientes de que aquilo que foi cumprido em Cristo, a Cabeça, deve também ser cumprido em seu Corpo, a Igreja. Cada item da arca nos revela algo do caráter de Cristo e de seu ministério para e através do seu Corpo.

1. As Tábuas da Lei
A Lei em Israel incluía três aspectos:

a. *A lei moral* – Encontrada nos Dez Mandamentos, registrados em tábuas de pedra. Esta lei foi dada a Israel três vezes. Na primeira vez ela foi transmitida oralmente para a nação de Israel enquanto eles estavam junto ao Sinai (Êx 19-20; Dt 4-5 e Hb 12.18-20). Mais tarde, ela foi escrita pelo dedo de Deus em duas tábuas de pedra (Êx 31.18 e Êx 32.16). Essas tábuas foram quebradas por Moisés, simbolizando o quanto o povo de Israel já havia quebrado os mandamentos ao se envolver em pecaminosa idolatria construindo um bezerro de ouro (Êx 32.19). Por último, esses mandamentos foram escritos pela segunda vez em pedra (Êx 34.1-4) e colocados na arca por Moisés (Dt 10.1-5), sob o propiciatório aspergido com sangue.
b. *A lei civil* – Mencionada geralmente como o Livro da Lei. Era uma espécie de lei moral ampliada, para situações específicas. Essas leis foram registradas num livro e colocadas ao lado da arca (Dt 31.24-26).
c. *A lei cerimonial* – Esta lei representava a manifestação da graça de Deus e se referia a todos os regulamentos relacionados ao sangue do sacrifício, ao sacerdócio, à adoração no Santuário, às festas do Senhor e aos sábados. Êxodo 25-40 e o livro de Levítico esclarecem os detalhes de tais cerimônias.

Nesses três aspectos da lei podemos vislumbrar a verdade descrita em Jo 1.17: "Pois a Lei foi dada por intermédio de Moisés; a graça e a verdade vieram por intermédio de Jesus Cristo". Assim como pela graça de Deus a Lei (ministério para morte) foi coberta pelo propiciatório aspergido com sangue, assim também Cristo, O perfeito propiciatório aspergido com sangue se fez maldição para remover a maldição da lei que estava sobre nós (Gl 3.13). Toda a Lei foi perfeita e completamente cumprida em Jesus Cristo. Só Ele poderia cumprir a Lei, pois ela estava em seu coração (Sl 40.7,8). Ele é um Deus justo e salvador (Is 45.21). No sermão do monte (Mateus 5-7) Jesus assumiu seu papel de legislador. Ele é aquele que exaltou a Lei e tornou-a gloriosa (Is 42.21). Ele cumpriu a Lei em todos os seus aspectos: moral, civil e cerimonial, e quando seu corpo foi partido e seu sangue derramado na cruz, Ele aboliu a lei cerimonial (pois é a completa expressão da graça de Deus). Ele agora nos chama para uma lei superior. Esta lei não foi escrita em duas tábuas de pedra, mas escrita pelo dedo de Deus (o Espírito Santo) sobre as tábuas do coração (Jr 31.31-34; e 2 Co 3 e Hb 8). Esta é a lei da nova aliança, uma lei muito superior: a lei do amor.

Assim, as duas tábuas da Lei apontam para aquele que foi o único a cumprir perfeitamente a lei do Pai, isto é, a vontade do Pai (Jo 5.30; 6.38 e 8.29). Por essa causa, toda a condenação que havia anteriormente na Lei foi lançada sobre Jesus Cristo (Jo 5.22).

2. O vaso de ouro com maná (Êx 16.11-31)
Literalmente, maná era o pão vindo do céu que serviu de alimento para o povo de Israel, no deserto, por 40 anos. Recebeu esse nome por causa da reação das pessoas quando o viram pela primeira vez. "Maná" significa "o que é isso?". Tinha um gosto característico de azeite, e caía do céu durante a noite, como o orvalho. Era branco, de formato arredondado e doce como mel para o paladar (Nm 11.7-9). Cada pessoa deveria apanhar a porção necessária para si mesma todas as manhãs; ninguém podia recolher para outra pessoa.

Espiritualmente, o maná simbolizava a natureza, o caráter e a provisão do Senhor Jesus Cristo como o pão da vida. Jesus é o pão que desceu do céu e que foi ungido com óleo de júbilo. Jesus é doce como mel e fresco como o orvalho para aquele que crê. Jesus é o verdadeiro maná (João 6). Todos devem comer dele para não morrer. Ninguém pode comer por outro. Ele é a fonte da vida eterna. Ele provê sustento ao seu povo na jornada pelo deserto.

Há três observações adicionais relacionadas ao maná que merecem destaque:

a. O maná cessou quando o povo de Israel entrou na terra de Canaã (Js 5.11,12).
b. No sétimo dia da semana não havia maná, mas no sexto dia havia o dobro (Êx 16.25,26). Apesar de Moisés ter alertado o povo sobre isso, alguns acharam que haveria maná no sétimo dia (Êx 16.27).
c. Não havia mais maná na arca da aliança quando ela foi levada para o Templo de Salomão, o lugar de descanso permanente da arca (1 Rs 8.9).

Isto tudo nos revela que este é o tempo aceitável, hoje é o dia da salvação. Não haverá pregação do evangelho no final dos tempos.
O Senhor Jesus Cristo é o vaso de ouro (divino) do maná. Ele é o pão da vida eterna. Se alguém comer dele não morrerá. Os vencedores irão comer novamente do "maná escondido" guardado na arca (Ap 2.17).

3. A vara de Arão que floresceu (Nm 17.1-10)
Na rebelião de Coré contra Arão, Deus mandou Moisés tomar doze varas para as doze tribos e escrever o nome das tribos sobre elas (Arão tinha seu nome escrito em uma delas) e colocá-las na presença do Senhor diante da arca. Pela manhã, a vara de Arão havia brotado,

produzindo botões, flores e amêndoas maduras. Era só uma vara, porém a manifestação de vida era tripla, novamente representando fisicamente a plenitude da divindade.

Uma vara – Um Deus
[1. O botão — o Pai, a fonte, o começo
[2. A flor — o Filho, o aroma, foi moído
[3. O fruto — o Espírito Santo, produção de frutos

Assim como o fato da vara de Arão ter brotado atestava que ele era o escolhido de Deus, ou o ungido de Deus e sumo sacerdote designado por Deus em Israel, a ressurreição de Jesus Cristo dentre os mortos atesta seu sacerdócio eterno, segundo a ordem de Melquisedeque (Hb 7.24,25; 5.1-14; Jo 11.25; 14.1-6 e Rm 1.1-4).

Na vara de Arão a vida venceu a morte. Na ressurreição, Jesus, nosso grande sumo sacerdote, o único mediador entre Deus e os homens (1 Tm 2.5,6) ressurgiu dos mortos. Em Cristo a vida se manifesta em sua beleza e fecundidade. Ele é o único caminho para o homem se aproximar de Deus. (Nota: o cristianismo é a única religião baseada em um homem que ressuscitou).

Assim como todos os itens presentes na arca testificam e dão testemunho da divindade, todos também testemunham o fato de que em Cristo habita corporalmente toda a plenitude da divindade (Jo 1.32,33; 3.34; 14.1, 6-11; 12.48-50 e Cl 1.19).

Toda esta plenitude deve ser igualmente manifestada também na Igreja, que é o Corpo de Cristo: "A igreja, que é o seu corpo, a plenitude daquele que enche todas as coisas, em toda e qualquer circunstância" (Ef 1.22,23; veja também 3.17-21).

A lei = O caminho
O maná = A verdade ——→ O Senhor Jesus Cristo (Jo 14.6)
A vara = A vida

15. A arca em trânsito (Nm 4.4-6)

Quando transportada de um lugar para outro, a arca deveria ter as seguintes coberturas:

1. Cobertura do véu: simbolizando o Corpo de Cristo (Hb 10.20)
2. Cobertura de couro: simbolizando a aparência sem nenhuma formosura (Is 53.2)
3. Pano azul: simbolizando o Senhor que veio dos céus (1 Co 15.47)

16. A história da arca vista simbolicamente

A arca da aliança é a peça mais importante do Antigo Testamento. Deus a considerava de tal importância que há mais referências sobre a arca do que sobre qualquer outra peça de mobília. Isto por si só justifica um estudo mais profundo da história da arca.

Descobriremos também que a história da arca é uma profecia a respeito da Arca do Novo Testamento, o Senhor Jesus Cristo. Do mesmo modo que a arca foi a primeira e principal peça da história de Israel, assim Jesus Cristo é o primeiro e tem a supremacia sobre todas as coisas diante do Pai e da Igreja (Cl 1.17-19).

A história da arca é uma analogia da história do Senhor Jesus Cristo, desde seu nascimento, unção, vida, ministério, morte e ressurreição até sua glorificação e segunda vinda.

Este é um tema bastante vasto, e teríamos que dedicar grande parte desse estudo para tratá-lo adequadamente. Mas para aqueles que desejam conhecer melhor os tesouros preciosos da Palavra de Deus, oferecemos a seguir algumas "sementes de pensamentos" de forma esquemática.

17. A história da arca da aliança

1. A arca foi construída de acordo com o modelo revelado por Deus a Moisés e pela capacitação do Espírito de Deus em sabedoria (Êx 35.31 – 36.3).
2. Havia três coberturas para a arca em trânsito.
3. A arca nunca ficava à vista das pessoas quando em trânsito (Nm 4.4,5).
4. A arca do testemunho foi ungida (Êx 30.26).
5. Moisés ouvia a voz de Deus que lhe falava de cima da arca (Êx 25.22 e Nm 7.89).
6. Os israelitas encontraram a arca, onde estava o poder de Deus (Sl 132.6-8).
7. Os filisteus perguntaram o que deviam fazer com a arca (1 Sm 6.2).
8. A nuvem envolveu a arca no Tabernáculo (Êx 40.34-38).
9. A arca estava relacionada com a manifestação visível da glória de Deus (Êx 40.33-38).
10. Houve júbilo diante da arca quando ela entrou na cidade (2 Sm 6.12-18).
11. Aqueles que desprezaram a chegada da arca foram castigados com esterilidade física (2 Sm 6.20-23 e 1 Cr 15.29).
12. A arca de Deus foi tirada de Jerusalém e atravessou o vale de Cedrom com o rejeitado rei Davi (2 Sm 15.23-24).
13. Quando a arca foi levada, Israel foi derrotado e fugiu (1 Sm 4.10).
14. Os filisteus queriam saber o que deveriam fazer com a arca (1 Sm 5.8).
15. A arca foi colocada numa carroça nova (1 Sm 6.7-13).
16. A arca viajou durante três dias e três noites (Nm 10.33-36). O Tabernáculo foi desmontado e a glória se foi enquanto prosseguiam caminhando até achar descanso. A glória retornou quando o Tabernáculo foi novamente erguido.
17. A arca guiou a travessia do Jordão, o rio do juízo, ficando 900 metros (cerca de 2.000 côvados) à frente para que eles soubessem o caminho por onde seguir, mantendo as águas divididas para que os outros pudessem atravessar (Josué 3.3-15).
18. A arca foi aspergida com sangue, representando nossa reconciliação (Lv 16.14).
19. A arca era colocada "no meio" do acampamento enquanto o povo marchava ou descansava (Nm 2.17 e 10.14-28).
20. A pretensão de enfrentar o inimigo sem a presença da arca era derrota certa (Nm 14.44-45).
21. Quando a arca foi tomada pelos filisteus não houve vitória ou glória em Israel (1 Sm 4.3-22).
22. Israel exultou quando a arca chegou ao acampamento (1 Sm 4.5-6), mas isso provocou um tremor no acampamento do inimigo (vs. 8 e 9).
23. A arca significava condenação para o acampamento do inimigo (1 Sm 5), porém, era uma grande bênção para o povo de Deus (2 Sm 6.11).
24. A arca era o lugar para se descobrir a vontade de Deus (Js 20.18-28).
25. Deveria haver ministração contínua diante da arca, com instrumentos musicais (1 Cr 16.4, 37, 42).
26. Nenhum deus poderia permanecer de pé diante da arca do Deus Vivo (1 Sm 5.1-4).
27. Sete sacerdotes e sete trombetas íam à frente da arca quando os muros de Jericó caíram. Na sétima vez, no sétimo dia, ao som das sete trombetas houve um grito e tudo desabou. O Reino foi conquistado (Js 6 e Hb 11.30).
28. A arca foi colocada "em meio" a duas tribos, uma no monte Ebal e outra no monte Gerizim. Uma tribo recebeu as bênçãos e a outra recebeu as maldições (Js 8.30-35 e Dt 11.26-28).

18. A história do Senhor Jesus Cristo

1. Cristo Jesus foi formado pela sabedoria e pelo Espírito de Deus (Mt 1.20; Lc 1.35).
2. Em Jesus habita corporalmente toda a plenitude da divindade (Cl 2.9).
3. Jesus como Filho de Deus estava oculto da vista dos homens pelo seu corpo terreno, o véu.

4. Jesus foi ungido para dar testemunho (Lc 4.18 e At 10.38).
5. A voz de Deus confirmou que Jesus era o Filho de Deus (Mc 9.7 e Mt 3.17).
6. Filipe declarou: "Achamos aquele sobre quem Moisés escreveu na Lei" (Jo 1.45).
7. Os escribas e fariseus discutiram entre si o que eles deveriam fazer com Jesus (Lc 6.11).
8. Jesus foi envolvido pela nuvem no monte da Transfiguração (Mc 9.2-8).
9. A manifestação visível da glória de Deus foi mostrada através do véu (carne) de Cristo (Mt 17.1,2 e Ap 1.16).
10. Jesus foi exaltado com júbilo quando entrou na cidade (Mt 21.8,9).
11. Aqueles que desprezaram e rejeitaram a Cristo se tornaram espiritualmente estéreis (Lc 19.41-44).
12. Jesus cumpriu esse fato notável quando atravessou o vale de Cedrom com seus discípulos na hora terrível em que foi rejeitado (Jo 18.1).
13. Quando Cristo foi levado, os discípulos fugiram (Mt 26.31,56).
14. Pilatos perguntou o que ele deveria fazer com Jesus (Mt 27.22).
15. Jesus foi pregado numa cruz (Mt 7.32).
16. Jesus passou por uma experiência durante três dias e três noites. Seu corpo (o Tabernáculo) foi levado e a glória se afastou quando Ele morreu para nos dar descanso. Na ressurreição a glória retornou e Ele está sentado à direita de Deus.
17. Jesus entrou e venceu as águas da morte 2.000 anos antes da experiência da Igreja no final dos tempos, e Ele restringe o poder da morte sobre nós até atravessarmos o rio (Hb 12.1-2; Rm 6.3,4; Cl 3.1-4).
18. Através de Jesus Cristo nós recebemos agora a reconciliação (Rm 5.11).
19. Cristo também está colocado "em meio" à sua Igreja (Mt 18.20; Jo 19.18 e Ap 1.13).
20. Tentar lutar contra Satanás sem Cristo significa derrota certa.
21. Quando Cristo está fora de nossa vida não há glória ou vitória.
22. Quando Cristo vier para sua Igreja haverá grande alegria e júbilo, mas os de fora sentirão medo e tremor.
23. Cristo e as coisas de Deus causam um duplo efeito: entre os salvos e entre os que perecem (2 Co 2.15,16).
24. Cristo, nossa arca, é o único mediador (1 Tm 2.5) e sumo sacerdote (Hb 7.26,27).
25. Devemos ministrar diante do Senhor continuamente (Cl 3.16 e Ef 5.19).
26. Cada joelho deverá se dobrar diante do senhorio de Cristo (Fp 2.1-10; Jo 18.6).
27. No fim da Bíblia aparecem sete anjos com sete trombetas (Ap 8.2) diante da arca (Ap 11.18,19). Um grande brado anuncia o final dos tempos e o estabelecimento do Reino (Ap 11.15 e 1 Ts 4.16).
28. Um dia Cristo estará "no meio" de dois povos, um estará à direita (as ovelhas) e o outro estará à esquerda (os bodes). Um receberá bênçãos, e o outro receberá maldições (Mt 25.32-46).

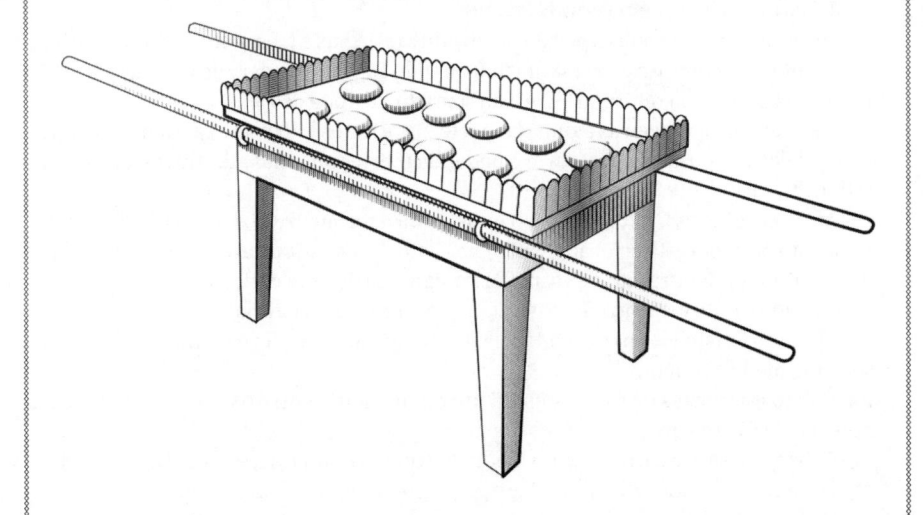

A MESA DOS PÃES DA PRESENÇA

A MESA DOS PÃES DA PRESENÇA

Êx 25.23-30; 37.10-16; 40.22,23; Lv 24.5-9

1. A mesa: considerações gerais

O segundo objeto da mobília do Tabernáculo a ser construído foi a mesa dos pães da Presença. Esta mesa era feita de madeira de acácia, revestida de ouro e colocada no Santuário em localização diretamente oposta ao candelabro de ouro no Lugar Santo. Nessa mesa eram colocados doze pães, que deveriam ser partilhados pelos sacerdotes da tribo de Levi. Veremos que esta peça da mobília está relacionada ao ministério do Senhor Jesus Cristo na Igreja.

2. Faça uma mesa... (Êx 25.23)

Esta é a primeira vez que a palavra "mesa" é mencionada na Bíblia, o que é bastante significativo. No livro de Gênesis encontramos o relato da queda do homem por causa do pecado, resultando na quebra da comunhão com Deus. O livro de Êxodo nos apresenta um quadro do homem caído e redimido pela graça de Deus. Vemos a graça de Deus alcançando o homem caído e restabelecendo sua comunhão com Deus. Deus preparou a mesa para os sacerdotes em seu Santuário, prefigurando o fato de que Deus prepararia uma mesa em Cristo para seu povo redimido, os sacerdotes do Santuário eterno.

O Antigo Testamento declara que o modelo para a construção desta mesa foi totalmente concedido por revelação divina. Nada foi deixado para a mente ou imaginação dos construtores. Ela foi construída de acordo com o padrão de Deus. Depois de pronta, ela foi colocada no lado norte do Lugar Santo, em sentido oposto ao candelabro de ouro, de modo que a luz do candelabro iluminava o pão e a mesa.

Esta mesa é chamada por diferentes nomes nas Escrituras:

1. Mesa dos pães da Presença (Êx 25.30)
2. Mesa de madeira de acácia (Êx 25.23; 37.10)
3. Mesa de ouro puro (Lv 24.6) – nós devemos estar limpos para participar da mesa do Senhor
4. Mesa (Êx 39.36; 40.4, 22)
5. Mesa de ouro (1 Rs 7.48), no Templo de Salomão

A mesa dos pães da Presença simboliza o próprio Senhor Jesus Cristo como o pão da vida para seu povo (Jo 6.25-63), e aponta para a mesa do Senhor (ceia) presente na Igreja do Novo Testamento, que é o Corpo de Cristo (1 Co 10.15-21; 11.23-34; Mt 26.26-28). Era nessa mesa que Davi pensava quando declarou: "Preparas-me uma mesa na presença dos meus adversários..." (Sl 23.5 ERA – compare com Mt 26.17-20).

3. ... de madeira de acácia... (Êx 25.23)

Assim como na arca da aliança, a madeira de acácia representa a humanidade sem pecado, incorruptível e perfeita de Cristo. Como já dissemos, a Septuaginta traduz madeira de acácia como uma "madeira incorruptível". Jesus Cristo é o homem cujo nome é renovo, o ramo de cuja raiz brotará um ramo novo (Zc 6.12,13; Is 11.1-4). O caráter e a natureza incorruptível de Cristo podem ser vistos em sua provação no deserto, relatada nos quatro Evangelhos.

4. ... com noventa centímetros de comprimento, quarenta e cinco centímetros de largura e setenta centímetros de altura (Êx 25.23)

Deus divinamente determinou medidas para todas as coisas. Tudo deveria seguir o padrão divino. Observe que a mesa, a grelha do altar de bronze e a arca da aliança eram da mesma altura. Assim, a grelha do altar de bronze no pátio, a mesa dos pães da Presença no Santo Lugar, a arca da aliança e o trono de misericórdia (propiciatório) no Lugar Santíssimo apresentavam altura semelhante.

A mesma altura significa o mesmo padrão e o mesmo nível estabelecidos diante de Deus. Isso representa que, começando no "trono do juízo" (70 cm), podemos ir para a mesa dos pães da Presença (70 cm) e ter comunhão com Deus e seus sacerdotes, com base no sangue aspergido sobre o trono de misericórdia (a tampa da arca, 70 cm de altura).

5. Revista-a de ouro puro... (Êx 25.24)

A palavra hebraica para "ouro" é derivada de um termo pouco comum significando "cintilar" ou "brilhar". O ouro, portanto, é um símbolo da divindade ou da natureza divina de Jesus Cristo. Dois elementos foram usados para compor a mesa: ouro e madeira. Dois elementos, porém apenas uma mesa. Isso nos revela a união de duas naturezas no Senhor Jesus Cristo. A divindade e a humanidade de Jesus, em sua plenitude, são representadas simbolicamente na madeira e no ouro. O Senhor Jesus Cristo é o Deus-Homem. Ele é a palavra (ouro) que se fez carne (madeira) e habitou entre nós (Jo 1.1-3; 14-18; 1 Tm 3.16 e 2.5,6).

Jesus é o verdadeiro mediador entre Deus e os homens. Para ser o mediador das duas partes, Ele precisaria partilhar de ambas. Ele precisava ser divino para trazer Deus ao homem, e precisava ser humano para representar o homem diante do trono de Deus. O ouro e a madeira estavam juntos no Senhor Jesus Cristo.

6. ... faça uma moldura [coroa, na ERA] de ouro ao seu redor. Faça também ao seu redor uma borda com a largura de quatro dedos [uma mão, na ERA]e uma moldura de ouro para essa borda (Êx 25.24,25)

Ao compararmos Êxodo 25.24,25 com 37.11,12, descobrimos que a mesa tinha uma dupla coroa ao redor da borda com a largura de uma mão entre as coroas. A largura de uma mão era uma espécie de borda entre as coroas e os demais utensílios. Ela também servia como uma proteção para impedir que os objetos caíssem da mesa. Note que somente a mão de Cristo é capaz de nos guardar da queda. As mãos de Jesus são mãos perfuradas com cravos (Zc 13.6; Jo 10.28; Jd 24).

No Antigo Testamento, coroas aparecem relacionadas a dois cargos. O primeiro diz respeito à mitra do sumo sacerdote, chamada de "coroa sagrada" (Êx 29.6) ou também de "coroa do azeite da unção" (Lv 21.12 ERC). O segundo cargo caracterizado por uma coroa era o de rei. Os reis eram coroados depois de serem ungidos para seus cargos.

A dupla coroa de ouro colocada na mesa aponta para o fato de que em Cristo Jesus, nossa mesa da Presença, as duas funções, de rei e sumo sacerdote, estavam unidas. Ele é coroado como rei e sacerdote segundo a ordem de Melquisedeque. Jesus é o renovo (ramo) (Zc 6.1,12,13; 3.5) que está sentado como rei e sacerdote exercendo o ministério de mediador entre Deus e o homem. O homem coroou-o com espinhos (o resultado do pecado e da maldição), mas Deus coroou-o com glória e honra (o selo de que a obra estava consumada). Ver Hb 2.6-8; 1 Pe 5.4 e Hb 7.1,2.

Três peças da mobília do Tabernáculo tinham coroas (ou molduras) de ouro:

1. A arca da aliança
2. A mesa dos pães da Presença
3. O altar de ouro do incenso

A MESA DOS PÃES DA PRESENÇA

Essa ideia sobre o significado das coroas culmina no livro do Apocalipse, onde vemos os 24 anciãos (2 x 12=24) depositando suas coroas aos pés do Cordeiro. Cristo virá pela segunda vez coroado com muitas coroas. Na primeira vez, Ele veio como homem de dores, mas em sua segunda vinda, Ele virá como Rei dos reis e Senhor dos senhores (Ap 19.11-16).

7. **Faça quatro argolas de ouro para a mesa e prenda-as nos quatro cantos dela, onde estão os seus quatro pés. As argolas devem ser presas próximas da borda para que sustentem as varas usadas para carregar a mesa (Êx 25. 26,27)**

Havia quatro argolas de ouro nas quatro extremidades da mesa, presas aos seus quatro pés. Causa impressão a quantidade de vezes que aparece o número quatro na mesa dos pães da Presença (ver significado dos números no apêndice). Quatro é o número relacionado a terra, incluindo o conceito de universalidade. O ano tem quatro estações, a lua, quatro fases e a terra, quatro cantos.

Na mesa havia:

1. *Quatro cantos* – Isto representa o fato de Cristo ser a mesa dos pães da Proposição para os quatro cantos da terra. Este é seu ministério mundial, alimentar seu povo com o pão da vida, apontando para a grande comissão do nosso Senhor: "Vão pelo mundo todo e preguem o evangelho a todas as pessoas" (Mt 28.18-20; Mc 16.15-20 e At 1.8). Veja também Apocalipse 5.9,10.

2. *Quatro pés* – Os pés sempre simbolizam nossa jornada aqui na terra. Os quatro pés representam aqui os quatro evangelistas que relatam a jornada de Cristo na terra, revelando Jesus como o verdadeiro pão da vida que estabeleceu a mesa do Senhor antes de ascender ao céu. Assim como os quatro pés da mesa serviam de apoio ao pão sobre a mesa, assim também Mateus, Marcos, Lucas e João apoiavam o verdadeiro pão, o Senhor Jesus Cristo.

3. *Quatro argolas de ouro* – Nestas argolas nós temos três diferentes símbolos:

a. *Ouro*: Representa a natureza divina do Senhor Jesus Cristo.
b. *Argolas*: Argola é um círculo, portanto não tem começo nem fim. É um símbolo utilizado para representar a eternidade. O Senhor Jesus é de eternidade a eternidade.
c. *Quatro*: Como já vimos, há quatro descrições de Deus na Bíblia: (1) Deus é luz (1 Jo 1.5), (2) Deus é amor (1 Jo 4.16), (3) Deus é Espírito (Jo 4.24) e (4) Deus é um fogo consumidor (Hb 12.29). Todos representam atributos eternos de Deus e do Filho de Deus (veja item 8 da parte que trata da arca da aliança).

8. **Faça as varas de madeira de acácia, revestindo-as de ouro; com elas se carregará a mesa (Êx 25.28)**

Vemos novamente aqui o conceito da madeira incorruptível (humanidade) revestida de ouro puro (divindade). O propósito das varas era carregar a mesa nas jornadas pelo deserto. As varas também ajudavam a manter o equilíbrio da mesa. Devemos apresentar o evangelho de Jesus como o pão da vida de forma equilibrada. Jesus Cristo afirmava que era um "peregrino e estrangeiro" aqui na terra. Isso se relaciona à peregrinação da Igreja. Não temos uma cidade permanente, mas esperamos aquela que está para vir. No presente momento, Cristo está vagando no deserto com sua Igreja (Hb 11.9-13; 13.14 e 1 Pe 2.11).

9. **A mesa em trânsito (Nm 4.7,8)**

Quando em trânsito, a mesa deveria ser coberta da seguinte forma:

1. A mesa deveria ser coberta com um pano azul. Esse pano azul é considerado como um símbolo do Espírito Santo que estava sobre o verdadeiro pão (Lc 4.18). A cor azul é também reconhecida como a cor do céu, representando Cristo como o Senhor dos céus (1 Co 15.47).

2. Os pratos, os recipientes para incenso, as tigelas e bacias deveriam ser cobertos com um pano vermelho. O vermelho simboliza um sacrifício de sangue e refere-se aqui à pessoa central da divindade. Jesus ofereceu seu corpo em sacrifício.

3. A cobertura final era de couro, como símbolo de que Deus é aquele que está sobre todas as coisas. Isso também se refere ao aspecto de Cristo, pois para o homem natural, não havia beleza alguma em sua aparência (Is 52.14; 53.1-3).

Depois que a mesa estivesse coberta adequadamente, as varas deveriam ser colocadas nas argolas para dar início à caminhada. Para o homem natural, não havia beleza para ser apreciada durante a caminhada pelo deserto. A única coisa visível era a cobertura de couro. O homem espiritual, contudo, através dos olhos da fé enxerga em Cristo o pão da vida, e o vê caminhando com sua Igreja como o verdadeiro pão que dá sustento à vida.

10. Faça de ouro puro os seus pratos e o recipiente para incenso, as suas tigelas e as bacias nas quais se derramam as ofertas de bebidas (Êx 25.29)

Vários utensílios eram usados em função desta mesa. O profeta Isaías estava se referindo a esses objetos quando declarou: "sejam puros, vocês, que transportam os utensílios do Senhor" (Is 52.11). Havia basicamente três tipos de utensílios:

1. *Pratos*: Os pratos ou bacias eram utilizados para carregar a farinha amassada com azeite (oferta de cereal – ver Números 7.13,18,19,25, etc.).

2. *Recipientes para incenso*: Esses recipientes eram vasos côncavos feitos de ouro para colocar o incenso. Quando os sacerdotes comiam na mesa dos pães da Presença, à luz do candelabro de ouro, eles queimavam incenso ao Senhor no altar de ouro. Desta forma, havia uma relação entre esses três utensílios, significando que quando participamos da mesa do Senhor, à luz de sua Presença, enviamos incenso na forma de oração, louvor e adoração para o Senhor Jesus (veja Nm 7.14, 20, 26, etc.).

3. *Tigelas e bacias*: Na Septuaginta esses artigos eram chamados de "jarras e taças". De fato, no hebraico a palavra traz o sentido de "cálice". Estes cálices continham vinho que era servido em conexão a esta mesa como libação diante do Senhor (Nm 28.7). Esta era a oferta de bebida (libação) de vinho derramado. Ela era usada unicamente junto à mesa da Presença, em mais nenhum outro móvel do Lugar Santo (Êx 30.9). O simbolismo aqui é óbvio. Na mesa da presença o pão e o vinho eram trazidos juntos apontando para a mesa do Novo Testamento instituída pelo Nosso Senhor Jesus Cristo. Jesus referiu-se ao pão: "Isto é o meu corpo" e depois tomou o cálice e disse "Este cálice é a nova aliança no meu sangue" (Mt 26.26-28, 1 Co 10.15-21 e 11.23,34).

11. Coloque sobre a mesa os pães da Presença, para que estejam sempre diante de mim (Êx 25.30)

A Bíblia chama esses pães colocados sobre a mesa de vários nomes. Eles são chamados de:

1. *Pães da Presença*: "Presença" tem um sentido aqui de "representar" ou "revelar". Isso nos recorda o pão da vida do Novo Testamento, que se revelou aos seus discípulos (Mt 16.21; Jo 21.2 e At 1.3). Isso também está ligado ao ministério da Igreja de representar na ceia do Senhor sua vida, morte, ressurreição e sua volta (1 Co 11.26).

2. *Pão de Deus* (Lv 21.21 – ERA): Este pão está sobre a mesa do Senhor e através dele Ele oferece comunhão aos seus sacerdotes.

3. *Pão contínuo*: (Nm 4.7 – ERA; 2 Cr 2.4 – ERA; Lv 24.8 – ERA): Este pão deveria estar continuamente diante do Senhor. Para os crentes, Jesus é o pão contínuo e diário.

A palavra hebraica para "pães da Presença" também sugere outros títulos, como:

1. *O Pão presente* – A presença do Senhor está conosco na mesa do Senhor (Mt 18.20).

2. *O Pão da (s) face (s)* – No pão nós vemos um Deus (face) em três pessoas (faces), isto é, o Deus triúno. No Novo Testamento, nós vemos a glória de Deus na face de Jesus Cristo (2 Co 4.6). Como crentes no Senhor, estamos esperando sua vinda para vermos sua face (Ap 22.4).

3. *O Pão da ordem* – Assim como havia ordem na mesa do Antigo Testamento, deve haver ordem com relação à mesa do Senhor (1 Co 11.34).

Todos esses diferentes aspectos da verdade que observamos nestes nomes simbolizam a comunhão. O Senhor comungou com seus sacerdotes através do pão. Eles partilharam dele. O que comemos torna-se parte do nosso ser. Os crentes em Cristo são coparticipantes da natureza divina por partilharem do seu corpo (veja Jo 6.48-56 e 2 Pe 1.4).

12. Apanhe da melhor farinha... (Lv 24.5)

Vemos aqui que realmente havia uma receita divina para preparar o pão. Primeiramente, era preciso conseguir a melhor farinha, obtida de grãos inteiros do trigo. Para que esse trigo se tornasse adequado para fabricação do pão e de outros alimentos, ele tinha que ser triturado até virar pó. Assim, a "melhor farinha" representa as tribulações, tentações, provações e sofrimentos do Senhor Jesus Cristo, que assim como o grão de trigo, foi esmagado e quebrado para tornar-se o nosso pão da vida (Jo 12.24). Como na melhor farinha, não havia nenhuma impureza em sua humanidade perfeita e sem pecado. Isso também é aplicável para todo aquele que está "em Cristo". Referências: Sl 147.14; Is 28.28; 52.14; 53 e Gn 3.15.

A citação a seguir, extraída de *O Cristo de Deus*, de Robert Clark, sobre a perfeita humanidade de Cristo, expressa bem o conceito de "melhor farinha" do Deus-Homem, o Senhor Jesus Cristo.

Cristo nunca fez nada errado e nunca pecou, portanto Ele era diferente de todos os homens que já viveram. O Senhor Jesus era:

Manso sem ser fraco
Terno sem ser frágil
Firme sem ser rude
Amoroso sem ser sentimental
Santo sem ser hipócrita
Humilde sem ser inferior

Perfeito mas sem nenhuma falha
Entusiasmado sem ser fanático
Apaixonado sem ser preconceituoso
Preocupado com as coisas lá do céu, sem ser alienado
Despreocupado sem ser negligente
Servo sem ser servil
Seguro de si sem ser egoísta
Justo, sem ser cruel
Sério sem ser mau humorado
Misericordioso sem ser complacente

13. ... e asse... (Lv 24.5)
Para o pão servir de alimento, ele precisa ser assado. O fogo aqui representa o intenso sofrimento do Filho de Deus no Calvário. Ele sofreu na cruz para se tornar o nosso pão (Mt 3.11; Lc 3.16; Hb 12.29 e 9.14).

14 ... doze pães... (Lv 24.5)
Havia doze pães na mesa, um para cada tribo no acampamento de Israel. Todas as tribos estavam representadas diante do Senhor. No Israel espiritual todos estão representados diante do Senhor como membros do seu Corpo. Cada membro do Corpo de Cristo participa daquele único pão descrito em 1 Coríntios 10.17: "Como há somente um pão, nós, que somos muitos, somos um só corpo, pois todos participamos de um único pão". A unidade do Corpo de Cristo é expressa num único pão.

O número doze que aparece aqui também é significativo, pois sempre é usado como símbolo da totalidade e autoridade apostólica. Esta verdade é particularmente demonstrada na escolha dos doze apóstolos pelo Cordeiro (Ap 21.14 e Ef 2.20). Foi através desses doze apóstolos que Jesus proveu o miraculoso suprimento de pão para as multidões (Jo 6, Mt 14.15-21 e 15.32-39). A Igreja de hoje ainda se alimenta da revelação (o pão) dos apóstolos que governavam a igreja primitiva. A totalidade da Palavra de Cristo (o pão) é distribuída aos doze apóstolos, e por fim ao corpo sacerdotal (Ap 12.1).

Estes doze pães tinham o formato redondo, com um buraco no meio. O termo em hebraico amplia esse conceito ao dizer que eram "pães traspassados". Todas essas coisas simbolizam o Senhor Jesus Cristo, o pão da vida que foi traspassado (Zc 12.10 e Jo 19.34-37).

15. ... usando dois jarros [hebraico: 2/10 de efa] para cada pão (Lv 24.5)
Cada um dos doze pães deveria ser feito com 2/10 de um efa de farinha. Podemos perceber o significado disso no seguinte:

1. O maná que deveria ser juntado no sexto dia correspondia a 2/10 de um efa (Êx 16.22, 36). Em outras palavras, representava uma porção dupla.

2. A oferta de cereais no dia da oferta da Festa das Primícias deveria ser de 2/10 de um efa da melhor farinha (Lv 23.13).

3. Os doze pães da oferta movida da Festa de Pentecostes eram também feitos de 2/10 de um efa da melhor farinha (Lv 23.17).

4. Aqui, nos doze pães da mesa da Presença temos 2/10 de um efa para cada pão. Vemos aqui uma porção dupla de vida e saúde no pão para o povo do Senhor.

5. Esse mesmo conceito de 2/10 de um efa pode ser encontrado nas duas tábuas onde os Dez Mandamentos foram escritos pelo dedo de Deus (Êx 20.1-18). Os Dez Mandamentos são totalmente cumpridos nos dois mandamentos dados por Jesus no Novo Testamento (Mt 22.34-40).

Um significado adicional ainda pode ser visto na equação citada neste versículo. Temos 12 pães x 2/10 = 24/120. Estes números, 24 e 120, têm um significado especial, relacionado ao final dos tempos e à volta do Senhor Jesus Cristo.

16. Coloque-os em duas fileiras, com seis pães em cada uma, sobre a mesa de ouro puro perante o Senhor (Lv 24.6)
Vários diagramas demonstram como os pães deveriam ser dispostos sobre a mesa. Alguns mostram os pães sendo colocados em duas fileiras sobre a mesa, enquanto outros mostram os pães distribuídos em duas pilhas de seis pães. O tamanho dos pães parece indicar que dificilmente eles seriam colocados em fileiras. A Concordância de Strong declara que a tradução mais correta desta passagem seria "seis pães dispostos em fila uns sobre os outros, ou uma pilha de pães" (#4635. Veja o diagrama).

17. Junto a cada fileira coloque um pouco de incenso puro... (Lv 24.7)
O incenso puro representa a perfeição da vida de oração e de intercessão de Cristo. A fragrância de sua vida era agradável às narinas do Pai. Os evangelhos mostram o incenso divino em sua vida ao revelar sua vida de oração (Referências: Ct 4.6; 12-16 e Mt 2.11).

18. ... como porção memorial para representar o pão... (Lv 24.7)
Este pão era o pão do memorial. Isso nos remete ao que Jesus disse a respeito de sua mesa na nova aliança. Ele disse que nós devemos fazer isso em sua memória (Lc 22.19,20).

19. ... e ser uma oferta ao Senhor preparada no fogo (Lv 24.7)
Isso corresponde à ideia do pão sendo assado. Jesus passou pelo sofrimento do Calvário (foi assado) para tornar-se o pão da vida para nós. Deus nos faz passar como que através do fogo para que sejamos como o ouro refinado. "Nosso Deus é fogo consumidor!" (Hb 12.29).

20. Esses pães serão colocados regularmente [continuamente] perante o Senhor, cada sábado... (Lv 24.8)
O pão deveria ser colocado em ordem todo sétimo dia. O Senhor Jesus Cristo é o divino e completo pão da vida. Ele é tudo em todos. Ele é o verdadeiro shabat (descanso), pois Ele é quem concede ou quem batiza com o Espírito Santo. O pleno descanso é encontrado somente em sua obra consumada (Jo 19.30 e Mt 11.28-30).

Os discípulos se reuniam para partir o pão uma vez por semana, no primeiro dia da semana (At 20.7 e 2.41-47. Ver também 2 Cr 2.4).

21. ... em nome dos israelitas, como aliança perpétua (Lv 24.8)
Aqui nós vemos de que modo a aliança perpétua está implicada. O pão deveria ser uma aliança perpétua, prenunciando a nova aliança através do corpo e do sangue de Jesus (Mt 26.26-28 e Hb 13.20).

22. Pertencem a Arão e a seus descendentes... (Lv 24.9)
Apenas os sacerdotes poderiam comer o pão (1 Sm 21.1-6 e Mt 12.4). Na nova aliança em

Cristo todos os crentes são chamados ao sacerdócio espiritual (1 Pe 2.9; Ap 1.6; 5.9,10). Somente aqueles que pertencem a esta casa espiritual são convidados a participar da mesa do Senhor.

A mesa era "santíssima" assim como o corpo de Jesus do qual nos alimentamos é "santo" (Lc 1.35). Aqueles que partilham desta mesa devem ser santos também. Depois que os crentes passarem pelo altar de bronze, eles estarão aptos para se aproximar da mesa dignamente (1 Co 11.23,24).

23. ... que os comerão num lugar sagrado... (Lv 24.9)

O pão deveria ser comido no Lugar Santo. Ele nunca poderia ser comido no pátio. O Lugar Santo media 10 x 10 x 20 côvados cúbicos, ou seja, 2.000 côvados cúbicos. Isso representa profeticamente os 2.000 anos da era ou dispensação do Espírito Santo. O período da primeira vinda de Cristo até a sua segunda vinda está incluído aqui. Este período é geralmente chamado de Era da Igreja.

Cristo veio da primeira vez como o grão de trigo, para ser triturado em nosso favor, para enfrentar o fogo do Calvário e ressuscitar dentre os mortos como o perfeito e completo pão da vida para esta dispensação. Agora nós podemos partilhar da plenitude do que Ele se tornou por nós através de sua morte e ressurreição. No pão nós temos vida, cura, saúde divina, alimento espiritual, relacionamento e comunhão.

Assim como Israel encontrou todos esses benefícios no maná durante os 40 anos no deserto (Êx 16), quando a enfermidade foi removida de seu meio, assim a Igreja, nessa dispensação deve experimentar este mesmo pão no Senhor Jesus Cristo. Assim como o Senhor deu-se a si mesmo no pão que eles comeram (Sl 78.19), também Cristo dá-se a si mesmo a todos que comerem e receberem dele (Mc 7.27). Este é o pão nosso de cada dia (Mt 4.3,4; 15.26,27; Jó 23.12).

24 ... porque é parte santíssima de sua porção regular das ofertas dedicadas ao SENHOR, preparadas no fogo. É decreto perpétuo (Lv 24.9)

Temos aqui novamente o conceito de santidade. Jesus Cristo é o "Santo de Deus" (Lc 1.35 e Mc 1.24). O crente (sacerdote) deve alimentar-se dele, que é a "parte santíssima" do Senhor, o próprio Senhor Jesus Cristo, em toda sua perfeição, graça, virtude e caráter, até se tornar como Jesus Cristo em seu caráter e na maneira de viver.

25. As mesas do Templo de Salomão (Veja 1 Rs 7.48; 1 Cr 28.16 e 2 Cr 4.8,19)

No Templo de Salomão havia dez mesas dos pães da Presença. Isso significa que havia 120 pães ao todo. Este número representa a plenitude do pão da vida na Igreja, a qual é agora o templo do Deus vivo pelo Espírito Santo (1 Co 3.16; 6.19; Ef 2.20-22). No final desta dispensação (o l20° jubileu), nós veremos a plenitude do pão do céu na Igreja.

26. Os cantores na mesa do Templo de Salomão (1 Cr 9.27, 32,33)

Os cantores do Templo de Salomão tinham o privilégio de preparar a mesa dos pães da Presença. Músicas e cânticos sempre estiveram relacionados com a mesa do Senhor. Isso também deve ser realidade na Igreja do Novo Testamento (Mt 26.26 e Mc 14.26).

27. A importância do pão para o povo de Israel

O pão era o principal sustentador da vida para o povo de Deus no Antigo Testamento. A história da nação de Israel apresenta muitas imagens proféticas do significado da vida presente neste pão. Veja a seguir alguns exemplos da importância deste pão para o povo de Israel, e que prefiguram Cristo como o pão e o sustentador da vida na Igreja, que é o Israel espiritual:

1. O pão sem fermento era usado na Festa da Páscoa (Êx 12.14-30, 34).
2. O maná foi o pão para o povo de Israel em sua caminhada pelo deserto por 40 anos (Êx 16).
3. Havia doze pães para os sacerdotes na mesa dos pães da Presença (Lv 24.5-9; Êx 25.23-30).
4. A oferta de cereais feita com a melhor farinha era uma espécie de pão (Lv 2).
5. O pão estava relacionado à Festa de Pentecostes na oferta movida (Lv 23.15-17).
6. A arca da aliança continha pão no vaso de ouro com maná (Hb 9.4 e Ap 2.17).
7. Abraão ofereceu pão (três medidas de farinha) ao Senhor (Gn 18.1-6 e Lc 11.5).
8. Abraão recebeu pão e vinho de Melquisedeque, sumo sacerdote do Deus Altíssimo (Gn 14.18).
9. Elias foi fortalecido pelo pão que o anjo preparou para ele e pôde viajar 40 dias e 40 noites sustentado por esse alimento (1 Rs 19.8).
10. Davi recuperou as forças ao comer os pães da mesa da Proposição (1 Sm 21.6 e Mt 12.1-4).
11. Mefibosete foi convidado a comer (pão) na mesa do rei como um dos filhos do rei (2 Sm 9.1, 7-13).
12. Durante as reformas do rei Ezequias, foi restaurada a ordem na mesa do pão consagrado (2 Cr 29.18).
13. O pão da Presença é novamente restaurado após o cativeiro da Babilônia, sob a liderança de Neemias (Ne 10.33).
14. Jesus alimentou 5.000 pessoas com 5 pães e dois peixes ("milagre dos pães" – Mt 14.15-21).
15. Quatro mil pessoas também foram alimentadas com o milagre dos pães e dos peixes (Mt 15.32-38).

Todos estes exemplos prefiguram a verdadeira comunhão. Todos apontam para a mesa do Senhor, com os santos alimentando-se do pão da vida eterna, Jesus Cristo. Ele é o verdadeiro maná.

O simbolismo da mesa dos pães da Presença se cumpre em Cristo e sua Igreja, tanto no aspecto pessoal como coletivo. Ele é o nosso alimento e nossa bebida espirituais (1 Co 10.1-4, 15-21), nossa porção que nos satisfaz plenamente em comunhão e relacionamento, cura e saúde.

"Eles se dedicavam ao ensino dos apóstolos e à comunhão, ao partir do pão..." (At 2.42).

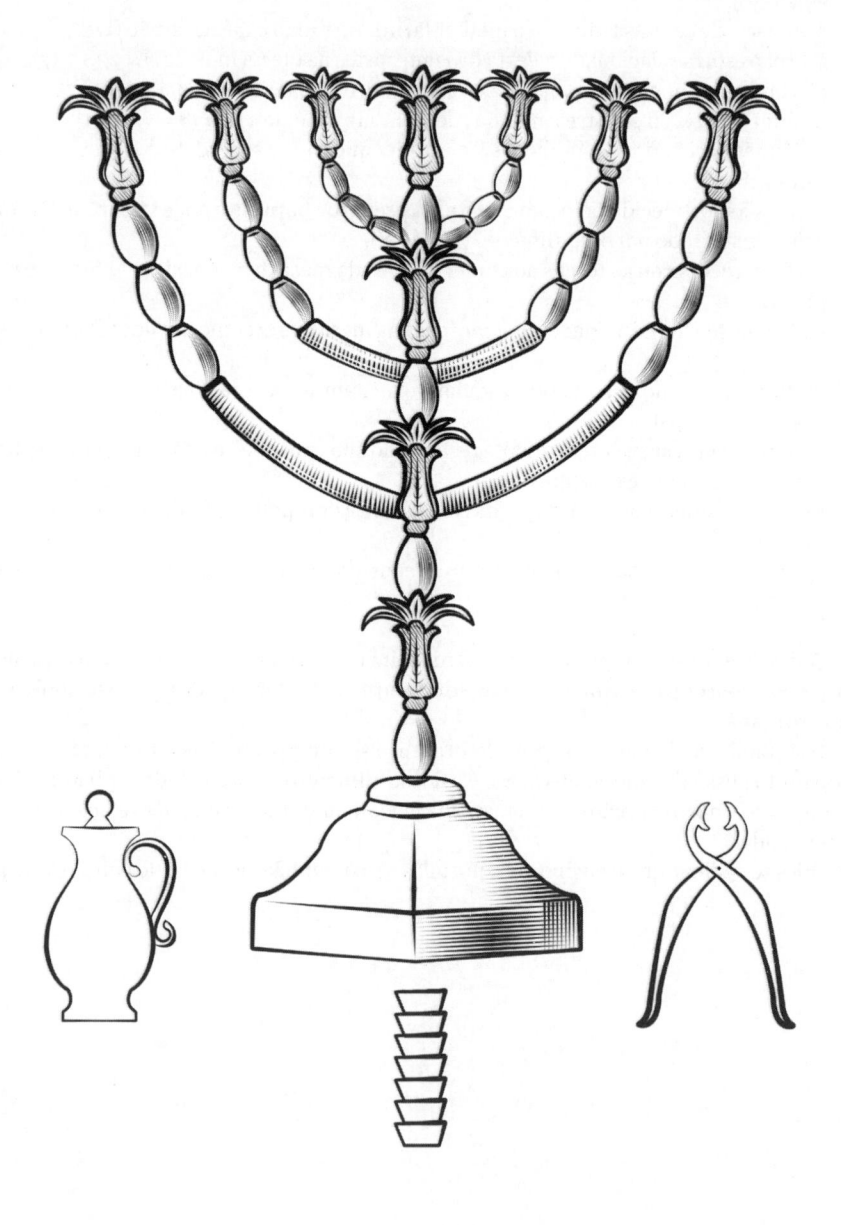

O CANDELABRO DE OURO

O CANDELABRO DE OURO

Êx 25.31-40; 27.20,21; 30.7,8; 37.17-24; Nm 8.1-4

1. O candelabro – considerações gerais

O candelabro de ouro é o próximo objeto a ser fabricado depois da mesa dos pães da Presença e ficava exatamente do lado oposto à mesa de ouro, no lado sul do Lugar Santo, no Santuário (Êx 26.35 e 40.4,24). A imagem que fazemos de um candelabro está relacionada a velas acesas, mas esse não é o caso aqui. O candelabro de ouro era mais uma espécie de luminária onde havia sete lâmpadas acesas. Este candelabro tinha lamparinas (lâmpadas) e não velas. Velas queimam e derretem rapidamente, mas as lamparinas permanecem acesas se forem mantidas continuamente abastecidas com óleo.

A igreja não é uma "vela", nem deve iluminar como uma vela. A Igreja deve ser como uma candeia, espalhando fortemente a luz divina através do contínuo abastecimento do óleo do Espírito Santo.

O principal propósito do candelabro era irradiar luz e iluminar tudo o que havia no Santuário.

2. Faça um candelabro de ouro puro e batido... (Êx 25.31)

Este utensílio recebeu vários nomes:

Candelabro (Êx 35.14; 40.4, 24)
Candelabro de ouro (Êx 25.31)
Candelabro de ouro puro (Êx 31.8; 39.37; Lv 24.4)

Podemos notar aqui que nenhuma medida foi dada para a fabricação do candelabro. Mais adiante veremos que a bacia de bronze também apresenta esta característica. Ambos foram descritos sem qualquer referência quanto à medida ou tamanho. A ideia aqui é que não podemos medir a luz de Deus, revelada pela Igreja no decorrer dos tempos, assim como não podemos calcular o poder purificador da água representada pela Palavra (ver referências sobre a bacia de bronze).

Outro elemento de ligação entre essas duas peças da mobília do Santuário é o fato de que tanto o candelabro quanto a bacia serem feitos inteiramente com metais. O candelabro foi feito totalmente de ouro, enquanto a bacia foi confeccionada de bronze polido. Não foi utilizada madeira em nenhuma parte dessas estruturas. O ouro utilizado no candelabro nos recorda a divindade e a natureza divina vistas primeiramente em Cristo (a luz do mundo) e em segundo lugar na Igreja (Mt 5.14). O ouro está presente na Igreja porque tem sua origem em Deus e é nela que a natureza divina será revelada, pois a Igreja é a plenitude de Deus (Mt 16.16-18; Cl 1.27 e 2 Pe 1.4).

Em relação ao candelabro, o Senhor Jesus deu uma exata interpretação do seu significado simbólico. Em Hebreus 9, observamos que o candelabro foi o primeiro objeto relacionado ao Santuário mencionado por Paulo. Este "mistério" foi revelado por João no livro de Apocalipse (capítulo 1). O candelabro é um tipo ou uma profecia:

Do Senhor Jesus Cristo como a luz do mundo (Jo 8.12; 9.5 e outros)
Da Igreja do Novo Testamento, tanto local quanto universal (Mt 5.14-16 e Ap 1.12-20)

3. Faça um candelabro de ouro puro e batido... (Êx 25.31). Seus cortadores de pavio e seus apagadores serão de ouro puro. Com trinta e cinco quilos [hebraico: um talento] de ouro puro faça o candelabro e todos esses utensílios (Êx 25.38,39)

Assim que o ouro é extraído da terra ele não serve praticamente para nada. Para ter utilidade, ele precisa passar por um processo de purificação pelo fogo para remover as impurezas. Observe que o ouro puro é obtido através do fogo, e só depois de ser submetido ao fogo é que ele pode ser manuseado pelo ourives. É um processo doloroso, pois para ser moldado o ouro precisa ser trabalhado com o martelo e com outras ferramentas do ourives. Esse processo de purificação e transformação do ouro é bastante árduo e trabalhoso, mas depois de concluído, o resultado é de rara beleza.

Esse processo pode ser comparado à ação de Deus na Igreja. Deus, através de seu Santo Espírito purifica e santifica sua Igreja através de provações, tribulações e sofrimentos. Tudo isso é feito com um propósito: fazer com que a Igreja se torne como ouro puro e venha a ser conforme o padrão divino, tal como Deus havia planejado (Is 52.14; 53.4,5; Jó 23.10; 1 Pe 1.7 e 2 Pe 1.4).

4. O pedestal, a haste, as taças, as flores e os botões do candelabro formarão com ele uma só peça. Seis braços sairão do candelabro: três de um lado e três do outro. Haverá três taças com formato de flor de amêndoa num dos braços, cada uma com botão e flor, e três taças com formato de flor de amêndoa no braço seguinte, cada uma com botão e flor. Assim será com os seis braços que saem do candelabro. Na haste do candelabro haverá quatro taças com formato de flor de amêndoa, cada uma com botão e flor. Haverá um botão debaixo de cada par dos seis braços que saem do candelabro. Os braços com seus botões formarão uma só peça com o candelabro, tudo feito de ouro puro e batido (Êx 25.31-36)

O candelabro de ouro era confeccionado em uma única peça de ouro. Esse candelabro tinha um pedestal central (principal) do qual saíam seis braços, três de um lado e três do outro, de modo que contando com o pedestal, eram sete braços ao todo. Sob cada par de braços havia um nó ou botão sustentando-os, totalizando três botões. Sobre os sete braços foram colocadas sete lâmpadas, que permaneciam queimando perante o Senhor.

O pedestal e os braços são as primeiras coisas que notamos. Algumas traduções mencionam "seu pedestal" e "seus braços". A quem mais estariam se referindo a não ser ao Senhor Jesus Cristo? (Jr 23.5, Is 4.2; 11.1-3; Hb 2.11,12 e Rm 11.17-24).

Jesus afirmou: "Eu sou a videira (Ele era o "pedestal" que sustentava os doze) e vocês são os ramos" (braços, isto é, a Igreja, Jo 15.5). Assim como os braços são sustentados pelo pedestal e os ramos permanecem na videira, assim a Igreja, através de uma união sobrenatural, deve permanecer em Cristo, o cabeça de todas as coisas. Assim como os braços se originam do lado do candelabro e Eva se originou do lado de Adão, a Igreja se originou do lado perfurado de Cristo (Gn 2.21 e Jo 19.34).

Em relação à ornamentação do candelabro, é preciso reconhecer que existem diferentes opiniões quanto à exata natureza dos "botões", "flores" e "taças com formato de flor de amêndoa". Alguns sugerem que os "botões" eram romãs ou alguma flor em botão, as taças ou cálices eram como folhas envolvendo as flores ou taças em forma de amêndoa, e as flores seriam como lírios. É uma pena que não tenhamos mais o candelabro verdadeiro para nos dar uma ideia exata desse objeto. Contudo, se recorrermos a outras passagens bíblicas podemos chegar a uma compreensão melhor desses ornamentos. Seja como for, queremos ser coerentes com a revelação total encontrada na Palavra de Deus.

Se prestarmos atenção na terminologia utilizada com relação à ornamentação do candelabro, perceberemos claramente a semelhança com a linguagem utilizada na descrição da vara de Arão que floresceu. Vimos que a vara de Arão brotou, floresceu e produziu o fruto da amêndoa (Nm 17.8 e Jr 1.11,12). A amendoeira é um símbolo da ressurreição. Como este foi o fruto que brotou da vara de Arão, podemos ver claramente que Cristo é tipificado na vara (Jr 23.5; Zc 3.8 e 6.12). Ele se tornou a vara de medir para a Igreja.

Esses dois símbolos proféticos trazem a marca da divindade, como podemos ver no quadro a seguir:

A vara de Arão	O candelabro	Simbolismo: interpretação
Brotou	Botão (ou broto)	Origem: o Pai
Floresceu	Flores	Gerado: o Filho
Produziu fruto, a amêndoa	Taças com formato de amêndoa	Continuidade: o Espírito Santo

O *botão* ou broto representa o Deus Pai, que é o começo ou origem de todas as coisas. A *flor* representa o Filho de Deus que foi esmagado como uma flor, exalando um suave perfume. A *taça em formato de amêndoa* representa o Espírito Santo enviado pelo Pai para que seu povo possa produzir frutos. Temos assim a plenitude da divindade formando essa tríplice unidade.

A amendoeira é a primeira árvore a brotar na Palestina (Jr 1.11,12). A cada ano, ela traz a mensagem da vida vencendo a morte. A vara de Arão traz essa mesma mensagem: estava viva, depois morreu para então ressuscitar trazendo um botão, flores e o fruto da amêndoa. Esta tríplice unidade presente na vara de Arão indica que ele recebeu sua unção e seu cargo no ministério sacerdotal da parte de Deus, em favor de Israel. O ornamento da vara de Arão é agora tomado por Deus como ornamento para o candelabro, expressando a mesma verdade do Senhor Jesus Cristo. Todas essas coisas evidenciam o fato de que a Igreja (O candelabro) deve estar à altura do padrão divino na pessoa de Jesus Cristo (a vara de Deus), nosso sumo sacerdote (Is 11.1; Ap 1.16,17; 11.1,2).

Outro aspecto interessante do candelabro é a verdade revelada através da combinação de números relacionados a ele. Todos os números mencionados nas Escrituras têm um significado, e o candelabro está repleto de números. Apresentamos a seguir um breve comentário sobre alguns desses números:

Uma única peça de ouro: O número 1 é símbolo de unidade, de singularidade, de unanimidade, de uma só Igreja (Hb 2.11-13; João 17).

Três botões: O número 3 simboliza a divindade: Pai, Filho e Espírito Santo. Estes três botões sustentavam os sete braços do candelabro formando uma base sólida. Isto é um símbolo da verdade encontrada no fato de que Deus é o firme fundamento e aquele que sustenta a igreja (Mateus 28.19,20).

Sete lâmpadas: O número 7 simboliza plenitude, totalidade e perfeição. Sobre os sete braços havia sete lâmpadas acesas com fogo. Estas sete lâmpadas simbolizam os sete Espíritos que estão sobre o Messias, o Senhor Jesus Cristo. Isto também se aplica à Igreja, que é o seu Corpo (ver Ap 1.4; 3.1; 4.5; 5.6 e Is 11.1-4). Havia sete lâmpadas, mas apenas uma Luz. Há sete espíritos, porém um só Espírito. O número 7 também é bastante significativo em outras passagens bíblicas, por exemplo:

a. Há uma unidade nos sete elementos de Efésios 4.4-6
b. Existem sete princípios na doutrina cristã (Hb 6.1,2)

Nove ornamentos: O número 9 é uma característica dos braços do candelabro. Em cada um dos seis braços procedentes do candelabro havia três taças, três botões e três flores. Cada braço tinha nove ornamentos ao todo. O número nove é o número do Espírito Santo na Igreja. Existem nove frutos do Espírito (Gl 5.22-24) e nove dons do Espírito (1 Co 12.1,2).

Doze símbolos: No pedestal do candelabro havia quatro grupos de taças, botões e flores perfazendo um total de doze. O número doze representa a autoridade plena apostólica. Existem muitos outros exemplos nas Escrituras que confirmam este pensamento, como: os doze pães na mesa da Presença, os doze fundamentos da cidade de Deus, as doze pedras no peitoral do sumo sacerdote, as doze tribos de Israel e os doze apóstolos do Cordeiro.

Sessenta e seis: Somando-se o número de taças, botões e flores do pedestal e dos seis braços temos como resultado o total de livros da Bíblia. Havia três grupos de taças, botões e flores nos três braços de cada lado do candelabro. Se nós adicionarmos os doze do pedestal, temos um total de 39, o que nos leva ao número de livros do Antigo Testamento (3 x 9 = 27 +12= 39). Assim, os demais braços totalizam 27, correspondendo aos 27 livros do Novo Testamento. A soma total é de 66. Foi do agrado de Deus nos dar sua Palavra em 66 livros reunidos em uma só Bíblia (Sl 119.105). O candelabro nos recorda que precisamos da luz do Espírito Santo para iluminar esses 66 livros para a Igreja.

O número seis é também o símbolo do homem. Foi no sexto dia que o homem foi criado. O Livro de Deus é formado por 66 livros, sendo o único Livro da luz divina para o homem! A Bíblia é a Palavra de Deus para o homem perdido. Os 66 ornamentos do candelabro não eram separados, mas confeccionados em uma única peça de ouro. Da mesma forma, a Bíblia é composta de 66 livros unificados pelo Espírito e pela mente de Deus em um único Livro. A Bíblia toda é a essência da obra de Deus. Jesus ensinou a respeito da unidade das Escrituras, mencionando que toda a Palavra testemunha sobre Ele (Lc 24.27; 44-46; Hb 10.5-9; Jo 5.39-47; Lc 4.21 e Mt 22.29).

5 ... tudo feito de ouro puro e batido (Êx 25.36)

O candelabro foi feito em uma única peça de ouro. O conceito de inteireza e unidade é visto em todo o Tabernáculo. Houve apenas um Tabernáculo de Moisés, um Tabernáculo de Davi e um Templo de Salomão, e todos indicavam o caminho para o homem se aproximar de Deus. Há somente um caminho para o homem se aproximar de Deus, disponível a toda a humanidade. "Pois há um só Deus e um só mediador entre Deus e os homens: o homem Cristo Jesus" (1 Tm 2.5). Há somente um grande sumo sacerdote (Nm 7.89; Jo 14.1-6). Há somente um sacrifício pelo pecado (Jo 3.16; Hb 10.7-12). Esta unidade em Cristo permanece em seu corpo, a Igreja. Jesus orou para que eles pudessem ser um, para que o mundo pudesse crer (Jo 17). Só há uma Igreja aos olhos de Deus (Hb 2.11). Há somente um Tabernáculo, um Templo, um Pão, um Corpo e uma Igreja (1 Co 10.17; 12.13 e Ef 2.20-22).

6. Faça-lhe também sete lâmpadas e coloque-as nele para que iluminem a frente dele (Êx 25.37)

Embora fossem sete lâmpadas com sete luzes (Tg 1.17 – Deus é o Pai das luzes), elas eram mencionadas como uma lâmpada ou uma luz (1 Jo 1.5 – Deus é luz). As sete lâmpadas representavam uma luz ou um testemunho. Essa luz expressa a ideia de constante unidade de testemunho (Lv 24.1,2; Êx 25.6; 35.14,28). A visão do candelabro nos faz lembrar um arco-íris, onde vemos sete cores em um único arco.

O propósito do candelabro era iluminar. Ele fornecia luz ao Santuário (Lv 24.2; Nm 8.2,3; 1 Jo 1.5; Jo 1.4,9; Jó 33.30 e Ef 5.8). Esta função envolvia os seguintes aspectos:

1. O candelabro deveria iluminar o Lugar Santo. O candelabro era a única luz no Lugar Santo. O Lugar Santo, como veremos mais adiante, media 10 x 10 x 20 côvados, totalizando 2.000 côvados cúbicos (Êx 40.24). Do mesmo modo, Cristo e sua Igreja representam a única luz nesses 2.000 anos da dispensação do Espírito (Mt 5.14. Lc 1.78; Jo 8.12; 2 Co 4.16, Fp 2.15,16 e 1 Jo 1.5-7). Não havia luz natural dentro do Santuário (Jo 9.5 e 12.35,36).

2. O candelabro deveria permanecer aceso diante do Senhor (Lv 24.1-4; Êx 40.25; 27.21; Ap 4.5). Nossa luz deve brilhar diante do Senhor e diante do mundo (Mt 5.15,16).

3. O candelabro deveria iluminar a mesa dos pães da Presença e o altar do incenso (Êx 40.24,25 e Sl 27.1).

4. O candelabro de ouro deveria iluminar a área ao seu redor (Êx 25.37 e Nm 8.2,3). Em outras palavras, ele deveria iluminar a si mesmo e aos seus ornamentos. Da mesma forma, o Espírito ilumina os 66 livros da Bíblia, trazendo luz para a Palavra (Sl 36.9; 119.130; Jo 14.26; 16.13,14 e 2 Co 3.18).

Todo o serviço prestado ao Senhor pelo sacerdote era realizado à luz do candelabro (Ap 1.6; 5. 9,10 e 1 Pe 2.5,9).

O candelabro era aceso divinamente (soberania divina), mas se mantinha aceso pelo suprimento diário de óleo de oliva (responsabilidade do homem).

Isto pode ser visto quando a coluna de fogo deixou o Monte Sinai e veio habitar sobre a tampa da arca, aspergida com sangue. O fogo divino partiu da glória e queimou o sacrifício no altar de bronze, acendendo o fogo que deveria arder constantemente e nunca se apagar (Lv 9.22-24). Deste fogo divinamente aceso foram levadas brasas de fogo para o altar de ouro do incenso e para acender o candelabro de ouro.

Assim como o candelabro, a Igreja de Deus foi acesa pela chama divina e soberana no dia de Pentecostes quando "línguas como de fogo" apareceram em demonstração visível sobre os 120 discípulos no cenáculo (At 2.1-4).

Cabe a cada crente receber continuamente o suprimento do azeite divino, o Espírito Santo, para conservar sua lâmpada sempre brilhando diante do Senhor.

7. ... tragam azeite puro de oliva batida para as lâmpadas, para que fiquem sempre acesas (Lv 24.2)

Deus instruiu-os a usar azeite de oliva puro batido para manter a luz acesa (Êx 25.6; 27.20; 35.14, 28 e Lv 24.1-4). Jesus cumpriu este simbolismo em seu sofrimento antes da cruz. "Getsêmani" significa "azeite" ou "oliva espremida". Jesus se tornou o fruto da oliveira (Rm 11), espremido e esmagado pelo sofrimento no Getsêmani e no Calvário, para que tivéssemos acesso ao puro azeite de oliva, o Espírito Santo, como unção e óleo para luz e testemunho. O Espírito Santo é o puro azeite de oliva.

A palavra grega para "azeite" é "chrisma", que é traduzida por unção (1 Jo 2.20, 27). Cristo é o ungido de Deus e seus seguidores também são ungidos! Assim como o candelabro foi ungido antes para ser testemunha, assim o povo de Deus deve ser ungido para poder testemunhar de Jesus (Êx 30.27 e At 1.8).

Percebemos também que as lâmpadas queimavam continuamente, sem nunca apagar (Êx 27.20; 1 Sm 3.1-6; Sl 119.105). Para que queimassem continuamente era preciso um constante suprimento de azeite. Para manter a luz acesa era preciso abastecê-la continuamente de azeite (Mt 25.1-13). Isto é especialmente verdadeiro com respeito à igreja do final dos tempos. A Igreja dos últimos tempos é desafiada a ser luz no meio de uma geração perversa (Fp 2.15,16). O ministério do Espírito Santo como azeite nunca foi tão importante como agora!

8. Arão... quando vier cuidar das lâmpadas, e também quando acendê-las ao entardecer (Êx 30.7,8)

Era função de Arão como sumo sacerdote: (1) aparar os pavios, retirando a parte queimada e (2) manter o suprimento de azeite pela manhã e à noite, enquanto ministrava no altar do incenso (Êx 27.21; Lv 24.3 e Nm 8.1-3). É ministério de Jesus Cristo, como nosso sumo sacerdote, aparar os pavios queimados de cada área da vida dos crentes e supri-los de azeite para que mantenham a luz brilhando (Fp 1.19; Mt 25.1-13; e Ap 1.12.20). Isto é feito em conexão com seu ministério de intercessão (Hb 7.25; Jo 17). Se os pavios queimados não forem devidamente aparados haverá abundância de fumaça e uma luz inadequada. Deus quer que manifestemos uma luz pura e um testemunho fiel.

Arão usava cortadores de pavio e apagadores para cumprir suas funções (Êx 37.23,24), representando os instrumentos que Deus usa para nos podar e nos purificar, a fim de nos fazer brilhar para sua glória (Hb 12.6; Jo 15.2).

9. Tenha o cuidado de fazê-lo segundo o modelo que lhe foi mostrado no monte (Êx 25.40)

O candelabro deveria ser feito exatamente de acordo com o padrão divino, sob a orientação do Espírito e pela sabedoria de Deus manifestada em seus artífices. Isto é uma representação da Igreja, que é o verdadeiro candelabro de Deus. A Igreja também deve ser edificada de acordo com o modelo celestial e o padrão divino (Hb 8.1-5). Deus tem um único padrão para a Igreja e Ele abençoará plenamente somente aquela que se moldar ao seu padrão.

10. O candelabro em trânsito (Nm 4.9,10)

Quando em trânsito, o candelabro deveria ter as seguintes coberturas:

Um *Pano Azul* – Vemos aqui um símbolo do Espírito Santo e também daquele que é o Senhor dos céus (1 Co 15.47). Azul é a cor do céu.
Embrulhado numa *cobertura de Couro* – Simbolizando o Deus-Pai e também aquele no qual o mundo não viu beleza nem formosura (Is 52.14 e 53.1-2).
Carregado num suporte [ou *varas*] – Isto é uma característica da peregrinação; corresponde às varas que faziam parte da mobília.

Todas essas coisas representam na verdade de que Cristo e sua Igreja são de origem celestial e que não há beleza aparente em Cristo e em sua Igreja para o homem não regenerado, em sua peregrinação por este mundo. A beleza está em seu testemunho e em sua função no Santuário.

11. Sugestões de estudo

O esboço a seguir não pretende ser um estudo exaustivo. Nossa intenção aqui é lançar algumas "sementes de pensamentos" que poderão ser úteis para aqueles que têm interesse em aprofundar seus estudos.

1. No Templo de Salomão havia 10 candelabros de ouro (1 Cr 28.15; 1 Rs 7.49; Jr 52.19). A Igreja é o Templo de Deus (1 Co 3.16; 2 Co 6.16; Ef 2.20-22), e a plenitude da luz se manifestará em seu Templo.

2. No Templo de Salomão havia candelabros de prata nas câmaras dos sacerdotes ao redor dos muros do Templo (1 Cr 28.15; 1 Rs 7.49). Prata está ligada à ideia de redenção, assim os sacerdotes permaneciam na luz da redenção antes de ministrar no templo diante do candelabro de ouro.

3. Na Babilônia Deus usou o candelabro de ouro para anunciar a queda da Babilônia (Dn 5.1-5). Da mesma forma, nos últimos dias (1 Pe 5.13), a Babilônia cairá pelo ministério e revelação da Igreja verdadeira, o candelabro de Deus.

4. Candelabros de ouro aparecem na visão dos tempos de restauração e são típicos do final dos tempos (Zc 4.11-14 e Ap 11.1-4).

5. As sete igrejas do livro de Apocalipse são representadas pelos sete candelabros de ouro, cada qual iluminando a cidade onde Deus os colocou (Ap 1.12-20). Note que o grau de responsabilidade de cada candelabro pela Igreja local serve também para a Igreja universal (Ap 2.5).

"Eu sou a luz do mundo" (Jo 8.12)
"Vocês são a luz do mundo" (Mt 5.14-16)
"... que brilha cada vez mais até a claridade do dia" (Pv 4.18)
"Vivam como filhos da luz" (Ef 5.8,9)
"Nele estava a vida, e esta era a luz dos homens" (Jo 1.4)

Assim a Igreja deve deixar a luz de Deus brilhar nas trevas deste mundo, trazendo a luz do conhecimento da glória de Deus, como é vista na face de Jesus Cristo (2 Co 4.6).
A vida do cristão deveria ser a luz dos homens, pois a luz é a própria natureza e o caráter de Deus em Cristo.

O ALTAR DE INCENSO E O SUMO SACERDOTE

O ALTAR DE INCENSO E O SUMO SACERDOTE

Êx 30.1-10, 34-38; 37.25-29; 40.5,9; Nm 4.11

1. Faça um altar... (Êx 30.1)

Havia dois altares no Tabernáculo de Moisés: o altar de bronze e o altar de ouro. O altar de bronze era para o holocausto e estava localizado no pátio, à porta do Tabernáculo. O altar de ouro era para queimar incenso e estava posicionado diante do véu, no Lugar Santo. Este altar é chamado por diversos nomes nas Escrituras:

Altar do incenso (Êx 30.27 e 31.8)
Altar de ouro para o incenso (Êx 40.5)
Altar de ouro (Êx 39.38; 40.26)
Altar de ouro diante do trono (Ap 8.3)
Altar que pertencia ao Santuário interno (1 Rs 6.22)
Altar que está perante o SENHOR (Lv 16.12,18)
Altar de madeira de acácia para queimar incenso (Êx 30.1)
Altar do incenso aromático que está perante o SENHOR (Lv 4.7)

2. ... para queimar incenso (Êx 30.1)

O altar de ouro servia para queimar o incenso ao Senhor. O incenso sempre aparece relacionado às orações e intercessões dos santos, que sobem a Deus como incenso (Sl 141.1,2 e Ap 8.2,6). O incenso é colocado no altar pelo homem, e ao queimar, sobe até Deus. Da mesma forma, nossas orações começam em nosso coração e ascendem aos céus até Deus.

A queima do incenso também tem um significado quando vista em relação ao ministério do Senhor Jesus Cristo, nosso grande sumo sacerdote. A Bíblia diz: "Ele pois vive sempre para interceder por nós" (Hb 7.25; 9.24 e 1 Jo 2.1,2). Cristo se coloca diante do trono de Deus em nosso favor. Como é reconfortante saber que temos alguém como Jesus pleiteando nossa causa!

O ministério do Espírito Santo também pode ser visto em conexão com o incenso. O Espírito Santo, conforme sabemos, intercede por nós conforme a vontade de Deus (Rm 8.26,34).

Assim, nós vemos que o altar de ouro é um tipo de Cristo Jesus em seu ministério de oração e intercessão por nós e também das orações e intercessões do Espírito Santo pela Igreja.

3. ... de madeira de acácia... (Êx 30.1)

A madeira utilizada na construção dessa peça da mobília novamente nos traz a ideia de que Jesus era o renovo (ramo) justo (Zc 6.10-12; Is 11.1-4; 53.1,2 e Jr 23.5) e representa sua incorruptibilidade e humanidade sem pecado (Sl 16.10; At 2.25-28; 13.35 e 1 Pe 1.23). O Senhor Jesus Cristo era incorruptível em pensamento, palavras e atos. Ele não viu corrupção mesmo quando colocado no túmulo.

4. Será quadrado... (Êx 30.2)

O altar de ouro deveria ser quadrangular, assim como o altar de bronze e o Lugar Santíssimo. Sempre que algo quadrangular é mencionado, imediatamente nos recordamos da cidade quadrangular de Deus citada no livro de Apocalipse (capítulos 21 e 22), a Nova Jerusalém.

O número quatro também está relacionado ao conceito de "quatro cantos do mundo". Quatro é o número da terra, da criação e do universo. O Senhor Jesus ordenou que pregássemos o Evangelho em todo o mundo (Mt 28.19,20; Mc 16.15-20; At 1.8 e Ap 5.9,10). Esta é uma mensagem que deve ter impacto mundial.

Em conexão com o altar do incenso, vemos o conceito específico de que o poder do ministério de oração e intercessão de Cristo alcança o mundo inteiro, os quatro cantos da terra. Ainda assim, as orações dos santos devem ascender aos céus de cada canto da terra. Não devemos orar apenas a favor dos eleitos, mas pelo mundo inteiro.

5. ... com quarenta e cinco centímetros [um côvado]de cada lado e noventa centímetros [dois côvados]de altura (Êx 30.2)

Em relação ao resto da mobília, o altar de ouro era a peça mais alta da tenda. Isto representa que o mais alto ministério de Cristo agora é interceder pela Igreja nesses 2.000 anos da dispensação do Espírito.

6. ... suas pontas [ou chifres] formarão com ele uma só peça (Êx 30.2)

O altar do incenso tinha quatro chifres em seus quatro cantos. Chifres, nas Escrituras, têm sempre um significado de poder, autoridade e governo. O texto de Habacuque 3.4, na versão King James, apresenta Deus como tendo "chifres saindo de sua mão, onde se escondia a sua força". Os chifres dos animais são fonte de força e poder para defesa (Gn 22.13). Os quatro chifres aqui apontam para a verdade de que foi dado a Cristo todo o poder tanto nos céus como na terra (Mt 28.18-20).

O chifre também era usado de maneira especial pelos profetas, para ungir sacerdotes. Para que o chifre pudesse ser usado para ungir com óleo (unção do Espírito) o animal deveria morrer (veja os seguintes versículos: 1 Sm 16.1, 13; Sl 92.10; 132.17 e Lc 1.69).

7. Revista de ouro puro a parte superior, todos os lados e as pontas... (Êx 30.3)

O altar do incenso era totalmente revestido de ouro. Na madeira do altar vemos representada a humanidade incorruptível do Senhor Jesus Cristo. No ouro vemos a natureza divina do Filho de Deus, "Aquele que é a Palavra (ouro) tornou-se carne (madeira)" (Jo 1.13, 14-18). Jesus tinha duas naturezas em uma só pessoa, pois Ele era Deus encarnado (1 Tm 3.16). Jesus era o Filho de Deus porque seu Pai era Deus, mas era também o Filho do Homem porque nasceu de mulher. Em Cristo, temos uma nova criação, o Deus-Homem. Assim como havia dois materiais em um único altar, havia duas naturezas no único mediador entre Deus e o homem, Jesus Cristo, Homem (1 Tm 2.5,6).

Filho de Deus (Deus, o Pai) = divindade
Jesus = o Deus-Homem
Filho do Homem (nascido de uma mulher) = humanidade

8. ... e faça uma moldura [coroa] de ouro ao seu redor (Êx 30.3)

No altar do incenso havia uma coroa de ouro, assim como na mesa dos pães da Presença e na arca da aliança. A coroa é um símbolo de Cristo como nosso rei (Sl 2.1-6 e 45.1,2). A coroa em conexão com o altar do incenso revela Cristo como rei e sacerdote (Sl 110.1, Hb 7.1-4, 25 e 2.9). Jesus está agora coroado com glória e honra como nosso rei-sacerdote à direita de Deus.

Parte da função desta coroa ao redor do altar do incenso era impedir que as brasas ardentes do incenso caíssem no chão. O ministério de Cristo, de acordo com Judas 24, é também impedir-nos de cair.

9. Faça duas argolas de ouro de cada lado do altar, abaixo da moldura... (Êx 30.4)

As argolas do altar do incenso transmitem os mesmos conceitos relacionados às argolas da arca da aliança e da mesa dos pães da Presença. Porém, há controvérsias quanto aos número de argolas contidas aqui. Alguns estudiosos creem que havia duas argolas de cada lado do altar, totalizando quatro. Se considerarmos esta opinião, podemos relacionar todos os conceitos referentes às demais argolas. Contudo, a maioria defende a hipótese de que o altar do incenso teria duas argolas colocadas em cantos opostos do altar. Nesse caso, poderia representar o fato de duas pessoas estarem envolvidas no ministério de intercessão relativo à Igreja. Como já vimos, o Filho e o Espírito Santo estão envolvidos no ministério de intercessão, ligando a Igreja na terra com o Senhor ressurrecto nos céus (Rm 8.26 e Hb 7.25).

Considerando que fossem realmente apenas duas argolas, ao ser transportado pelos levitas o altar do incenso ficaria balançando entre as varas, como um grande incensário, de modo a exercer sua função mesmo em trânsito. A verdade representada aqui indica o contínuo sacrifício que nós temos que apresentar ao Senhor (Hb 13.5).

10. ... que sustentem as varas utilizadas para carregá-lo, e use madeira de acácia para fazer as varas e revista-as de ouro (Êx 30.4,5)

As duas varas de madeira de acácia ("incorruptível") revestidas de ouro eram utilizadas para transportar o altar nas jornadas pelo deserto. Essa é uma figura de que somos estrangeiros e peregrinos nesta terra, e estamos caminhando para a eternidade (Jo 16.33; Hb 7.25 e 11.10-16). O Senhor Jesus não orou para que fôssemos tirados do mundo, mas sim para que fôssemos livres do mal deste mundo (Jo 17.14-16). As varas em conexão com o altar de incenso representam a necessidade do ministério de Cristo como intercessor e de uma vida de oração durante nossa peregrinação na terra.

11. Coloque o altar em frente do véu que se encontra diante da arca da aliança, diante da tampa que está sobre ele, onde me encontrarei com você (Êx 30.4,5)

O altar de ouro do incenso estava posicionado imediatamente antes do véu e diretamente em frente à arca da aliança (Êx 40.5). A única coisa que separava essas duas peças da mobília era o véu. Em outras palavras, esta era a peça mais próxima da arca da aliança e da Shekinah (a glória manifesta de Deus). No livro de Apocalipse temos a descrição do quadro do "altar de ouro diante do trono" (Ap 8.3).

O altar de ouro era o ponto central do Tabernáculo. Já observamos que a disposição da mobília esboçava uma cruz. Assim, o altar é visto como o coração dessa figura. Isso nos leva a concluir que os ministérios de oração, de intercessão e louvor estão no coração de Deus. Estes são os elementos mais próximos da glória de Deus.

O altar de ouro se localizava no Lugar Santo, que media 10 x 10 x 20 côvados, totalizando 2.000 côvados cúbicos. No aspecto das dispensações, esse número representa os 2.000 anos da era da Igreja. O altar do incenso estava posicionado na extremidade do Lugar Santo, ou no final dos 2.000 côvados cúbicos (anos). Isto simboliza que a Igreja destes últimos tempos deve intensificar o espírito de oração, súplica e intercessão por todos os santos (Ap 8.2-4).

12. Arão queimará incenso aromático sobre o altar todas as manhãs, quando vier cuidar das lâmpadas, e também quando acendê-las ao entardecer. Será queimado incenso continuamente perante o Senhor, pelas suas gerações (Êx 30.7,8)

Arão, o sumo sacerdote deveria oferecer incenso diariamente, pela manhã e ao entardecer, enquanto prestava serviço ao Senhor diante do candelabro de ouro (ver 2 Cr 29.7). No Antigo Testamento encontramos inúmeras evidências de que Deus sempre agia em conexão com a oblação e o sacrifício da manhã e da tarde (1 Rs 18.36-38 e Dn 9.21). Davi afirmou: "À tarde, pela manhã e ao meio-dia choro angustiado, e ele ouve a minha voz" (Sl 55.17). O incenso deveria subir continuamente ao Senhor, mas as ministrações da "manhã" e da "tarde" eram especiais para o Senhor (Ml 1.11).

A ligação entre o ministério de Arão diante do altar do incenso e o candelabro aponta para o ministério do nosso grande sumo sacerdote, o Senhor Jesus Cristo. Enquanto Cristo ministra para a Igreja intercedendo por ela, Ele prepara o pavio das lâmpadas e as abastece com o óleo do Espírito.

Somente o sumo sacerdote e os sacerdotes podiam ministrar no altar do incenso (Nm 4.16; Dt 33.10; 1 Sm 2.28; 1 Cr 6.49; 2 Cr 2.4 e 13.11). O rei Uzias teve a pretensão de unir as funções de rei e sacerdote e como resultado foi atingido pela lepra (2 Cr 26.16-19). Porém, estas duas funções estão permanentemente unidas em Cristo Jesus. Ele é o grande sumo sacerdote, segundo a ordem de Melquisedeque (Hb 7.1-4). Portanto, quando permanecemos em Cristo, nos tornamos reis e sacerdotes para servir a Deus, segundo essa mesma ordem (Ap 1.6). Em Cristo, temos acesso ao Pai. Somos crentes-sacerdotes, e por essa razão temos a alegria e o privilégio de apresentar nosso incenso (orações) a Deus através de Jesus Cristo (Ap 1.5,6; 5.9,10). Nós estamos sendo "edificados casa espiritual" para sermos "sacerdócio santo", a fim de oferecermos "sacrifícios espirituais agradáveis a Deus por intermédio de Jesus Cristo" (1 Pe 2.5 – ERA; Ef 2.18).

13. Não ofereçam nesse altar nenhum outro tipo de incenso... (Êx 30.9)

Não deveria haver nenhum outro tipo de fogo ou de incenso no altar de ouro do incenso. O fogo que havia no altar foi aceso soberanamente por Deus. No dia da dedicação do Tabernáculo, Deus demonstrou sua aprovação ao acender o altar de bronze no pátio externo com fogo divino, vindo da glória de Deus. Quando o fogo do altar de bronze se acendeu, as brasas foram levadas dali para acender o altar de ouro e o candelabro. Assim, esse era um fogo divino, e qualquer outro era um "fogo estranho". Qualquer incenso diferente do incenso determinado por Deus era considerado "incenso estranho". Se alguém tentasse oferecer uma oferta desse tipo no altar de ouro seria punido e removido da presença de Deus.

Há alguns exemplos de homens que ofereceram fogo estranho e incenso. Nadabe e Abiú, filhos de Arão, ofereceram fogo estranho e incenso e foram castigados pelo Senhor (Lv 10.1-3). Coré e seus companheiros ofereceram incenso estranho e foram também punidos (Nm 16).

Fogo e incenso estranhos representam falsa adoração. Deus não está interessado numa adoração baseada em sentimentalismo religioso, como acontece em muitas religiões pagãs e em falsas manifestações de religiosidade, comuns nos dias de hoje, mesmo dentro do cristianismo. Há muito fogo e incenso estranho nas falsas religiões e na feitiçaria (Dt 18.9-14). Essas coisas são abominação para Deus e serão submetidas ao juízo divino no devido tempo.

Deus só aceita o fogo que vem dele mesmo e que tem como fundamento o sangue aspergido (Lv 16.12). Deus enviou fogo sobre a Igreja no dia de Pentecostes (At 2.4). É o fogo do Espírito Santo que faz a fragrância subir e entrar além do véu (Hb 12.29). Deus só está interessado na adoração feita em espírito e em verdade (Jo 4.24).

Deus só aceita o incenso determinado por Ele mesmo. Jesus Cristo é o único mediador entre Deus e o homem. Nenhum homem pode se aproximar de Deus, o Pai, a não ser através de seu Filho, Jesus Cristo. Incenso (oração) sem ter o nome de Jesus Cristo é uma abominação para o Pai. Jesus disse: "Eu sou o caminho, a verdade e a vida. Ninguém vem ao Pai, a não ser por mim" (Jo 14.6). Paulo testificou pelo Espírito essa mesma verdade: "Portanto, ele é capaz de salvar definitivamente aqueles que, por meio dele, aproximam-se de Deus, pois vive sempre para interceder por eles" (Hb 7.25).

14. ... nem holocausto nem oferta de cereal nem derramem sobre ele ofertas de bebidas (Êx 30.9)

Este altar não se destinava ao holocausto, nem a oferta de cereais ou bebidas. Também não deveria ser usado para sacrifícios de sangue. Este altar era reservado apenas para queimar incenso. Os sacrifícios deveriam ser oferecidos no pátio externo. O sacrifício de animais estava relacionado ao altar de bronze. Não havia sacrifício de sangue no Lugar Santo, na área de 2000 côvados cúbicos daquele lugar que representa a dispensação da Igreja. Jesus Cristo derramou seu sangue no final da dispensação da Lei e morreu para o pecado "uma vez por todas". Ele agora vive para Deus, eternamente, para interceder por nós. Cristo morreu de uma vez por todas pelo pecado e a partir daí não morreu nunca mais! A morte não tem mais domínio sobre Ele (Rm 6.9,10).

15. Uma vez por ano, Arão fará propiciação sobre as pontas [chifres] do altar. Essa propiciação anual será realizada com o sangue da oferta para propiciação pelo pecado, geração após geração. Esse altar é santíssimo ao SENHOR (Êx 30.10)

Uma vez por ano, no grande dia da expiação, o sangue das ofertas pelo pecado, que havia sido derramado no altar de bronze, deveria ser trazido para o altar de ouro. Esse sangue deveria ser aspergido sete vezes sobre o altar, e especialmente nos chifres (Lv 16.17-19; ver também Lv 4.7,18).

O sangue de Cristo (nossa oferta pelo pecado) derramado no Calvário (altar de bronze) é a base e o fundamento do seu ministério de intercessão. Jesus se assentou à direita do trono da majestade (altar de ouro) nos céus (Hb 8.1,2) e intercede pelos santos e pela Igreja. Só o sangue de Jesus pode dá poder ao incenso da oração. É somente pelo sangue de Jesus que podemos permanecer diante de um Deus santo (Hb 9.12-14; 1 Jo 1.6,7).

Como já foi visto, o sangue da oferta pelo pecado deveria ser aspergido sete vezes nos chifres do altar de ouro. Sete é o número da plenitude, indicando inteireza e perfeição. O ministério de intercessão de Cristo é pleno, completo e perfeito, atingindo os sete períodos proféticos até o final dos tempos.

Cristo intercede por nós porque seu sangue foi derramado por nós.

16. Disse ainda o SENHOR a Moisés: Junte as seguintes essências: bálsamo, ônica, gálbano e incenso puro, todos em quantidades iguais, e faça um incenso de mistura aromática, obra de perfumista. Levará sal, e será puro e santo (Êx 30.34,35).

Temos visto que o incenso está relacionado à oração, à adoração e ao ministério de intercessão de Cristo e da Igreja. Se de fato este é o significado deste símbolo, então os ingredientes do incenso devem apontar para os vários aspectos deste ministério junto a Deus. Observe que havia cinco ingredientes no incenso aromático: três especiarias específicas, incenso puro e sal (o ato de salgar o incenso traz a ideia de temperar, moderar). Todos esses ingredientes deveriam ter quantidade igual. Não podemos deixar de notar o perfeito equilíbrio em todos esses ingredientes. Deus está interessado no equilíbrio. Cada ingrediente é importante, e na mente de Deus cada um deles é absolutamente necessário. Assim, é importante conhecermos o significado de cada um desses ingredientes:

> *Bálsamo*: Extraído da seiva perfumada de uma árvore chamada "estoraque", cujo significado seria "pingar" ou "destilar". Para ser usado nesta mistura teria que ser espremido (relacione com Dt 32.1,2).
>
> *Ônica*: Ônica era um molusco encontrado dentro das conchas localizadas no fundo do

Mar Vermelho. Sua fragrância se originava das coisas das quais se alimentava (veja Mt 4.4). Ele também precisava ser bem triturado para ser usado no incenso.

Gálbano: Era uma seiva ou goma encontrada em uma espécie de arbusto. Por ser amarga, era usada para repelir insetos (Is 53; Hb 5.7). Assim como os demais ingredientes, este também tinha que ser bastante triturado.

Incenso puro: O incenso puro é de cor branca e provém da seiva de uma árvore. Branco representa pureza e justiça. O incenso puro é assim um presente adequado para ser colocado diante do Sol da Justiça (Mt 2.11). Ver também Ct 4.6 e Jo 19.39.

Sal: O sal atua tanto como tempero quanto como conservante. Representa um falar puro, agradável e cheio de graça (Cl 4.6). Exprime a qualidade de algo permanente e durável. Deus deu a Davi uma aliança de sal (2 Cr 13.5). Tudo isso está incluído na nova Aliança em Cristo (Mt 26.26-28). Veja também Lv 2.13; Mt 5.13 e Mc 9.49,50.

Devemos comparecer diante do Senhor com o nosso incenso com humildade. Só podemos ir depois de termos provado do pão da vida. Só podemos ir através do Nome que está acima de todo nome, depois de nos identificarmos com o Senhor Jesus Cristo, que nos justificou diante do Deus santo. Todo nosso louvor e adoração devem ser temperados com sal.
Esse incenso deveria ainda apresentar outras características. Notamos que ele deveria ser:

1. Doce (aromático): O ministério de Cristo era cheio de doçura (Ct 5.16)
2. Puro: Cristo era absolutamente puro (Hb 7.26)
3. Santo: Cristo ministrou em absoluta santidade e sem qualquer pecado (1 Jo 2.1 e Hb 7.26)
4. Perpétuo: O sacerdócio de Jesus é perpétuo. Ele agora vive sempre para interceder por nós (Hb 7.25; Ef 6.18; Cl 4.2 e Ap 8.3)
5. Perfumado: Jesus entregou seu corpo em sacrifício como aroma agradável a Deus (Ef 5.2)

17. Moa parte dele, até virar pó, e coloque-o diante das tábuas da aliança, na Tenda do Encontro, onde me encontrarei com você. O incenso lhes será santíssimo (Êx 30.36)
Todos esses ingredientes (doces e amargos) deveriam ser bem triturados, moídos e misturados juntamente com o incenso, sendo temperados com sal ao final. O resultado era uma verdadeira essência perfumada, que deveria ser colocada sobre as brasas de fogo do altar do incenso, situado antes do véu. Quando o incenso queimava sobre o altar, a fragrância subia até o véu no Lugar Santíssimo e todo o Santuário ficava impregnado com a doçura do incenso.
Da mesma maneira o nosso Senhor Jesus Cristo foi triturado e esmagado, em todo o seu ser: espírito, alma e corpo. Ele foi moído e triturado pelas tribulações, provações, tentações e sofrimentos. Ele provou do amargo e do doce. Assim como o incenso era colocado sobre a brasa, o próprio Senhor Jesus também provou do fogo e ao fazer isso, Ele transformou-se num doce incenso ao Pai. A vida inteira de Jesus foi repleta de oração e um agradável incenso ao Pai (1 Ts 5.23). A fragrância da vida de Cristo permeou o Santíssimo Lugar Celestial. Essa fragrância era agradável ao Pai porque em Cristo havia um perfeito equilíbrio entre graça, amor, verdade, misericórdia, santidade e justiça. Em Cristo todas essas coisas estavam em perfeito equilíbrio e igual quantidade. Desta forma, só Cristo poderia ser o mediador entre Deus e os homens. Ele é o nosso grande intercessor.
Assim como a vida de Cristo estava em perfeito equilíbrio e exalava um agradável per-

fume ao Pai, assim deve ser a vida da Igreja. Esses mesmos ingredientes do caráter divino encontrados em Cristo devem se manifestar também no corpo de Cristo, a Igreja. A Igreja é o jardim do Senhor, no qual todas as especiarias devem estar presentes (Ct 4.12-16).

18. Não façam nenhum outro incenso com a mesma composição para uso pessoal; considerem-no sagrado, reservado para o SENHOR. Quem fizer um incenso semelhante, para usufruir sua fragrância, será eliminado do seu povo (Êx 30.37,38)

Deus é bastante enfático aqui. Ele não quer que nenhum outro incenso substitua o incenso sagrado. Deus não está interessado em imitações. Se alguém violasse essa ordem, Deus eliminaria tal pessoa de Israel (Lv 10.1-7). Não há substituto para a verdadeira adoração em espírito e em verdade (Jo 4.24). Deus não aceita nem pode aceitar uma vida de oração aparente. Tudo deve obedecer ao padrão do Santuário. Tudo deve estar de acordo com o modelo.

19. O altar em trânsito (Nm 4.11)

Quando o altar de ouro estava em trânsito recebia uma cobertura dupla, que junto com o altar representava a plenitude divina. O pano azul aponta para o Senhor nos céus. A cobertura de couro representa a Palavra que se tornou carne, e o altar enfatiza o ministério de Cristo como o ungido, que vive sempre para interceder por nós.

Assim temos:

1. O altar de ouro – Cristo como nosso intercessor celestial
2. Pano azul – Cristo como o Senhor que está no céu
3. Cobertura de couro – Cristo como Filho de Deus encarnado, sem nenhuma beleza para o homem não regenerado.

O altar de ouro era carregado sobre varas e envolto em duas coberturas. Durante as jornadas pelo deserto todos os artigos eram cobertos de modo que as pessoas só viam aqueles "pacotes", que não eram muito atraentes. A beleza desses objetos só podia ser contemplada quando em uso, dentro do Tabernáculo. Assim também ocorre com as coisas pertinentes a Cristo e a Igreja.

20. O incensário

O incensário de ouro era especialmente usado no dia da expiação, quando o sumo sacerdote entrava com o sangue no Lugar Santíssimo. Isso representa Cristo levando as orações (incenso) dos santos para além do véu e apresentando-as diante do Pai, com base no que Ele é, no que Ele fez, e no que Ele disse (examine os seguintes versículos: Hb 9.1-4; Ap 8.1-6; Lv 16.1-10). O incensário deveria ser de ouro. Um incensário de bronze não era aceitável diante de Deus.

Nota: O capítulo 16 do livro de Números faz menção a incensários de bronze, usados por aqueles que se rebelaram contra Arão e foram consumidos pelo fogo.

21. Que tipo de incenso agrada a Deus atualmente

Em Isaías 1.13 e 66.3, o profeta predisse que viria o tempo em que o incenso seria uma abominação ao Senhor. Depois da vinda de Cristo, nosso grande sumo sacerdote, e do derramamento do Espírito Santo, Deus não se interessa pelas "sombras", mas pela realidade espiritual. O único incenso que agrada a Deus atualmente é aquele que provém do coração e que sobe até Ele na forma de oração, adoração, louvor e intercessão vindos do espírito (Jo 4.24; Sl 141.1,2).

22. O verdadeiro incenso

O altar do incenso diz respeito ao ministério de oração e intercessão. Antes da primeira vinda de Cristo, Deus revelou a Zacarias o nascimento daquele que antecederia ao Messias enquanto ele ministrava no altar do incenso (Lc 1.1-23). Da mesma forma, a Igreja deve se preparar para a segunda vinda de Cristo exercendo o pleno ministério relacionado ao altar. Precisamos observar o quanto é importante essa peça da mobília para Deus. O ministério mais importante e exclusivo da Igreja é o ministério da oração, súplica e intercessão. Essa é a verdadeira adoração em Espírito e verdade.

A Bíblia ensina que os santos devem orar no Espírito (Jd 20) e através do Espírito (Rm 8.26). O verdadeiro incenso é aquele que brota do coração do crente e sobe até o Santuário celestial, através do caminho aberto pelo nosso grande sumo sacerdote, Jesus Cristo (Sl 141.2; Ap 5.8).

Quando levamos nosso incenso ao Senhor, todo nosso ser deve estar envolvido (1 Ts 5.23). Devemos estar saturados e permeados com a fragrância de uma vida de oração, para que o fogo do Espírito possa levar nosso incenso até o céu. Deus dá grande valor às nossas orações.

Veja o que a Bíblia diz:

"Eles se dedicavam ao ensino dos apóstolos ...e às orações" (At 2.42)
"Orem no Espírito em todas as ocasiões, com toda oração e súplica" (Ef 6.18)
"Dediquem-se à oração, estejam alerta e sejam agradecidos" (Cl 4.2)
"Perseverem na oração" (Rm 12.12)
"A minha casa será casa de oração" (Lc 19.46)

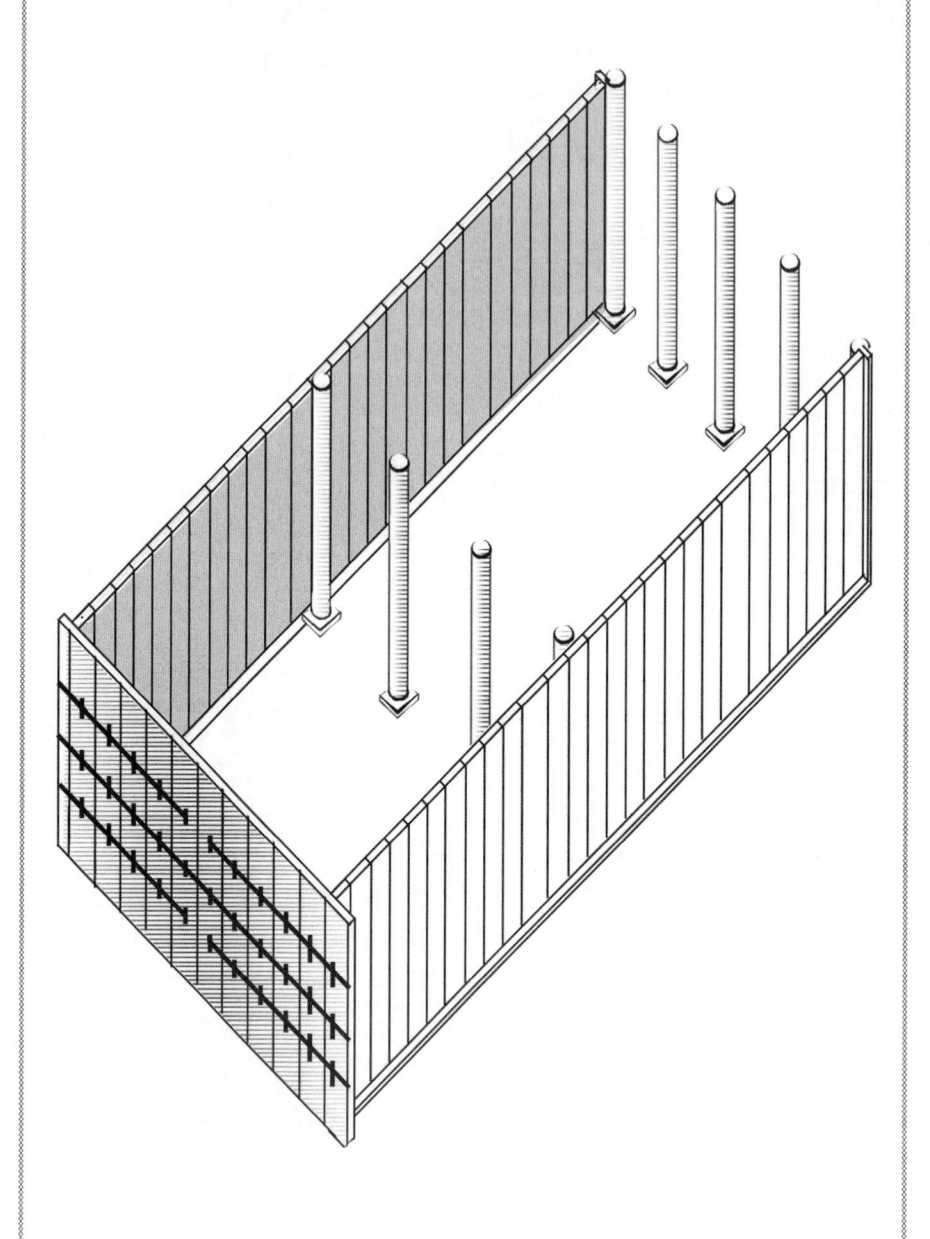

A ESTRUTURA DO TABERNÁCULO

A ESTRUTURA DO TABERNÁCULO

Êx 26.1-37; 36.8-38

1. Descrição geral do Tabernáculo

Vimos até aqui a lista dos objetos que compunham a mobília do Tabernáculo. Agora voltaremos nossa atenção para o Tabernáculo propriamente dito. A estrutura do Tabernáculo era formada por 48 tábuas (armações de madeira) revestidas de ouro, fixadas em 96 bases de prata e unidas por cinco travessões em cada um dos lados. Na entrada do Tabernáculo havia uma cortina chamada "entrada da tenda". Essa cortina era feita de linho fino e sustentada por cinco colunas. A porta dava acesso ao Lugar Santo. Na extremidade do Lugar Santo havia uma outra cortina ou véu, sustentada por quatro pilares e guardando a entrada do Lugar Santíssimo ou do Santo dos Santos. Esta cortina é frequentemente mencionada como o "segundo véu". Sobre toda essa estrutura havia outras cortinas e coberturas, as quais formavam o teto ou telhado do Tabernáculo (trataremos desse assunto no próximo capítulo).

2. Faça armações [verticais] de madeira de acácia para o Tabernáculo (Êx 26.15)

As armações verticais feitas com madeira de acácia representam a mesma verdade mencionada anteriormente. A madeira representa Cristo, que é o "ramo" ou "renovo" (Is 11.1-4; Zc 3.8; 6.12,13) que foi cortado da terra dos viventes (Is 53.8). Para que a madeira possa ser transformada em tábuas, ela precisa ser "cortada da terra dos viventes". Cristo é a raiz de uma terra seca (Is 53.1,2) que foi cortada para se tornar o Tabernáculo de Deus, o único lugar de encontro entre Deus e o homem.

A madeira incorruptível representa a humanidade sem pecado, perfeita e incorruptível de Cristo. Ele era "inculpável, puro, separado dos pecadores" (Hb 7.26). Sua humanidade não foi corrompida pelo pecado. Quando Ele se tornou carne e "tabernaculou" entre nós, não pecou, nem o Pai permitiu que Ele visse corrupção no sepulcro (Sl 16.9,10). Ele não foi corrompido pelo pecado nem por Satanás, nem pelo mundo nem pela maldade dos homens maus, por isso ficou incorruptível também na morte. Jesus foi o único que nunca pecou, permanecendo íntegro e incorruptível. Só Ele foi verdadeiramente Deus e verdadeiramente homem (1 Tm 2.5; Hb 2.14-17).

Em relação à Igreja, as tábuas de madeira de acácia representam nossa humanidade redimida. Quando Deus nos encontrou, éramos como um tronco retorcido crescendo em uma terra seca. Mas Cristo nos fez passar pela mesma experiência das tábuas. Nossa natureza pecadora foi cortada (removida) da antiga forma de viver do mundo, e transformada em tábuas ("pedras vivas"), usadas para edificação de uma casa espiritual (o Tabernáculo) onde o Espírito de Deus habita (1 Pe 2. 5,9).

3. ... verticais... (Êx 26.15)

Cada tábua deveria ser mantida na posição vertical diante do Senhor. A Bíblia promete que "os homens íntegros viverão [permanecerão] na tua presença" (Sl 140.13; 64.10 e 112.4). Paulo também nos diz que depois de termos feito tudo, devemos permanecer firmes ((Ef 6.13; Gl 5.1). Isso é tudo que a Bíblia nos fala para fazer ao enfrentarmos Satanás. Cristo já nos colocou numa posição de vitória, nós simplesmente devemos "permanecer inabaláveis".

4. Cada armação terá quatro metros e meio [dez côvados] de comprimento por 70 cm [côvado e meio] de largura... (Êx 26.16)

Cada tábua ou armação deveria medir 10 côvados de altura e 1 côvado e meio de largura.

Todas essas tábuas deveriam ser revestidas de ouro. Todas deveriam estar de acordo com o padrão divino para poderem ser utilizadas no Tabernáculo de Deus. O padrão divino era um só para as 48 tábuas. Da mesma forma, Deus tem apenas um padrão para todos os membros de sua Igreja. Assim como cada tábua deveria se encaixar ao padrão estabelecido por Deus, cada cristão deve se sujeitar ao padrão do Filho, o Nosso Senhor Jesus Cristo. Toda a Igreja deve chegar "... à maturidade, atingindo a medida da plenitude de Cristo" (Ef 4.11-16). Em nenhum lugar das Escrituras está escrito que podemos nos basear em nosso próprio padrão ou no padrão de outros. Devemos nos basear apenas no padrão que Deus deixou para o homem, isto é, no homem Cristo Jesus (2 Co 10.12 – ver também Ez 43.10 e Ap 11.1,2).

As tábuas deveriam ter 10 côvados de altura. O número 10 refere-se à tribulação, provação, lei, ordem e responsabilidade. Temos exemplos disso nos Dez Mandamentos e nas parábolas dos dez talentos e das dez virgens. O Tabernáculo do Senhor será edificado por aqueles que sofrem tribulação e são provados, que se submetem à lei divina e não temem assumir suas responsabilidades diante de Deus.

Além disso, as tábuas deveriam ter um côvado e meio de largura. Como já vimos, a grelha do altar de bronze, a mesa dos pães da Presença e a tampa (propiciatório ou trono de misericórdia) sobre a arca da aliança tinham essa mesma altura. Quando relacionamos os quatro objetos com essa mesma medida, descobrimos a seguinte conexão: o crente deve encontrar a Cristo no altar de bronze (a cruz), através do trono de misericórdia (o trono da graça), participar da mesa dos pães da Presença (comunhão) e por fim descobrir sua função dentro da estrutura do Tabernáculo (a igreja local).

5. ... com dois encaixes... (Êx 26.17)

A palavra hebraica traduzida aqui como "encaixes' significa literalmente "mãos". Estes encaixes tinham a função de manter a estrutura unida. Cada tábua tinha dois encaixes. Estes encaixes representam dois fatos fundamentais que nos mantêm unidos em comunhão, citados na pregação apostólica no livro de Atos: a morte e ressurreição do Senhor Jesus Cristo (1 Co 15.3,4). Precisamos reconhecer que Cristo morreu por nós e que agora também vive por nós (Rm 5.6-10). Precisamos nos apoiar nessas duas mãos para permanecermos firmes. Essas duas verdades caminham juntas. Ambas são necessárias para que cada crente permaneça firme em seu lugar dentro da estrutura da Igreja. Enfatizar apenas a morte de Cristo e deixar de lado sua ressurreição não produz vida. Lembre-se, eram necessários dois encaixes para manter a tábua no lugar. Fomos salvos não apenas pela morte de Cristo, somos salvos por sua vida!

6. ... paralelos um ao outro. Todas as armações do tabernáculo devem ser feitas dessa maneira (Êx 26.17)

As armações deveriam ser colocadas verticalmente e permanecer firmes e unidas para poderem formar o lugar da habitação do Senhor. Nenhuma armação erguida isoladamente poderia atingir um alvo tão tremendo. Nenhuma armação isolada poderia formar uma morada apropriada para o Senhor. Somente quando as tábuas eram erguidas e unidas pelos travessões a estrutura poderia se manter estável e funcional. O tabernáculo só estaria totalmente pronto depois que cada tábua estivesse firmada em seu devido lugar. Só então a glória de Deus poderia habitar nele.

Quando aplicamos esse princípio à Igreja, o atual lugar de habitação do Altíssimo, descobrimos que ela é composta de muitos indivíduos. Se o crente se mantém isolado, ele se torna ao eterno propósito de Deus, mas quando os crentes caminham juntos,erguem-se se juntos, permanecem juntos, se mantêm unidos pelos travessões (ver parte 10) e serão capazes de cumprir o chamado do Senhor. Só assim eles poderão ser considerados um só corpo ou um tabernáculo. Esta é a estrutura que Deus planejou para a Igreja. É nesse tipo de estrutura em que a glória de Deus certamente habita. Deus honra a assembleia dos crentes quando eles permanecem unidos em um só propósito e num só lugar (At 2.1). Deus tem prazer na convivência dos irmãos, em sua caminhada juntos (Sl 133.1; ver também Ef 2.21,22; 4.3,13; 1 Co 12.12-18).

Cristo está edificando sua Igreja, sua casa, seu Tabernáculo (Mt 16.16-19).

7. Faça vinte armações para o lado sul do tabernáculo... Para o outro lado, o lado norte do tabernáculo, faça vinte armações... Faça seis armações para o lado ocidental do tabernáculo, e duas armações na parte de trás, nos cantos. As armações nesses dois cantos serão duplas, desde a parte inferior até a superior, colocadas numa única argola; ambas serão assim (Êx 26.18,20,22,23,24)

A estrutura do Tabernáculo era formada por 48 tábuas assim distribuídas:

20 tábuas do lado sul
20 tábuas do lado norte
6 tábuas do lado ocidental
2 tábuas para os cantos no final da parte ocidental
Total: 48 tábuas

Estas 48 tábuas formavam um só Tabernáculo. O número 48 é resultado dos fatores 4 x 12. Quatro é o número da terra, expressando a ideia de uma mensagem universal ou mundial (referência aos quatro cantos da terra). O evangelho deve ser pregado no mundo todo e a todas as pessoas (Mc 16.15-20; Mt 28.19,20; At 1.8). Todo poder é dado a Cristo tanto no céu quanto na terra. A Igreja é uma instituição tanto local quanto universal, e alcança os quatro cantos da terra.

O número 12 é o número da soberania divina e do governo apostólico (veja comentários sobre o número 12 no capítulo que trata da mesa dos pães da Presença). A Igreja é edificada sobre o fundamento constituído pelos doze apóstolos do Cordeiro (Ap 21.12-14 e Ef 2.20). Esses primeiros apóstolos simbolizavam a autoridade apostólica. A Igreja deve permanecer firme na doutrina dos apóstolos (At 2.42).

A combinação dos números 4 e 12 revela que tanto a Igreja universal quanto a local devem ser edificadas sobre o ensino dos apóstolos da Igreja de Deus.

Há ainda uma outra observação quanto às duas tábuas que ficavam nos cantos. Essas tábuas eram provavelmente angulares, e nos falam de Cristo como a pedra angular (Sl 118.22; Is 28.16). Essas armações proporcionavam estabilidade e sustentação à estrutura do Tabernáculo, dando-lhe o formato retangular e alinhamento à construção.

Assim também Cristo e seus apóstolos proporcionaram a estabilidade inicial para a Igreja na terra. Eles lançaram o fundamento e iniciaram a construção, mantendo-a firmemente alicerçada na Palavra de Deus. Enquanto permanecermos firmes em Cristo e na doutrina dos apóstolos, podemos estar seguros que nossa edificação estará adequadamente ajustada.

As tábuas do canto eram apoiadas por um par de argolas localizadas na parte inferior e superior das tábuas (veja diagrama). Essas argolas deveriam dar maior firmeza à estrutura, impedindo a inclinação das tábuas. As argolas eram muito importantes para a estrutura do Tabernáculo, contudo, não eram visíveis depois de concluída a construção. A argola representa a eterna natureza de Deus e aplica-se aqui ao ministério do Espírito Santo, que não é visível, porém mantém os crentes (tábuas) unidos para a edificação de um só pão, um só corpo, e um só edifício, o atual Tabernáculo de Deus.

Nota: o número 48 pode também ser interpretado em conexão com as 48 cidades dadas aos levitas para o ministério sacerdotal (Js 21).

8. Revista de ouro as armações... (Êx 26.29)

As tábuas deveriam ser revestidas com ouro puro. Vemos novamente aqui a relação entre o ouro e o conceito de divindade. A união entre o ouro (divindade) e a madeira (humanidade) representa a união entre Cristo e a Igreja. Em Cristo vemos a união entre a natureza divina e a natureza humana. Jesus é o Deus-Homem. Ele recebeu sua natureza humana através de seu nascimento, tornando-se o Filho do Homem, e recebeu a natureza divina de Seu Pai, Deus, tornando-se o Filho de Deus. Portanto, Ele é o único e verdadeiro mediador entre Deus e os homens (1 Tm 2.5). Nele, a divindade e a humanidade se unem para formar a nova criação em Cristo Jesus.

Esta verdade também deve ser vista na Igreja. As tábuas apontam para o crente que está firmado em Cristo, que foi liberto de uma vida de pecado e foi regenerado, moldado e conformado ao padrão de Deus. Em Cristo, nós nascemos de novo pela semente imperecível da Palavra de Deus (1 Pe 1.4, 23) e nos tornamos coparticipantes da natureza divina (2 Pe 1.4).

9. ... e quarenta bases de prata debaixo delas: duas bases para cada armação, uma debaixo de cada encaixe. Para o outro lado... quarenta bases de prata, duas debaixo de cada armação... Para o lado ocidental do tabernáculo... haverá oito armações e dezesseis bases de prata, duas debaixo de cada armação (Êx 26.19,20,21,22,25)

Em cada uma das 48 tábuas, havia duas bases de prata. Temos assim:

40 bases para as 20 tábuas do lado sul
40 bases para as 20 tábuas do lado norte
16 bases para as 8 tábuas do lado ocidental
Total: 96 bases

A primeira coisa que notamos é que as bases deveriam ser de prata. Cabe aqui a pergunta: de onde veio essa prata? A resposta pode ser encontrada em Êxodo 30.11-16. Nesse texto, vemos que Moisés foi instruído a fazer um recenseamento do povo de Israel. Todos os homens acima de 20 anos deveriam ser contados e pagar ao Senhor um preço pelo resgate de suas vidas. O valor requerido era a metade de um siclo, com base no peso padrão do santuário, que tinha 12 gramas (no hebraico, 20 geras – Nm 3.46-51; 18.16). Isso significa que a metade de um siclo correspondia a 6 gramas ou 10 geras, no hebraico. Este era o padrão de Deus, apontando para os Dez Mandamentos, o padrão divino da Lei de Deus. Essa quantia era uma oferta expiatória pela alma da pessoa. Tanto o pobre quanto o rico deveriam pagar a mesma quantia. O padrão de Deus é igual para todos, pois Ele não faz acepção de pessoas. Cada homem pagaria pelo seu resgate, ninguém poderia pagar por outra pessoa (Sl 49.7,8). A alma tinha que se redimida com prata, e enquanto cada um trazia sua oferta, Deus prometeu que nenhuma praga viria sobre eles.

O significado espiritual de tudo isso é evidente. Como já vimos, a prata está relacionada a expiação, redenção, dinheiro do resgate e preço de uma alma. Pedro interpreta esses simbolismos para nós quando diz: "Pois vocês sabem que não foi por meio de coisas perecíveis como prata ou ouro que vocês foram redimidos da sua maneira vazia de viver, transmitida por seus antepassados, mas pelo precioso sangue de Cristo, como de um cordeiro sem mancha e sem defeito, conhecido antes da criação do mundo, revelado nestes últimos tempos em favor de vocês" (1 Pe 1.18-21). Jesus foi vendido por trinta moedas de prata (Mt 26.15).

A prata da expiação do Antigo Testamento foi substituída pelo sangue da expiação do Novo Testamento (1 Jo 1.6,7). Na nova aliança, o sangue de Nosso Senhor Jesus Cristo tomou o lugar do "preço do resgate" estabelecido durante a aliança mosaica. O sangue de Jesus é a nossa expiação, nosso resgate, nossa redenção e o preço pela nossa alma. Este é o preço pelo qual nós fomos comprados (1 Co 6.20). Este é o padrão estabelecido por Deus para a nossa redenção. A Bíblia nos diz que o Filho do Homem veio "para servir e dar a sua vida em resgate por muitos" (Mc 10.45). "Pois há um só Deus e um só mediador entre Deus e os homens: o homem Cristo Jesus, o qual se entregou a si mesmo como resgate por todos" (1 Tm 2.5,6; Jó 33.24; Is 35.10). Este é o padrão de Deus e todos devem se submeter a ele. Ninguém pode pagar por outro para poder entrar no Reino de seu Filho amado. Ninguém pode fazer parte da verdadeira Igreja sem ser redimido por este preço. O Calvário é a mina (veio) de prata a qual todos nós temos acesso, para que possamos obter o preço da expiação (Jó 28.1). Quando encontramos nosso lugar na Igreja, o Senhor impede que as pragas nos atinjam.

Uma outra ideia nos é revelada em relação ao resultado do recenseamento. Neste censo foram contabilizadas 603.550 pessoas. Isso significa que foram arrecadados 301.775 siclos de prata. Cada base deveria ser feita de um talento de prata. Um talento correspondia a 3.000 siclos. Assim, vemos que cada base (de um total de 96) deveria ser confeccionada com 3000 siclos de prata. Além disso, os quatro pilares que sustentavam o véu precisavam de quatro bases. Quando subtraímos o total de prata necessária para as 100 bases, isso nos deixa com 1.775 siclos para serem usados nos ganchos, capitéis e ligaduras das colunas do pátio (Êx 30.11-16 – compare com Nm 1.45,46 e Êx 38.25-28).

Se cada base correspondia a 3.000 siclos, então cada base representava o preço da redenção de 6.000 almas. Cada tábua tinha duas bases. Cada tábua, portanto, era "sustentada" por 12.000 israelitas redimidos. Hoje, a Igreja é o verdadeiro Israel espiritual de Deus (Gl 6.16). No livro de Apocalipse está escrito que 12.000 de cada tribo de Israel serão selados com o selo do Deus Vivo (7.1-8). Deus sabe o número dos que foram redimidos por Jesus de cada povo, língua, tribo e nação (Ap 5.9,10).

Estas bases representavam o verdadeiro fundamento do Tabernáculo. Como já vimos, cada tábua tinha dois encaixes (duas mãos ou apoios) para que pudesse permanecer nas bases de prata. As bases de prata eram o fundamento ou ponto de apoio de cada tábua. Nenhuma tábua poderia se apoiar no solo do deserto deste mundo; o metal redentor era o ponto de apoio das tábuas (compare com Mt 7.24-29). Da mesma forma, nenhum crente deve se apoiar no solo arenoso e corrupto dos padrões do mundo; em vez disso, deve permanecer firme na verdade do sacrifício de sangue e na Palavra de Deus. "Ninguém pode colocar outro alicerce além do que já está posto, que é Jesus Cristo" (1 Co 3.9-14). Estabelecer o alicerce de forma adequada é absolutamente essencial. Assim como Moisés usou a prata da expiação como fundamento para a construção do Tabernáculo no Antigo Testamento, Paulo colocou o alicerce apropriado do sacrifício de sangue para a Igreja do Novo Testamento (para textos adicionais sobre o verdadeiro fundamento, veja Sl 11.3; Is 28.16; Lc 6.46-49 e Hb 6.1,2).

10. Faça também travessões de madeira de acácia: cinco para as armações de um lado do tabernáculo, cinco para as do outro lado e cinco para as do lado ocidental, na parte de trás do tabernáculo. O travessão central se estenderá de uma extremidade à outra entre as armações... os quais também terão que ser revestidos de ouro (Êx 26.26-28, 29)

Em cada lado da estrutura deveriam ser colocados 5 travessões de madeira de acácia revestidos de ouro. Esses travessões deveriam ser fixados nas tábuas através das argolas de ouro para dar reforço e servir de apoio à estrutura, mantendo-a numa posição firme. Sem esse reforço a estrutura seria facilmente abalada pelos ventos do deserto. Podemos notar que a função desses travessões era dar estabilidade e firmeza ao Tabernáculo. Não há indicação sobre a posição exata desses travessões, de forma que tem havido muita especulação a respeito. Alguns diagramas mostram dois travessões transversais no topo paralelos a dois outros travessões transversais na parte inferior sustentando a estrutura e mantendo-a numa posição firme. Outros sugerem que os travessões seriam colocados de forma diagonal formando um grande "X" com um travessão central que percorria todo o comprimento da estrutura (veja diagramas).

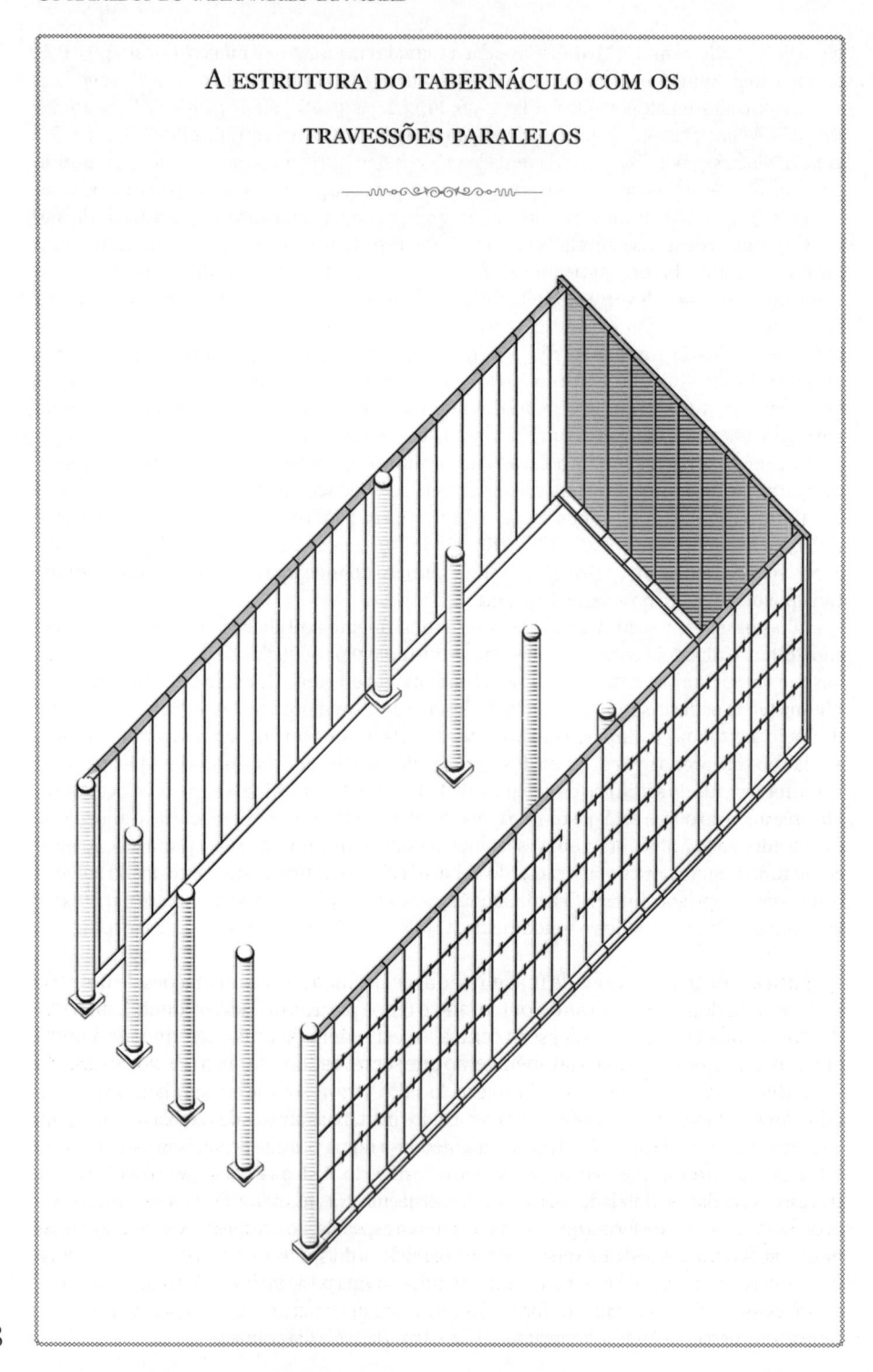

A estrutura do tabernáculo com os travessões paralelos

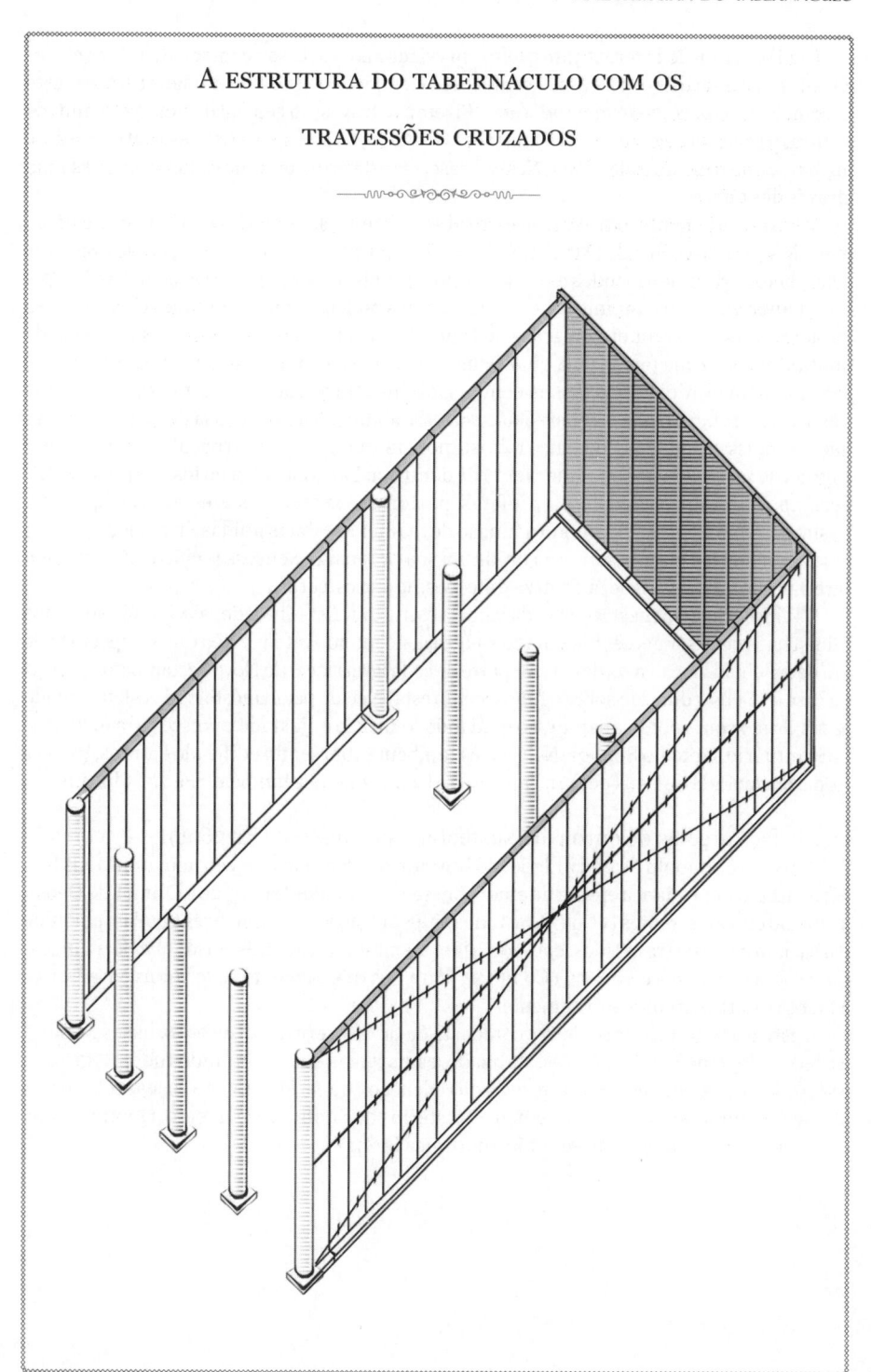

A ESTRUTURA DO TABERNÁCULO COM OS TRAVESSÕES CRUZADOS

Uma observação interessante é feita em relação ao travessão central. Ao falar dele, as Escrituras dizem que o "travessão central se estenderá de uma extremidade à outra entre as armações" (Êx 26.28) e mais adiante, "Fizeram o travessão central de uma extremidade à outra, passando pelo meio das armações" (Êx 36.33). Talvez esse travessão atravessasse um buraco no meio de cada tábua. Nesse o caso, ele estaria no meio de cada tábua, passando através das tábuas.

Visto isoladamente, o travessão central se refere ao Senhor Jesus Cristo, que está no meio do seu povo redimido (Mt 18.20; Jo 19.18 e Ap 1.8). Ao falar de Jesus, Paulo diz: "Pois dele, por ele e para ele são todas as coisas. A ele seja a glória para sempre! Amém" (Rm 11.36).

Quando visto em conjunto, os cinco travessões podem ser interpretados de uma outra maneira. Cinco é o número da graça de Deus. A graça de Deus se manifesta na Igreja de muitas formas. Uma forma pela qual Deus trata com seu povo para lhe dar estabilidade é através de cinco ministérios. Assim como esses cinco travessões deveriam estabilizar toda a estrutura, evitando que o Tabernáculo sofresse algum abalo por causa de qualquer vento que o atingisse, Deus colocou cinco ministérios em sua Igreja (Tabernáculo) para proteger a Igreja de ser levada por qualquer vento de doutrina. Para que o Corpo fosse edificado, Ele designou alguns para apóstolos, profetas, pastores, evangelistas e mestres (Ef 4.11-16). Assim como os travessões tinham a função de manter as tábuas unidas firmemente, assim esses ministérios mantêm a Igreja unida em seu propósito. Sem esses cinco ministérios a Igreja perde a estabilidade, a firmeza e até mesmo sua estrutura.

Os cinco travessões estão em cada lado da estrutura. Esta verdade relacionada aos cinco ministérios deve ser percebida por toda a Igreja, no mundo inteiro. Não é algo específico de um determinado local, mas deve fazer parte de cada igreja local do Novo Testamento. A Igreja é a casa de Deus, edificada sobre o fundamento estabelecido pelos apóstolos e profetas "tendo Jesus Cristo como pedra angular, no qual todo o edifício é ajustado e cresce para tornar-se um santuário santo no Senhor. Nele vocês também estão sendo edificados juntos, para se tornarem morada de Deus por seu Espírito" (Ef 2.20-22 – veja também 1 Pe 2.5; Cl 2.2,19).

11. ... e faça argolas de ouro para sustentar os travessões (Êx 26.29)

A argola é símbolo de eternidade, do infinito, de algo sem começo nem fim. Deus tem estabelecido uma aliança eterna de amor com seus redimidos (Hb 13.20). O amor de Deus é o vínculo entre os crentes (1 Co 13). Se todas as 48 armações tivessem três argolas, por onde passariam os cinco travessões, elas poderiam apontar para as "três coisas que permanecerão": a fé, a esperança e o amor (1 Co 13.13). São esses três elementos que nos unem a Deus e a todos os outros crentes eternamente.

A estrutura do Tabernáculo era composta de tábuas revestidas de ouro, bases de prata da redenção, cinco travessões estabilizadores e argolas de ouro unindo tudo. A Igreja, a casa de Deus, permanece unida através da redenção que está em Cristo Jesus, pela eterna aliança do amor de Deus e pelos cinco ministérios do Senhor ressurrecto. Quando todos esses elementos se unem, surge então uma única Igreja!!

A ESTRUTURA DO TABERNÁCULO

ARNAÇÕES, BASES E ARGOLAS

Argolas com bases do
canto inferior (noroeste)

Armações e cantos

Armações e bases

AS CORTINAS E AS COBERTURAS

Êx 26.1-14; 36.8.19

1. Considerações gerais

Havia várias cortinas e coberturas dentro do Tabernáculo, penduradas ou caindo em dobras sobre a estrutura. Alguns diagramas sugerem que as últimas coberturas seriam colocadas em forma de tenda sobre varas. Como essas coberturas seriam especificamente posicionadas não temos informação. Deus, contudo, nos mostrou a ordem como essas coberturas deveriam ser colocadas sobre a estrutura e os materiais dos quais elas eram feitas. Esses fatos por si só nos oferecem um vasto campo de pesquisa.

As cortinas e as coberturas usadas no Tabernáculo deveriam obedecer à seguinte ordem:

Cortinas de linho fino (Êx 26.1-6 e 36.8-13): Essas cortinas deveriam ser colocadas diretamente sobre a estrutura e compunham o verdadeiro teto do Santuário.
Cortinas de pelo de cabra (Êx 26.7-13 e 36.14-18): Essas cortinas, referidas também como "tendas", seriam colocadas sobre as cortinas de linho fino.
Peles de carneiro tingidas de vermelho (Êx 26.14 e 36.19): Descritas como uma das coberturas; eram as próximas na ordem.
Coberturas de couro (Êx 26.14 e 36.19): Essa era a cobertura final, que era avistada por aqueles que estavam do lado de fora do Tabernáculo.

Aparentemente as duas primeiras eram cortinas e as outras duas eram coberturas. "Eles levarão as cortinas internas do tabernáculo, a Tenda do Encontro, a sua cobertura, a cobertura externa de couro..." (Nm 4.25).

2. Faça o tabernáculo com dez cortinas internas... (Êx 26.1)

A primeira coisa mencionada é que deveria haver dez cortinas internas. Dez é o número dos Dez Mandamentos e representa a aliança da Lei. Isto é um símbolo de que o nosso Senhor Jesus Cristo é o único perfeito e justo. Ele é o único homem que guardou a aliança da Lei, os Dez Mandamentos de Deus. Toda a lei, moral, civil e cerimonial, foi cumprida nele, pois como o Espírito de Cristo testifica: "A tua lei está no fundo do meu coração " (Sl 40.8).

3. ... de linho fino trançado... (Êx 26.1)

Essas dez cortinas de linho fino eram chamadas algumas vezes de "o Tabernáculo". Êxodo 36.13 menciona que essas cortinas deveriam ser colocadas bem juntas, "para que o tabernáculo formasse um todo" (veja também Êx 26.1 e Nm 3.25).

Este Tabernáculo deveria ser formado por dez cortinas de linho fino trançado. O simbolismo expresso pelo linho branco, fino e limpo é talvez um dos mais evidentes em toda a Escritura. O linho é sempre visto como um símbolo de justiça, primeiramente da justiça de Cristo como padrão de Filho, e em segundo lugar, da justificação dos santos que estão em Cristo (Ap 19.7,8). Não se trata de justiça própria, pois de acordo com Isaías 64.6, "todos os nossos atos de justiça são como trapo imundo". Linho branco, limpo e fino fala da justiça pela fé. O linho fino era usado na vestimenta dos sacerdotes (Êx 28.39-43). Quando nos apresentarmos diante de Deus pela fé seremos recebidos como reis e sacerdotes e usaremos vestimentas adequadas. "Eles andarão comigo, vestidos de branco, pois são dignos" (Ap 3.5).

Não iremos vestir essas roupas com base em nosso próprio mérito, mas "... ele me vestiu com as vestes da salvação e sobre mim pôs o manto da justiça" (Is 61.3,10 e Ap 7.14).

4. ... e de fios de tecidos azul, roxo e vermelho... (Êx 26.1)

Como já vimos, azul é a cor do céu, e representa o Senhor Jesus Cristo como o "segundo homem", o que veio dos céus (1 Co 15.47; Jo 1.1-3,14-18). É interessante notar que os filhos de Israel deveriam usar um cordão azul nas bordas de suas vestimentas, como uma constante lembrança dos mandamentos (recebidos dos céus) e de sua cidadania celestial (Nm 15.32-41).

O roxo é a cor da realeza e da majestade. Jesus Cristo é o Rei dos reis e o Senhor dos senhores. O roxo é resultado da mistura das cores azul e vermelha. Em Cristo encontramos a mistura da natureza humana e divina numa só pessoa. Ele é tanto Filho de Deus quanto Filho do Homem (Lc 1.30-33 e Ap 19.11-16); isto o qualifica a ser o único mediador entre Deus e o homem, pois sendo Deus (azul), Ele se fez carne (vermelho).

O vermelho é a cor do sangue e representa o sacrifício de Jesus (Mt 27.28). Ao longo de todo o Antigo Testamento encontramos que os israelitas deveriam oferecer uma oferta de sangue pelos seus pecados com base no sacrifício de algum animal. Essas ofertas apontavam para a vinda do cordeiro de Deus. Jesus é o único e verdadeiro sacrifício pelo pecado. O sangue de animais somente apontava para o seu sangue. Só o sangue de Jesus tem poder para remir o pecado.

De acordo com o que vimos sobre as cores que deveriam ser usadas nas dez cortinas, essas quatro cores não foram escolhidas aleatoriamente. A própria ordem das cores não é acidental. A ordem para que essas mesmas cores fossem usadas aparece 24 vezes no livro de Êxodo. Essas quatro cores representam os quatro evangelhos, que apresentam Jesus Cristo como o verdadeiro Tabernáculo. Quanto à relação entre os evangelhos e as quatro cores podemos observar o seguinte:

Branco – Evangelho de Lucas: Filho (descendente) de Adão (Homem sem pecado)
Azul – Evangelho de João: Filho de Deus (Homem Celestial)
Roxo – Evangelho de Mateus: Filho de Davi (Homem-Rei)
Vermelho – Evangelho de Marcos: Filho do Homem (Homem-Servo)

5 ... e nelas mande bordar querubins (Êx 26.1)

Esses querubins deveriam ser bordados no linho, num trabalho delicado. Vimos anteriormente que os querubins não representam anjos nem qualquer ser humano. Esses querubins bordados representam as obras e as manifestações gloriosas do Espírito Santo e do Pai no nascimento, vida, ministério, morte, sepultamento e ressurreição do Senhor Jesus Cristo. Como o linho fino se refere à justiça de Cristo, os querubins bordados se referem a Cristo como a plenitude da divindade encarnada (Cl 1.19; 2.9).

Este linho com os querubins bordados seria colocado no alto do Santuário, como um teto. Como vimos na descrição do trono de misericórdia (propiciatório), esses querubins tinham asas. Se juntarmos esses fatos, temos uma preciosa figura das asas do Altíssimo. Os querubins bordados nas cortinas de linho fino estendiam suas asas sobre o Santuário, sob o qual o sacerdote ministrava. O sacerdote deveria andar, exercer seu ministério e ter comunhão com Deus sob a sombra das asas dos querubins. É a isso que se referem as Escrituras quando afirmam: "Porque és a minha ajuda, canto de alegria à sombra das tuas asas" (Sl 63.7); "Sob as suas asas você encontrará refúgio" (Sl 91.1,2,4); "Sob cujas asas você veio buscar refúgio!" (Rt 2.12); "Mas os que esperam no SENHOR... sobem com asas como águias" (Is 40.30-31 – ERA). Compare com Sl 61.4; 17.8; 36.7; 57.1; Ez 1.24; Mt 17.37; 23.37; Ap 12.6,14.

6. Todas as cortinas internas terão a mesma medida: 12,60 metros [28 côvados] de comprimento e 1,80 metro [4 côvados] de largura. Prenda cinco dessas cortinas internas uma com a outra, e faça o mesmo com as outras cinco. Faça laçadas de tecido azul ao longo da borda da cortina interna, na extremidade do primeiro conjunto de cortinas internas; o mesmo será feito à cortina interna na extremidade do outro conjunto. Faça cinquenta laçadas numa cortina interna e cinquenta laçadas na cortina interna que está na extremidade do outro conjunto, de modo que as laçadas estejam opostas umas às outras. Faça também cinquenta colchetes de ouro com os quais se prenderão as cortinas internas uma na outra, para que o tabernáculo seja um todo (Êx 26.2-6)

Havia 10 cortinas ao todo, divididas em dois grupos de cinco. Esses dois conjuntos de cinco cortinas eram ligados por 50 colchetes (ganchos) de ouro e 50 laçadas de tecido azul. A união de todos esses elementos formava um Tabernáculo.

Cada cortina media 28 côvados de comprimento e 4 côvados de largura. Quando elas se uniam, como já descrevemos, formavam uma cobertura de 28 côvados de largura e 40 (4 x 10) côvados de comprimento, que seria colocada sobre a estrutura. A estrutura de madeira tinha dez côvados de altura, dez côvados de largura e 30 côvados de comprimento.

Quando as cortinas eram colocadas sobre a estrutura, com os colchetes de ouro diretamente sobre o véu, essas cortinas cobriam toda a estrutura. Partindo do lado norte (10 côvados), passando pelo lado sul (10 côvados) e pelo teto (10 côvados de largura) teríamos um total de 30 côvados, e assim vemos que as cortinas estavam a um côvado do chão em cada lado da estrutura.

Colocadas desta forma, as cortinas cobririam toda a extensão da estrutura, pendendo 10 côvados sobre a extremidade oeste. O comprimento total do conjunto de cortinas era de 40 côvados enquanto que o comprimento do Tabernáculo era de 30 côvados. Como havia uma porta no lado oriental do Tabernáculo, as cortinas sem dúvida cobriam os dez côvados do muro oeste.

O conjunto dessas dez cortinas nos oferece ao menos três símbolos importantes:

1. As laçadas eram de tecido azul. Como vimos, azul refere-se ao Senhor Jesus Cristo como o segundo homem, que veio do céu (1 Co 15.47).

2. Os colchetes deveriam ser feitos de ouro. O ouro simboliza a natureza divina. Jesus era Deus encarnado.

3. As cortinas seriam presas por 50 laçadas e 50 colchetes. Em relação ao número 50, notamos que a cada 50 anos deveria acontecer o ano do Jubileu (Lv 25.8-12). A festa de Pentecostes era celebrada no 50º dia (Lv 23.15,16). De fato, a palavra "pentecostes" significa "cinquenta". O número 50, portanto, tem o sentido de libertação, liberdade, pentecostes e jubileu. Quando aplicamos essa verdade ao Senhor Jesus Cristo, o Deus encarnado, isso nos revela que Ele era livre da escravidão do pecado e que tinha completa liberdade para caminhar na vontade de seu Pai. Através de Cristo, a Igreja pode comemorar a festa de Pentecostes, pois Ele é aquele que batiza no Espírito Santo. Em Cristo, a Igreja pode provar as alegrias do Jubileu e a realidade da vida no Espírito. Por causa do que Cristo fez, a Igreja participará do gozo do Senhor!

Nota: Aos interessados em se aprofundar nesse assunto, sugiro que examinem as Escrituras e façam uma relação dos 50 nomes e títulos concedidos a Cristo que revelam sua divindade (50 colchetes de ouro).

7. Com o total de onze cortinas internas de pelos de cabra faça uma tenda para cobrir o tabernáculo. As onze cortinas internas terão o mesmo tamanho: treze metros e meio [trinta côvados] de comprimento e um metro e oitenta centímetros [quatro côvados] de largura. Prenda de um lado cinco cortinas internas e também as outras seis do outro lado. Dobre em duas partes a sexta cortina interna na frente da tenda. Faça cinquenta laçadas ao longo da borda da cortina interna na extremidade do primeiro conjunto de cortinas e também ao longo da borda da cortina interna do outro conjunto. Em seguida faça cinquenta colchetes de bronze e ponha-os nas laçadas para unir a tenda como um todo. Quanto à sobra no comprimento das cortinas internas da tenda, a meia cortina interna que sobrar será pendurada na parte de trás do tabernáculo. As dez cortinas internas serão quarenta e cinco centímetros [um côvado] mais compridas de cada lado, e o que sobrar será pendurado nos dois lados do tabernáculo, para cobri-lo (Êx 26.7-13).

Sobre as dez cortinas de linho fino deveriam ser colocadas onze cortinas de pelos de cabra. As Escrituras se referem muitas vezes a essas cortinas como uma "tenda" (Êx 35.11; 36.14; 40.19; 26.7,11,13 e Nm 3.25), ou cobertura. Essa é a segunda cobertura sobre a estrutura do Tabernáculo. Os pelos de cabra usados aqui eram provavelmente de cor negra conforme a característica de muitas cabras da região (Ct 1.5).

Deveria haver onze cortinas confeccionadas para essa cobertura de pelos de cabra. Onze é o número da rebeldia e desordem, e está associado ao pecado e à rebelião. Onze é um número a mais que dez, que representa a lei e a ordem (veja os Dez Mandamentos), e também um número menor do que doze, que representa o governo apostólico (isto é, os doze apóstolos do Cordeiro). Restaram onze discípulos após a queda de Judas. Este simbolismo é trazido para o Tabernáculo através dos pelos de cabra.

A cabra era um dos animais usados para sacrifício em Israel, basicamente em conexão com a oferta pelo pecado no dia da expiação e para a purificação do Santuário (Lv 5.6; 9.3; 16.5-11, 20-26). A cabra (ou bode) era usada em conexão com as três festas em Israel. Ela era sacrificada na festa da Páscoa (Nm 28.16-25), no Pentecostes (Lv 23.15-21) e na festa dos Tabernáculos (Nm 29.1-11). No dia da expiação, dois bodes eram levados, um seria sacrificado como oferta pelo pecado e o outro preservado vivo para ser conduzido como bode expiatório (Lv 16.5-11, 20-26). Em conexão com a festa da Páscoa, os israelitas foram instruídos da seguinte maneira: "Ofereçam um bode como sacrifício pela culpa, para fazer propiciação por vocês" (Nm 28.22).

O bode era usado:

Em conexão com a oferta pelo pecado (Lv 4.23)
Por alguém da comunidade (Lv 4.27,28)
Para dar início ao ministério dos sacerdotes (Lv 9.2,3)
Para a dedicação do altar (Nm 7)
Pelo pecado sem intenção (Nm 15.24,27)
No primeiro dia de cada mês (Nm 28.11-15)

O Novo Testamento confirma a ideia de que o bode é um símbolo relacionado ao pecado no texto em que Jesus, ao ensinar sobre o Dia do Senhor, disse que separaria os pecadores "assim como o pastor separa as ovelhas dos bodes. E colocará as ovelhas à sua direita e os bodes à sua esquerda" (Mt 25.31,32).

No número destas cortinas e no material dessas coberturas lemos a respeito do pecado. As cortinas de pelo de cabra representam como o Senhor Jesus Cristo se tornou nossa oferta pelo pecado e recebeu em nosso lugar o salário do pecado: a morte. "Deus tornou pecado por nós aquele que não tinha pecado, para que nele nos tornássemos justiça de Deus" (2 Co 5.21; veja também Rm 8.3). Aquele que é o sol da justiça foi feito pecado por nós! Que contraste entre esta carga do pecado que Cristo levou sobre si mesmo e a vida perfeita que Ele levou diante de Deus! Que contraste entre essas escuras cortinas de pelo de cabra e as cortinas brancas de linho fino descritas acima! (Veja Is 53.10; Hb 9.26-28; 10.11,14).

Essas onze cortinas de pelo de cabra se referem também ao Nosso Senhor Jesus Cristo que "foi oferecido em sacrifício uma única vez, para tirar os pecados de muitos" (Hb 9.28). Note que estas cortinas eram colocadas sobre o Tabernáculo da seguinte forma: cinco ficavam sobre o Lugar Santíssimo e a parede voltada para o oeste, enquanto as outras seis cortinas cobriam o Lugar Santo até a porta. Nessa disposição, com os colchetes diretamente sobre o véu, a 11ª cortina estendia-se além da porta do Santuário. Era esta cortina que estava dobrada sobre a parte frontal do Tabernáculo. Talvez todos esses detalhes pareçam sem importância, contudo, vemos que esta 11ª cortina era a única visível para aqueles que estavam do lado de fora do Tabernáculo. As outras dez cortinas permaneciam ocultas à vista.

Como isso se aplica a Cristo? Nas onze cortinas nós temos uma figura dos 33 anos de Cristo em sua caminhada na terra, quando Ele de fato tornou-se pecado por nós. Assim como somente 1/11 das coberturas de pelo de cabra eram visíveis para o observador de fora, também apenas 1/11 da vida de Cristo pôde ser vista através de seu ministério público (três anos e meio). Dez das onze cortinas estavam ocultas da vista das pessoas, e trinta anos da vida de Cristo estão ocultos a nós. Enquanto cada uma das onze cortinas (vistas e ocultas) tinha exatamente a mesma medida, os anos ocultos e os públicos eram os mesmos aos olhos de seu Pai.

O comprimento dessas cortinas era de trinta côvados. Trinta é o número relacionado à idade para a consagração ao sacerdócio. O sacerdote deveria ter trinta anos de idade para poder ministrar (Nm 4.3). Jesus tinha 30 anos de idade quando começou seu ministério sacerdotal (Lc 3.23), que foi consumado ao ser oferecido como oferta pelo pecado por nós no Calvário. Jesus foi consagrado para a vontade do Pai, até mesmo para a morte na cruz. Ele era tanto o sacerdote quanto a oferta.

A largura dessas cortinas deveria ser de quatro côvados. O número quatro nos remete à expansão do ministério de Cristo até os quatro cantos da terra. O ministério de Cristo é um ministério de âmbito mundial. Ele é sacerdote, salvador e oferta pelo pecado para o mundo inteiro. "Porque Deus tanto amou o mundo que deu o seu Filho Unigênito" (Jo 3.16; veja também At 1.8; Mt 28.19-20).

As onze cortinas deveriam ser divididas em duas partes: um conjunto de 5 e outro de 6 cortinas. Essas duas partes eram unidas por 50 laçadas e 50 colchetes de bronze. Como já vimos, 50 é o número de libertação, de liberdade, do Pentecostes e do Jubileu (veja a seção 6). Já que havia 50 colchetes de ouro em conexão com a cobertura anterior, isso significa um total de 100 colchetes. Esse número é sugestivo de muitos nomes e títulos de Jesus Cristo tanto no Antigo como no Novo Testamento.

Esses colchetes eram de bronze, que é característico do juízo contra o pecado. Isso nos revela que o uso de colchetes de bronze nas coberturas de pelo de cabra era bastante apropriado. O bronze é vinculado com a oferta pelo pecado. O pecado deve ser julgado, e o salário do pecado é a morte (Rm 6.23).

8. Faça também para a tenda uma cobertura de pele de carneiro tingida de vermelho... (Êx 26.14Ø)

A próxima cobertura era feita de pele de carneiro e o texto nos fala expressamente que se trata de uma "cobertura" (Nm 3.25 e 4.25). O carneiro era usado na oferta pela culpa (Lv 5.15), no holocausto (Lv 8.18) e nas ofertas pacíficas (Lv 9.4). Também é chamado de "carneiro da consagração" (Êx 29.15-22 – ERA). O carneiro era usado na ordenação dos sacerdotes (Lv 8.22). A primeira vez que a Bíblia menciona o sacrifício de um carneiro como substituto foi quando Deus providenciou um carneiro para ser usado como oferta em lugar de Isaque, o filho unigênito de Abraão, no Monte Moriá (Gn 22.8-13).

Esse é um episódio profético do "Filho de Deus, Jesus Cristo, que tornou-se o Cordeiro de Deus que tira o pecado do mundo" (Jo 1. 29,36), revelando Cristo como:

> Aquele que se ofereceu de uma vez por todas, em sacrifício único a Deus (Hb 9.26-28)
> O único capaz de ser nosso substituto ao morrer em nosso lugar (1 Co 15.4; Gl 1.4)
> O único perfeitamente santo, comprometido em fazer a vontade de Deus (Hb 7.25-28)

É através desta cobertura que Cristo providenciou para a Igreja que nós tomamos parte da sua natureza e Espírito (Rm 12.1,2; Rm 4.25). Devemos oferecer nossas próprias vidas em sacrifício vivo e santo a Deus.

As peles de carneiro deviam ser tingidas de vermelho. Vermelho é a cor do sacrifício de sangue e identifica a purificação do pecado. As peles de carneiro tingidas de vermelho eram a cobertura central do Tabernáculo, apontando para a figura central da divindade, o Senhor Jesus Cristo. Essas peles simbolizam o sacrifício do Senhor Jesus e seu sangue derramado por nossos pecados. Ele é o nosso redentor, o carneiro da consagração que se submeteu à vontade do Pai e trouxe-nos a aliança eterna de salvação (Hb 13.20). "Embora os seus pecados sejam vermelhos como escarlate, eles se tornarão brancos como a neve; embora sejam rubros como púrpura, como a lã se tornarão" (Is 1.18).

Na primeira vinda de Cristo, suas vestes foram manchadas de vermelho pelo sangue da expiação. Na segunda vinda, suas vestes também ficarão manchadas de vermelho, mas pelo sangue dos seus inimigos. Essas roupas manchadas de vermelho não se referem à expiação, mas estão relacionadas ao juízo de Jesus Cristo sobre os pecadores. "Quem é aquele que vem de Edom, que vem de Bozra, com as roupas tingidas de vermelho? Quem é aquele que, num manto de esplendor, avança a passos largos na grandeza da sua força? 'Sou eu, que falo com retidão, poderoso para salvar.' 'Por que tuas roupas estão vermelhas, como as de quem pisa uvas no lagar?' 'Sozinho pisei uvas no lagar; das nações ninguém esteve comigo. Eu as pisoteei na minha ira e as pisei na minha indignação; o sangue delas respingou na minha roupa, e eu manchei toda a minha veste'" (Is 63.1-3). Na cena final do livro do Apocalipse nós vemos um cavaleiro num cavalo branco cujas vestes estão manchadas de sangue (Ap 19.11-14).

9. ... e por cima desta uma cobertura de couro... (Êx 26.14)

A última cobertura, colocada sobre todas as outras, era a de couro. Assim como não há registro das medidas dessas coberturas de pele de carneiro, também não sabemos as medidas dessa cobertura. É sugestivo que as peles dessa cobertura fossem de animais marinhos. De fato, a Septuaginta menciona "peles de cor azul". Seja como for, estas peles agiam como proteção contra as tempestades e o calor do deserto. Estas peles de couro eram usadas como cobertura para todos os utensílios do Tabernáculo, quando em trânsito.

Estas peles de couro não tinham muito valor ou beleza. Portanto, quando as pessoas olhavam para o Tabernáculo não viam nenhuma beleza. Somente os sacerdotes tinham acesso ao interior do Tabernáculo e podiam apreciar sua verdadeira beleza.

Isso também é verdadeiro em relação a Cristo. Isaías declara que "nada havia em sua aparência para que o desejássemos"(Is 53.1-3), "porque sua aparência estava tão desfigurada, que ele se tornou irreconhecível como homem; não parecia um ser humano" (Is 52.14). Para o homem natural, não-regenerado, não há nenhuma beleza que possa atrai-los em

Cristo, mas para aqueles que estão em Cristo, ele é visto em grande glória e beleza (Hb 1.13 e Cl 1.19). Para aqueles que estão em Cristo, "Ele é mui desejável" (Ct 5.16), mas para aqueles que não estão em Cristo, Ele não é nada desejável. Pois "quem não tem o Espírito não aceita as coisas que vêm do Espírito de Deus, pois lhe são loucura; e não é capaz de entendê-las, porque elas são discernidas espiritualmente (1 Co 2.14).

Essas são as quatro cortinas e coberturas do Tabernáculo de Moisés. A ideia de cobertura não ocorre somente no Tabernáculo. A arca de Noé possuía uma cobertura (Gn 8.13). Todas as coberturas citadas na Bíblia apontam para aquele que oferece a "cobertura" para a Igreja, o nosso Senhor Jesus Cristo. Cristo é nossa:

Cortina de linho – justiça
Cortina de pelos de cabra – oferta pelo pecado
Cobertura de peles de carneiro tingidas de vermelho – substituto
Cobertura de couro – proteção e cobertura

Cristo é a cobertura da Igreja, que é seu Tabernáculo. A cobertura inclui tudo que Ele é, tudo que Ele diz e tudo que Ele faz! "Sobre mim pôs o manto da justiça" (Is 61.10).

AS ENTRADAS DO TABERNÁCULO

Êx 26.31-37; 36.35-38

O Santuário possuía duas entradas, sendo uma chamada "o véu" e a outra "a porta". Em nosso estudo, nós iremos considerá-las nesta ordem.

1. Faça um véu... (Êx 26.31)
A primeira entrada é aquela descrita em Hebreus 9.3 como o "segundo véu". Assim como fez ao descrever a mobília para o Santuário, Deus começa pela entrada mais próxima dele mesmo. Era através deste véu que o sacerdote entrava uma vez por ano na própria presença ou glória Shekinah de Deus. Este era o caminho para o Santo dos Santos ou Lugar Santíssimo. Essa entrada é mencionada nas Escrituras de várias outras maneiras. Vejamos alguns nomes:

Véu (Êx 26.31; Hb 6.19): Véu é uma espécie de divisória ou cortina de separação geralmente usada para ocultar algo. Essa definição pode ser relacionada a este véu.

Segundo véu (Hb 9.3): A porta do Santuário era considerada o primeiro véu pelo qual se chegava ao Lugar Santo. Para se aproximar de Deus, o véu colocado na frente do Lugar Santíssimo era o segundo véu pelo qual o homem precisava passar.

Véu protetor (Nm 4.5): Este véu era usado para cobrir a arca da aliança enquanto em trânsito. A arca nunca era vista pelas pessoas.

Véu que esconde as tábuas da aliança (Lv 24.3): Além de cobrir a arca, o véu também cobria as tábuas da Lei que estavam na arca.

Véu do Santuário (Lv 4.6): Este era o único véu dentro do Santuário que separava o sacerdote e o Lugar Santíssimo.

2. ... de linho fino trançado e de fios de tecidos azul, roxo e vermelho... (Êx 26.31)
Este véu era semelhante às cortinas de linho fino colocadas sobre a estrutura do Tabernáculo (veja capítulo anterior, referente às cortinas e coberturas). Assim como as cortinas, também era confeccionado com linho fino trançado em cores iguais. Temos, portanto, aqui simbolizadas as mesmas verdades:

1. *O linho fino trançado* representa o Senhor Jesus, como aquele que é "a nossa justiça" (Jr 23.6; 1 Co 1.30; 2 Co 5.21; Ap 19.7,8). Ele é o homem justo descrito no Evangelho de Lucas.

2. *Azul* é a cor do céu, e Jesus é "... o segundo homem, ... o Senhor dos céus" (1 Co 15.47 – KJV e Jo 3.13,31). Ele é o homem celestial revelado no Evangelho de João.

3. *Roxo* é a cor da realeza, frequentemente associada à majestade e nobreza. Jesus é o Rei dos reis e o Senhor dos senhores. Ele é o herdeiro legítimo do Trono de Davi (Lc 1.30-33). A mistura de azul (celestial) e vermelho (sacrifício terreno) produz o roxo (realeza). Jesus é o Rei registrado pelo Evangelho de Mateus.

4. *Vermelho* é a cor do sangue do sacrifício. Jesus é o Cordeiro de Deus, nosso sacrifício (Jo 1.29; Mt 20.28). Ele veio para servir. O Evangelho de Marcos demonstra o ministério de Jesus como servo.

Todas essas cores estavam presentes no véu. O véu era um trabalho gracioso e feito com habilidade através da capacitação concedida pela sabedoria e pelo Espírito de Deus. Ele deveria ser feito de acordo com o padrão divino. Isso simboliza a riqueza de detalhes e o maravilhoso trabalho que atuaram na pessoa, na vida e no ministério do Senhor Jesus Cristo, a Palavra que se fez carne, pelo Espírito Santo.

3. ... e mande bordar nele querubins (Êx 26.31)
Assim como as cortinas de linho fino eram bordadas com figuras de querubins, também o véu que separava o Lugar Santíssimo do restante do Santuário deveria ter querubins bordados. Esta era a única diferença entre o véu e a porta do Santuário. Querubins não eram meramente anjos, como nós já vimos. Eles são vistos através das Escrituras como representações da divindade. Nós observamos que foram os querubins que guardaram o caminho para a árvore da vida com uma espada flamejante (Gn 3.24). Na tampa da arca da aliança, os querubins ficavam de frente um para o outro, com o rosto voltado para a tampa, contemplando o propiciatório (trono de misericórdia) aspergido com o sangue (Êx 25.18-22). Aqui, os querubins são bordados no véu, o qual Paulo menciona como representativo da carne de Cristo, guardando o Santíssimo Lugar contra qualquer tentativa de entrada indevida.

O véu era uma obra esmerada e seus fios eram trançados pela sabedoria e pelo Espírito de Deus de acordo com o padrão divino, representando detalhadamente o maravilhoso projeto realizado através da vida e do ministério do Senhor Jesus Cristo, a Palavra que se fez Carne, pelo Espírito Santo.

Assim como os querubins estavam bordados no tecido do véu, também o Filho de Deus estava "trançado" ou junto com o Pai e o Espírito Santo, "Pois em Cristo habita corporalmente toda a plenitude da divindade" (Cl 2.9; 1.19; Jo 4.34; 14.10).

4. Pendure-o com ganchos de ouro em quatro colunas de madeira de acácia revestidas de ouro (Êx 26.32)
O véu deveria ser pendurado com ganchos em quatro colunas de madeira de acácia revestidas de ouro. Novamente, vemos o conceito das duas naturezas em uma única pessoa (coluna). É interessante que havia quatro colunas sustentando o véu, que Paulo afirma representar o corpo de Cristo (Hb 10.20). A porta do Santuário era sustentada por cinco colunas. As quatro colunas parecem sustentar o corpo de Cristo ou, poderíamos dizer, o ministério de Cristo na carne. Essas quatro colunas podem estar representando os quatro evangelhos. Há somente quatro livros no Novo Testamento que tratam do ministério terreno de Jesus Cristo, sua morte, sepultamento e ressurreição. O livro de Atos e as epístolas tratam do ministério celestial de Cristo. Portanto, assim como as quatro colunas sustentam o véu, os quatro evangelhos sustentam a revelação de "Cristo segundo a carne" (2 Co 5.16,17 – ERA). Eles mostram Deus "manifestado em corpo" (1 Tm 3.16).

Nota: um estudo bastante interessante seria comparar os quatro seres viventes encontrados em Ezequiel 1 e Apocalipse 4.6-8 com essas quatro colunas.

5. ... fincadas em quatro bases de prata (Êx 26.32)
Como veremos mais adiante, as cinco colunas da porta eram apoiadas em bases de bronze. Mas no segundo véu, as quatro colunas eram apoiadas em bases de prata. Essa prata foi obtida através do "dinheiro do resgate" durante o recenseamento dos israelitas (vide referência no capítulo que trata da estrutura do Tabernáculo). Essas colunas se apoiavam no metal da redenção

e representavam o preço de 24.000 almas redimidas. Vinte e quatro é o número dos turnos sacerdotais visto no Tabernáculo de Davi e no Templo de Salomão. No livro de Apocalipse nós vemos 24 anciãos representando os redimidos de cada povo, nação, língua e tribo (Ap 4.4; 5.9,10).

6. Pendure o véu pelos colchetes e coloque atrás do véu a arca da aliança. O véu separará o Lugar Santo do Lugar Santíssimo (Êx 26.33)

Aqui nos é revelado o propósito do véu. O véu deveria ser uma divisória ou separação entre o Lugar Santo e o Lugar Santíssimo. A palavra "véu" literalmente significa "separação" ou "cortina" ou "aquilo que oculta". Este véu deveria ocultar a glória Shekinah da vista dos homens. Ele agia como uma separação entre o homem pecador e o Deus Santíssimo.

Este véu media 10 côvados quadrados, dando-nos uma figura dos Dez Mandamentos. Qualquer homem que pretendesse vir à presença do Santo de Israel tinha que se defrontar com a Lei. A guarda da Lei o conduziria a um relacionamento com Deus, mas ninguém foi capaz de guardar totalmente a Lei. Ninguém, a não ser o Senhor Jesus Cristo. Ele é o único que guardou perfeitamente a Lei. Ele foi o único totalmente sem pecado, que pôde cumprir as condições da aliança mosaica. Somente Jesus merecia receber tudo que esta aliança proporcionava (Sl 40.7,8).

Este véu revela muito mais do que a Lei para o crente do Novo Testamento. Paulo, o apóstolo, interpreta com clareza o significado do véu de separação: "No entanto, somente o sumo sacerdote entrava no Santo dos Santos, apenas uma vez por ano, e nunca sem apresentar o sangue do sacrifício, que ele oferecia por si mesmo e pelos pecados que o povo havia cometido por ignorância. Dessa forma o Espírito Santo estava mostrando que ainda não havia sido manifestado o caminho para o Santo dos Santos enquanto permanecia o primeiro tabernáculo. Isto é uma ilustração para os nossos dias..." (Hb 9.7-9).

Este véu revela a todos os homens a "barreira, o muro de inimizade" (Ef 2.14), que separa Deus e o homem. Antes de qualquer pessoa poder experimentar a restauração, deve avaliar qual sua condição diante do nosso santo Deus. Enquanto o véu permanece, Deus declara um enfático: "Entrada proibida!". Somente uma vez por ano, no grande Dia da Expiação, Arão, o sumo sacerdote atravessava o véu para fazer expiação pelos pecados do povo.

Quando o Senhor Jesus Cristo morreu na cruz, derramou o seu sangue como sacrifício e como sacerdote, como ofertante e como oferta. Deus, então, milagrosamente, rasgou o véu do Templo: "Naquele momento, o véu do santuário rasgou-se em duas partes, de alto a baixo" (Mt 27.51; Mc 15.38; e Lc 23.45).

Foi Deus quem fez realmente isso, pois o véu foi rasgado de alto a baixo! Não foi algo feito pelo homem, mas sim um ato divino. Este foi, de fato, um ato da graça de Deus. A graça é Deus se aproximando do homem, e não o homem se aproximando de Deus. Se Deus não tivesse aberto o caminho partindo o véu de separação através do sacrifício de Jesus na Cruz, então a separação provocada pelo pecado permaneceria para sempre. Quando Deus partiu o véu no Templo, isto simbolizava para toda a nação o que Deus tinha feito através de seu Filho. Alguns dos sacerdotes da ordem de Arão aceitaram o milagre do véu partido (At 6.7), mas a esmagadora maioria o rejeitou.

O véu partido representava o cumprimento e o fim da antiga aliança, da aliança mosaica e de todos os rituais e cerimônias relativos ao sacrifício de animais. O fim da aliança mosaica marcava o início da nova aliança, para a qual todos os rituais da aliança mosaica apontavam, revelando realidades espirituais ocultas nos formalismos e cerimônias (Rm 2.20).

O véu partido significa que o caminho para o Lugar Santíssimo está agora aberto aos homens. Com a queda, o homem perdeu o caminho para Deus. Em Cristo, o caminho é restaurado. O véu não mais permanece como uma separação entre Deus e o homem. A parede de inimizade foi removida de uma vez por todas. Deus nunca mais voltará para a antiga aliança, a qual foi cumprida e abolida em seu Filho. Deus abriu o caminho. Em Cristo, nós temos acesso à presença de Deus, e podemos entrar "além do véu" para contemplar a glória do Senhor e sermos transformados de glória em glória. "Portanto, irmãos, temos plena confiança para entrar no Santo dos Santos pelo sangue de Jesus, por um novo e vivo caminho que ele nos abriu por meio do véu, isto é, do seu corpo. Temos, pois, um grande sacerdote sobre a casa de Deus. Sendo assim, aproximemo-nos de Deus..." (Hb 10.19-22).

Jesus é nosso sumo sacerdote que atravessou o véu e permanece na entrada à nossa espera. Jesus "nos precedeu e entrou em nosso lugar, tornando-se nosso sumo sacerdote para sempre, segundo a ordem de Melquisedeque". (Hb 6.20. Veja também Jo 20.17; At 1.8-11; 1 Jo 2.1). Se Ele nos precedeu, isso indica que iremos segui-lo. Ele é o primeiro da fila. Ele abriu o caminho para chegarmos ao Pai!

No Monte da Transfiguração, a glória Shekinah brilhou através do véu da sua carne (Mateus 17.1-5; Jo 1.14-18).

As verdades relacionadas ao véu podem ser resumidas da seguinte forma:

O trançado do véu: A beleza deste véu representa a encarnação, a beleza e perfeição da vida do Senhor Jesus. Enquanto Ele estava na terra, enquanto o véu da sua carne permanecia na terra, sua perfeição e sua vida sem pecado nos condenavam. Enquanto Ele estava na terra ainda não desfrutávamos do pleno acesso ao Pai.

O véu de separação: O véu como uma divisória representa o grande muro de separação e inimizade entre Deus e o homem em consequência do pecado. O homem não tinha acesso à presença de Deus enquanto a questão do pecado não fosse resolvida. O "caminho" não havia ainda sido aberto para o homem se aproximar de Deus.

O véu partido: Este véu partido simboliza o corpo partido do Filho de Deus no Calvário. O véu precisava se romper. Cristo deveria morrer. Este véu partido aponta para sua carne partida, através da qual o caminho para o Pai foi restaurado. "Eu sou o caminho, a verdade e a vida. Ninguém vem ao Pai, a não ser por mim" (Jo 14.6). No véu partido contemplamos o seu corpo, partido por nós. No trono de misericórdia nós contemplamos o seu sangue, derramado por nós.

Em Cristo nós estaremos ricamente providos quando entrarmos no reino eterno do Nosso Senhor e Salvador Jesus Cristo (2 Pe 1.10-12).

7. Para estudo posterior

O tema do "véu" nas Escrituras é um rico campo de estudo. Aqueles que desejarem aprofundar seus estudos poderão examinar as seguintes passagens:

1. O véu do Tabernáculo (Êx 26.31-35)
2. O véu do Templo (2 Cr 3.14)
3. O véu sobre a face de Moisés (Êx 34.33-35)
4. O véu da carne de Cristo (Hb 10.19,20)
5. O véu da cegueira sobre Israel (2 Co 3.13-16)
6. O véu sobre as nações (Is 25.6-9)

O tempo em que cada véu será removido se aproxima, e nós então poderemos contemplá-lo face a face (Ap 22.4).

8. Para a entrada da tenda faça uma cortina de linho fino trançado e de fios de tecidos azul, roxo e vermelho, obra de bordador... (Êx 26.36)

Na entrada do Lugar Santo havia uma cortina pendurada. Esta cortina era muito semelhante ao véu acima descrito, mas nela faltavam os querubins bordados. Através das Escrituras esta cortina é mencionada de várias formas:

1. Cortina para a entrada da tenda (Êx 26.36)
2. A cortina (Êx 26.37)
3. Cortina para a entrada do Tabernáculo (Êx 36.37)
4. A entrada da Tenda do Encontro (Lv 1.3)

O Lugar Santo media 10 x 10 x 20 = 2.000 côvados cúbicos, remetendo aos 2.000 anos da Era da Igreja (veja o Apêndice). Esta porta era a única entrada para esses 2.000 côvados cúbicos. O Lugar Santo era exclusivamente reservado para o ministério sacerdotal. O Senhor Jesus diz: "Eu sou a porta; quem entra por mim será salvo" (Jo 10.9). O Senhor Jesus é o único caminho para Deus e para a Igreja. A Igreja é o lugar do ministério sacerdotal, pois nós que estamos em Cristo somos feitos reis e sacerdotes para Deus. O crente tem autorização, como rei e sacerdote, de oferecer sacrifícios espirituais, através de um sacerdócio espiritual, numa casa espiritual (1 Pe 2.1-9; Ap 1.6)

A porta, portanto, representa o Senhor Jesus Cristo. Os materiais utilizados já revelam esta verdade (os materiais são os mesmos usados no véu. Veja seção 2 deste mesmo capítulo).

Em Cristo encontramos o equilíbrio perfeito entre as quatro cores aqui mencionadas. Ele era justo (linho fino, branco – 1 Co 1.30), celestial (1 Co 15.47), Rei (Lc 1.30-33) e derramou seu sangue sacrificialmente (Mt 26.28). Os quatro evangelhos apresentam Jesus simbolicamente nessas cores.

9. Faça ganchos de ouro para essa cortina e cinco colunas de madeira de acácia revestidas de ouro (Êx 26.37)

A cortina da porta do Tabernáculo era pendurada em quatro ganchos de ouro, os quais estavam fixados em cinco colunas de madeira de acácia revestidas de ouro. Novamente temos aqui os dois elementos: madeira (humanidade perfeita) e ouro (plena divindade). Esses dois elementos estavam juntos em Cristo, a Palavra (divindade) que se tornou carne (humanidade).

Essa porta deveria ser sustentada por cinco colunas. Cinco é o número da graça de Deus. No Senhor Jesus Cristo nós temos a personificação da graça de Deus, pois "a Lei foi dada por intermédio de Moisés; a graça e a verdade vieram por intermédio de Jesus Cristo" (Jo 1.17). Estas cinco colunas podem ser interpretadas de várias formas. Apresentamos as seguintes:

1. Para os santos do Antigo Testamento, o número cinco certamente remetia aos cinco livros da Lei dados por Moisés, ou Pentateuco.

2. Isaías recebeu uma revelação dos cinco títulos incluídos no Nome glorioso de Cristo. "E se chamará o seu nome: Maravilhoso, Conselheiro, Deus Forte, Pai da Eternidade, Príncipe da Paz" (Is 9.6 – ERC).

3. Para a Igreja do Novo Testamento o número cinco também tem um significado especial, pois foi incumbida de sustentar a verdade do Senhor Jesus assim como anunciar a graça de Deus através dos cinco ministérios que lhe foram concedidos: apóstolo, profeta, pastor, evangelista e mestre (Ef 4.9-16).

4. Cinco é também o número de escritores das epístolas do Novo Testamento: Pedro, Tiago, João, Judas e Paulo. Todos esses foram de fato cinco colunas para a igreja primitiva, sustentando e revelando a verdade sobre o glorioso Filho de Deus de acordo com a graça concedida à Igreja do Novo Testamento (Gl 2.8,9).

Essas cinco colunas da porta do Tabernáculo tinham capitéis (coroas) e ligaduras. Jesus Cristo e seus santos serão coroados com glória e honra (Hb 2.9,10) e estarão unidos pelo plano de redenção.

10. Mande fundir para eles cinco bases de bronze (Êx 26.37)

Diferentemente das armações do Tabernáculo e das colunas que sustentavam o véu, estas cinco colunas da porta eram fixadas em bases de bronze. Como veremos adiante, o bronze era um elemento característico do pátio, pois era ali que o pecado era julgado. O bronze simboliza o juízo contra o pecado e a desobediência.

Por causa da desobediência de Israel, Deus ameaçou tornar os céus como bronze sobre eles (Dt 28.23). No Lugar Santo e no Lugar Santíssimo tudo era revestido de ouro. A porta estava localizada na saída do pátio e na entrada do Lugar Santo, de modo que as bases de bronze e as colunas revestidas de ouro permaneciam juntas.

Tudo isso aponta para Jesus, que foi julgado pelos nossos pecados. Ele marca o fim da dispensação da Lei (bronze) e é a porta para a Igreja e para a presente dispensação do Espírito Santo (ouro). As Escrituras dizem que seus pés são como colunas de bronze (Ap 1.15; 10.1; Dn 10.6).

Da mesma forma, aqueles que eram os pilares da igreja primitiva marcaram o fim da dispensação da antiga aliança, e se tornaram instrumentos para o início da dispensação da nova aliança, na qual judeus e gentios se tornam um só Corpo em Cristo.

11. Para o estudioso

Aqueles que têm interesse em se aprofundar nesse tema através das Escrituras verão que se trata de um estudo recompensador. Todas as portas citadas nas Escrituras são figuras de Cristo, que é a porta. Observe os textos a seguir:

1. O sangue aspergido na porta (Êx 12.22,23)
2. A porta do Tabernáculo (Êx 26.36)
3. A porta do banquete nupcial (Mt 25.10)
4. A porta aberta colocada diante da Igreja (Ap 3.7,8)
5. Jesus Cristo, a porta (Jo 10.8,9)

12. Comparação entre as duas entradas

Apresentamos, a seguir, um quadro comparativo das duas entradas do Tabernáculo com suas respectivas características:

A Porta	O Véu
Chamada "a porta"	Chamado "O véu"
Entrada do Lugar Santo	Entrada do Lugar Santíssimo
Israelitas eram impedidos de entrar	Sacerdotes eram impedidos de entrar
Permitida aos sacerdotes	Acesso permitido apenas ao sumo sacerdote
Tinha cinco colunas de ouro	Tinha cinco colunas de ouro
Tinha cinco bases de bronze	Tinha cinco bases de prata
Tinha quatro cores: azul, roxo, vermelho e branco (o linho fino)	Tinha quatro cores: azul, roxo, vermelho e branco (o linho fino)
Não tinha querubins bordados	Tinha querubins bordados
Coroas e ligaduras	Não são mencionados
Voltada para o lado oriental	Voltado para o lado oriental

Colunas do tabernáculo

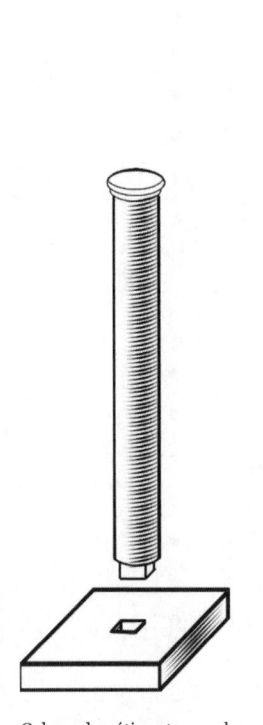

Coluna do pátio externo e base Coluna da porta e base Coluna do véu e base

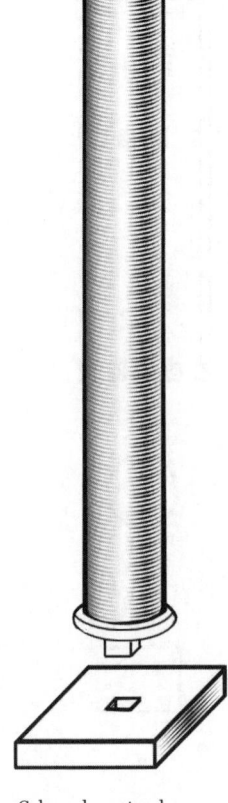

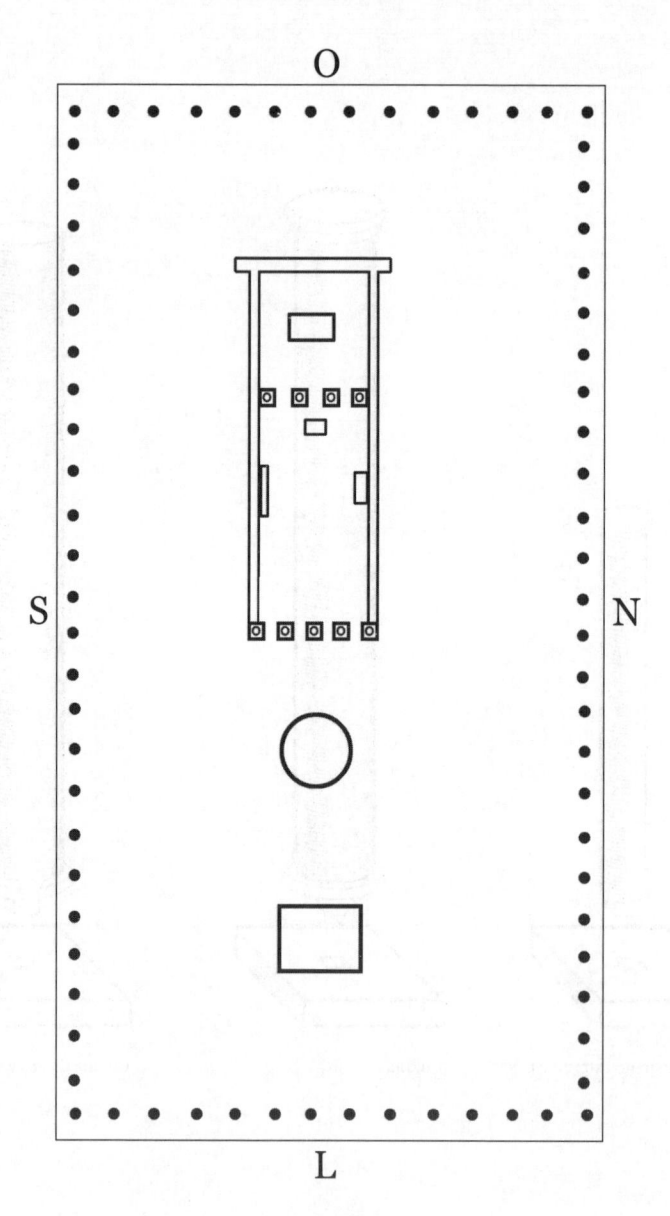

O PÁTIO EXTERNO

O

S   N

L

O PÁTIO EXTERNO

Êx 27.9-19; 38.9-20

1. Faça um pátio para o Tabernáculo (Êx 27.9)

Ao redor do Tabernáculo deveria haver um pátio externo formado por longas cortinas de linho. Quando alguém se aproximava do Tabernáculo a primeira coisa que avistava eram essas cortinas externas. O muro de linho deveria ter cinco côvados de altura e ser apoiado em 60 colunas de bronze com bases de bronze. Essas colunas deveriam ter ligamentos de prata e revestimentos de prata no topo. Este muro de linho deveria cercar todo o pátio externo, que deveria medir 100 côvados por 50 côvados, exceto o lado oriental, onde havia uma porta. Este linho fino funcionava como uma separação entre Deus, no Tabernáculo, e o homem do lado de fora. Assim, a função do pátio era impedir qualquer aproximação ilegal do Tabernáculo de Deus. O pátio era aberto para todos os israelitas que quisessem prestar culto. Ele estava aberto para todos aqueles que tinham sido redimidos. Era uma ampla área ligada ao Tabernáculo. Porém, havia uma maneira apropriada de se aproximar, embora o pátio fosse aberto.

O pátio externo é o lugar onde o homem começa a se aproximar de Deus. Ao olharmos para o plano de redenção a partir do ponto de vista do homem, observamos que o homem começa pelo altar de bronze, no pátio externo, pelo lugar de sacrifício, que trata do pecado. Do altar de bronze ele segue até alcançar o Lugar Santíssimo onde habita a presença de Deus. Este é o caminho da redenção do ponto de vista do homem. O homem somente pode se aproximar de Deus com base na redenção.

Como já vimos, essa aproximação segue o caminho inverso à forma de aproximação de Deus. Quando olhamos para o plano de redenção pela perspectiva divina, começamos pelo Lugar Santíssimo. Deus, que habita em perfeita santidade, sempre começa nele mesmo. A graça de Deus se manifesta no fato de Deus vir do Lugar Santíssimo para encontrar o homem no pátio externo. Esta é a redenção do ponto de vista de Deus. Deus vindo até nós pela graça para buscar o homem perdido.

Na parte oriental do pátio estava a porta do pátio. Esta era a única entrada para o pátio. Todos aqueles que desejassem provar as verdades contidas na mobília do Tabernáculo tinham que se aproximar através dessa mesma porta. Não importava a qual tribo a pessoa pertencia ou quem ela era. Todas as pessoas tinham que passar pelas cortinas de linho fino trançado e pela porta para tomar parte no que Deus estava fazendo no meio deles (Lv 17.8,9; 22.18; Nm 15.14-16). Isso certamente significava morte para um estranho que ousasse se aproximar do Tabernáculo (Nm 1.51; 3.38). As cortinas de linho fino tinham a função de impedir a entrada daqueles que não desejavam entrar através da porta. As cortinas de linho dirigiam ao caminho da entrada, à porta do pátio, todos aqueles que buscavam a Deus.

O pátio, portanto, servia a um duplo propósito. Para os que estavam do lado de fora, ele agia como uma barreira e um muro de separação. As cortinas de linho fino impediam a entrada daqueles que se aproximavam dele, agindo como uma separação entre o mundo exterior e a habitação de Deus ou Santuário. Mas para aquele que verdadeiramente se aproximava do Tabernáculo, essas cortinas apontavam para a porta, o caminho de aproximação pelo qual ele poderia entrar pela fé. A entrada no Tabernáculo era absolutamente limitada aos redimidos de Israel e àqueles que vinham a Deus através da fé na sua Palavra.

Do lado de dentro, contudo, as cortinas agiam como uma cerca ou escudo contra o mundo exterior. Para todos aqueles que estavam do lado de dentro, ali seria o lugar de proteção e segurança. Uma vez lá dentro, o linho significava: "Fique aqui!". Este, de fato, era o lugar onde a pessoa podia se encontrar com o Deus Vivo. Assim, o pátio, tanto excluía como acolhia as pessoas!

O pátio externo é mencionado muitas vezes ao longo das Escrituras, tanto direta quanto indiretamente. A seguir, apresentamos algumas referências encontradas nos salmos sobre o pátio do Tabernáculo de Moisés ou átrios do Templo de Salomão:

> "Como são felizes aqueles que escolhes e trazes a ti, para viverem nos teus átrios!" (Sl 65.4)
> "... e entrem nos seus átrios..." (Sl 96.8)
> "plantados na casa do Senhor, florescerão nos átrios do nosso Deus" (Sl 92.13)
> "A minha alma anela, e até desfalece, pelos átrios do Senhor... Melhor é um dia nos teus átrios do que mil noutro lugar" (Sl 84.2.10)
> "Entrem por suas portas com ações de graças, e em seus átrios, com louvor" (Sl 100.4)

Israel entrava e permanecia nos átrios do Senhor. Eles deveriam entrar com louvor e ações de graça pela porta. Este é o modo apropriado, a forma que Deus havia ordenado ao seu povo para vir diante dele. Louvor e adoração não são somente agradáveis ao Senhor como ajudam a purificar o adorador. É importante que compareçamos diante do Senhor com mãos limpas e coração puro. Isaías menciona aqueles que louvarão ao Senhor nos pátios do seu santuário (Is 62.9). Posteriormente ele interpretará o significado do muro de linho e das portas ao dizer: "Os seus muros você chamará salvação, e as suas portas, louvor".

Nota: No livro de Apocalipse encontramos a indicação de que o pátio externo não será medido, mas pisado pelos gentios (Ap 11.1-3). Deus deseja que seu povo seja medido de acordo com o seu padrão.

2. ... cortinas externas de linho fino trançado... (Êx 27.9)

Vimos que as paredes eram constituídas por cortinas externas de linho fino, e que esse linho refere-se à justiça e santidade (Lv 11.43-45). Quando alguém se aproximava do Tabernáculo, a única coisa que podia ver era esta cortina branca. Que contraste com as cortinas escuras de pelo de cabra! O linho branco representa, acima de tudo, a justiça perfeita de Cristo (Jr 33.15; 1 Tm 2.5; 1 Jo 4.17; 1 Co 1.30). Cristo é o renovo justo, a justiça de Deus. O linho fino representa a pureza sem mácula de Cristo, sua humanidade justa e sem pecado. Ele é a única pessoa justa de toda a raça humana, pois é "justiça, santidade e redenção". Diante dos fariseus, do Sinédrio, de Pilatos e de Herodes, e pendurado na cruz, diante do centurião, todos declararam que Jesus era um homem justo, e que não tinham de que o acusar.

Esta é a primeira coisa que o homem não regenerado que se aproxima de Deus precisa notar. Ele precisa enfrentar o linho puro da cortina. O mundo inteiro (o campo) precisa ver Jesus tal como Ele realmente é agora diante de Deus. Se alguém deseja se aproximar de Deus, deve primeiramente defrontar-se com a absoluta santidade de Deus. Diante da visão de Cristo exaltado, assentado à direita de Deus, como o Filho de Deus em perfeita santidade, não podemos fazer nada além de nos prostrarmos aos seus pés.

Deus está interessado num povo, um povo santo, separado, pois Ele quer uma Igreja que participe de sua santidade. A justiça de Cristo deve tornar-se a justiça da Igreja. Deus não está interessado em nossas obras carnais de justiça, pois elas são "como trapo imundo" (Is 64.6). Deus não está interessado na justiça que provém da Lei, pois se trata de justiça própria (Rm 10.1-6; Fp 3.7-9). Deus está procurando um povo que é mantido pela fé na justiça de Cristo. É a justiça de Cristo que Deus aceita, e quando nos revestimos de Cristo nos tornamos justos. Aqueles que se revestiram de Cristo constituem o seu corpo, a sua Igreja. São estes os santos aos quais as Escrituras se referem quanto à justificação (Ap 19.7-9; e 2 Co 5.17-21; Hb 2.11; Sl

132.9,16,17 e Rm 8.4). É a este corpo que a justiça de Cristo é imputada e que está enfeitado com joias como uma noiva (1 Co 1.30; Is 61.10). "O Senhor é a nossa justiça" (Jr 23.6; Ap 3.4).

3. O pátio terá quarenta e cinco metros [cem côvados] de comprimento e vinte e dois metros e meio [cinquenta côvados] de largura, com cortinas de linho fino trançado... (Êx 27.18; veja também os versículos 9,11,12,13)

As medidas da área do pátio externo do Tabernáculo deveriam ser 100 x 50 côvados. Isso significa que o perímetro do pátio correspondia a 300 côvados. O linho fino que formava o muro de separação tinha cinco côvados de altura [dois metros e vinte e cinco centímetros]. Assim, a área delimitada pelo linho das cortinas externas era de 1.500 côvados quadrados (5 x 300).

O número 1.500 tem um sentido profético do período de tempo aproximado da dispensação da Lei. A Lei foi dada a Moisés e, entre Moisés e Cristo há cerca de 1.500 anos. Estes 1.500 anos representam a dispensação da Aliança da Lei. O pátio externo refere-se então a esta dispensação da Lei e tudo que ela envolve. Aquele que deseja se aproximar do Tabernáculo deve passar antes pelo pátio externo (1.500 anos), que representa a Palavra que se fez carne (Jo 1.14-18).

Quando olhamos para o pátio externo por essa perspectiva, vemos algumas importantes verdades. A primeira é que todos os sacerdotes tinham que passar pelo pátio externo antes de poder entrar no Santuário. Se o pátio externo se refere à Lei, então ele retrata a verdade de que "a Lei foi o nosso tutor até Cristo" (Gl 3.24).

Uma segunda verdade contida neste trecho é que todos os sacrifícios de sangue aconteciam no pátio externo. Não havia sacrifício de animais ou oblações nem no Lugar Santo nem no Lugar Santíssimo. Isso é um sinal profético de que todos os sacrifícios de sangue aconteceram durante a dispensação da Lei. Quando Cristo morreu na cruz, Ele aboliu todos os sacrifícios de animais e oblações. O sangue de Cristo, o perfeito Cordeiro de Deus, foi levado ao Santuário celestial. O perfeito sacrifício de Cristo, feito "uma vez por todas" no Calvário, encerrou os 1.500 anos da dispensação da Lei e da aliança mosaica. Desta forma, Deus nunca voltará atrás naquilo que Ele cumpriu e aboliu através da cruz do Calvário. Ele agora tem o corpo e o sangue de seu Filho Unigênito, para o qual todos os sacrifícios do Antigo Testamento apontavam.

Em relação às medidas da cortina, podemos perceber os seguintes significados:

Cem: Essa medida é representativa do fato de Jesus ter se submetido 100% à vontade do Pai.

Cinquenta: Cinquenta é o número do Pentecostes, da libertação e da liberdade, que só podemos encontrar na obra consumada de Cristo.

Cinco: A altura da cortina nos remete à graça de Deus. Nosso Senhor Jesus Cristo é a personificação da graça de Deus (Jo 1.17). Somente Ele é capaz de conduzir o crente a um total compromisso com a vontade de Deus. Somente Ele nos dá liberdade através de sua graça.

4. Faça um pátio para o tabernáculo. O lado sul terá quarenta e cinco metros de comprimento [cem côvados] e cortinas externas de linho fino trançado, com vinte colunas e vinte bases de bronze, com ganchos e ligaduras de prata nas colunas. O lado norte também terá quarenta e cinco metros de comprimento [cem côvados] e cortinas externas, com vinte colunas e vinte bases de bronze, com ganchos e ligaduras de prata nas colunas. O lado ocidental, com as suas cortinas externas, terá vinte e dois metros e meio de largura [cinquenta côvados], com dez colunas e dez bases. O lado oriental, que dá para o nascente, também terá vinte e dois metros e meio [cinquenta côvados] de largura. Haverá cortinas de seis metros e setenta e cinco centímetros [quinze côvados]

de comprimento num dos lados da entrada, com três colunas e três bases, e cortinas externas de seis metros e setenta e cinco centímetros [quinze côvados] de comprimento no outro lado, também com três colunas e três bases (Êx 27.9-15)

Incluindo as colunas da entrada do pátio, havia um total de 60 colunas sustentando as cortinas de linho fino, assim distribuídas:

Colunas do lado norte: 20
Colunas do lado sul: 20
Colunas do lado ocidental: 10
Colunas do lado oriental: 10
Colunas no total: 60

Não há nenhuma indicação quanto ao material de que eram feitas estas colunas. Alguns sugerem que elas seriam de madeira de acácia, outros sugerem que seriam de bronze, enquanto outros ainda sugerem que muito provavelmente elas seriam de madeira de acácia revestida de bronze. Seja como for, sabemos que as bases dessas colunas eram de bronze. Há algumas dúvidas sobre a disposição das colunas ao redor do pátio. Provavelmente seriam duas colunas em cada canto do pátio. Sendo assim haveria vinte colunas de cada lado e mais dez colunas em cada extremidade. Outros sugerem que haveria apenas uma coluna em cada canto e nesse caso, as cortinas de linho penduradas nas colunas deveriam medir 5 x 5 côvados, as mesmas medidas do altar de bronze no pátio, como veremos mais adiante.

Colunas representam estabilidade, retidão e unidade na obra de Deus. O oposto disso seria a instabilidade nas coisas do Senhor. Tal como os cristãos do Novo Testamento, devemos ser colunas do edifício de Deus. A coluna, portanto, refere-se aos crentes fiéis através de toda a história. Assim como as colunas do Tabernáculo deveriam permanecer firmes para sustentar as cortinas de linho fino branco e impedir que fossem manchadas pela sujeira da terra, assim os crentes em Cristo devem se manter firmes para sustentar a justiça de Deus e de Cristo de forma que o mundo inteiro possa ver. Os crentes devem permanecer firmes como colunas, sustentando os padrões de Deus e não permitindo que sejam corrompidos com a sujeira deste mundo (Sl 33.1; 71.19).

As Escrituras veem as colunas das seguintes formas:

1. O Senhor Jesus é descrito como tendo pernas como colunas de mármore (Ct 5.15)
2. O profeta Jeremias deveria ser uma coluna de ferro e um muro de bronze (Jr 1.18)
3. Pedro, Tiago e João eram tidos como colunas da igreja primitiva (Gl 2.9)
4. A Igreja é... coluna e fundamento da verdade (1 Tm 3.15)
5. O vencedor é comparado a uma coluna no templo de Deus (Ap 3.12)

No pátio havia 60 dessas colunas. Com relação a este número, é importante notar que na genealogia de Cristo (compare Mt 1.1-16 e Lc 3.23-38), ao longo da linhagem de José, podemos contar 60 homens desde Adão até Jesus. (Nota: em relação à linhagem de Maria, foram contados 75 ou 76 nomes).

Todos os nomes citados são de homens da aliança e a justificação pela fé pode ser vista em suas vidas. Eles passaram sob a vara do Pastor e foram marcados pela santidade do Senhor. "...Um de cada dez animais que passem debaixo da vara do pastor, será consagrado ao SENHOR" (Lv 27.32). Assim como as colunas que sustentavam as cortinas de linho fino não eram visíveis para aqueles que permaneciam fora do Tabernáculo, esses homens, verdadeiros pilares da fé, sustentaram a justiça de Deus em suas vidas com uma atitude de humildade.

Esses 60 homens eram verdadeiramente homens de visão. Eles eram as "colunas do pátio", o que nos leva à "dispensação do bronze". Eles viveram na época em que o sacrifício de animais era usado para a justificação do pecado, contudo eles olhavam mais adiante, esperando a vinda do seu Messias. Eles eram colunas de fato. Assim como o linho indicava o caminho da porta para as pessoas que se aproximavam do Tabernáculo, também esses homens nos levaram até o Messias, a Palavra que se fez carne, o verdadeiro Tabernáculo.

Com relação às 60 colunas, aqueles que desejarem se aprofundar na pesquisa desse tema certamente irão se interessar pelas referências adicionais a seguir:

    1. No Templo de Salomão havia duas grandes colunas que receberam os nomes de "Jaquim" e "Boaz". Jaquim significa "Ele estabelecerá" e Boaz "nele há força" (2 Cr 4.12,13; 1 Rs 7.15-22).
    2. Salomão aparece escoltado por 60 guerreiros, comparados a uma coluna de fumaça (Ct 3.6,7).

5. Todas as colunas ao redor do pátio terão ligaduras [de prata] (Êx 27.17)

As 60 colunas deveriam ser unidas por ligaduras ou hastes de prata. Estas ligaduras tinham a função de dar estabilidade ao conjunto e conservar as colunas alinhadas, impedindo-as de penderem para a direita ou para a esquerda. A prata que havia sobrado da confecção das bases em todo o Tabernáculo foi empregada para fazer os ligamentos, os ganchos e para revestir os capitéis das colunas (parte superior). A quantidade de prata obtida com o preço do resgate dos primogênitos e com o dinheiro da propiciação correspondia a 1.775 siclos de prata (três toneladas e meia; Êx 30.16 e 38.25-28).

Como vimos, a prata é representativa da redenção e está relacionada ao preço da expiação ou de uma alma. Todo o Israel tinha que pagar seis gramas (1/2 siclo) de prata como resgate por sua alma. José foi vendido por prata (Gn 37.28). O preço de um escravo era avaliado em prata (Êx 21.32).Todas essas figuras apontam para aquele que nos resgatou. Todas apontam para aquele que foi vendido por 30 moedas de prata para prover nossa remissão dos pecados (Mt 27.1-5,9 e Zc 11.12,13). "... Não foi por meio de coisas perecíveis como prata ou ouro que vocês foram redimidos... mas pelo precioso sangue de Cristo, como de um cordeiro sem mancha e sem defeito" (1 Pe 1.18,19).

Portanto, os ligamentos de prata referem-se ao fato de que todos os crentes (colunas), apesar de se manterem individualmente nas bases de bronze, estão ligados pelo sangue expiatório e redentor de Jesus Cristo (ligamentos de prata). Os ligamentos de prata representam a mesma verdade encontrada no "cordão vermelho" citado em outras passagens das escrituras. O "cordão vermelho" também aponta para o fato de que é o sangue de Jesus que une todos os crentes de todas as épocas (Js 2.18).

Com relação aos 60 homens citados na genealogia de Cristo, o que os unia era a fé no sangue, conforme revelado por Deus em sua aliança com eles. Os homens que viveram durante a dispensação do Bronze estavam todos sob a aliança com Deus. E enquanto eles permaneceram num relacionamento de aliança diante de Deus, eles foram unidos pelo mesmo laço. Todos tiveram seus pecados justificados através da morte substitutiva de Jesus. Eles foram justificados pela fé, apoiando-se na justiça de Deus (cortinas de linho). Todos foram homens redimidos pelo sangue da propiciação. São esses homens que fazem parte da notável genealogia do Messias.

O número 60 combina o significado do número do homem (6) ao número da Lei (10).

6. ... terão... ganchos de prata (Êx 27.17)

Na parte de cima das 60 colunas deveria haver ganchos de prata sobre os quais as cortinas de linho fino seriam penduradas. Esses ganchos deveriam sustentar as cortinas e mantê-las afastadas do chão e da corrupção da terra. Da mesma forma, os crentes devem sustentar o padrão de justiça de Deus aqui na terra. Eles devem conservar a mesma justiça que Cristo manifestou em sua caminhada na terra. Esta é a justiça atribuída aos santos e manifestada em suas vidas. Essa justiça deve ser confirmada pelo modo como vivemos, e é extremamente necessária para dar testemunho da santidade de Deus (linho fino) a esta geração. Esta é a "justiça que vem pela fé" de que Paulo fala no capítulo 4 de Romanos.

7. ... e o topo das colunas também eram revestidos de prata... (Êx 38.17)

O topo das colunas deveria ser revestido de prata. Este topo era o "capitel" ou parte superior da coluna, uma espécie de coroa no alto da coluna, apontando para o fato de que os santos são coroados de glória no plano da redenção. Os santos devem usar o capacete da salvação (Ef 6.17).

Jesus foi coroado com uma coroa de espinhos por aqueles a quem Ele veio redimir (Mc 15.17). Os espinhos representam o produto de uma terra amaldiçoada. Jesus, desejando remover esta maldição, tornou-se maldição em nosso lugar. Ao humilhar-se a si mesmo, tornando-se obediente até a morte, Jesus foi exaltado à mais alta posição (Fp 2.9) e coroado com glória e honra (Hb 2.7-9). Ao ser coroado, Cristo conquistou para nós uma coroa de ouro. Em Cristo, os santos do Antigo Testamento tiveram sua coroa de alegria também, pois compartilharam do fruto do sacrifício de Cristo. A arca, a mesa, o altar do incenso, todos tinham coroas de ouro. As colunas do Tabernáculo eram coroadas de prata.

As Escrituras mencionam várias coroas, entre elas:

A coroa da vida (Tg 1.12; Ap 2.10; 3.11)
A coroa do ganhador de almas (Fp 4.1)
A coroa de alegria (1 Ts 2.19)
A coroa da justiça (2 Tm 4.8)
A coroa de glória (1 Pe 5.4)
Nota: para estudo posterior, analise os seguintes versículos: Ap 4.4,10; 12.1 e 14.14.

8. ... e bases de bronze (Êx 27.17)

Estas 60 colunas deveriam ser fixadas em bases de bronze. Como veremos mais adiante, o bronze era o metal que mais se destacava no pátio. Essas colunas eram fixadas em bases de bronze, as bases da porta deveriam ser de bronze, as estacas do pátio eram de bronze. O bronze deveria ser trazido ao Senhor como oferta voluntária (Êx 25.3; 35.5,16). Por ser usado no pátio, o bronze era o primeiro metal que os israelitas viam quando se aproximavam do tabernáculo.

Como já vimos, o bronze simboliza a autoridade e o juízo contra o pecado e a desobediência (Dt 28.15-23; Lv 26.19). Para os israelitas, esta era a primeira verdade com a qual eles deveriam lidar, isto é, o fato de que o pecado deve ser julgado.

O bronze é também associado ao Espírito Santo, que é um Espírito de julgamento e Espírito de fogo (Is 4.4). É ministério do Espírito Santo convencer os homens do pecado, da justiça e do juízo (Jo 16.8-11).

As bases de bronze das colunas estão relacionadas aos pés. Cristo é caracterizado no livro de Ezequiel como um homem cuja aparência era como de bronze (40.3). Cristo é também descrito como tendo pés de bronze (Dn 10.6; Ap 1.15; 2.18 e 10.1), pois Ele vai julgar o pecado de seu povo, a Igreja.

Enquanto a Igreja permanece "em Cristo", ela também tem pés de bronze. A Igreja é chamada de Sião, e irá receber cascos (pés ou bases) de bronze (Mq 4.12,13). A Igreja deve ser um lugar de juízo. Sem dúvida, o juízo começa na casa de Deus (1 Pe 4.17).

9. Todos os utensílios para o serviço do tabernáculo, inclusive todas as estacas da tenda e as do pátio, serão feitos de bronze (Êx 27.19)

Finalmente, vemos que havia estacas de bronze e cordas para as cortinas do Tabernáculo, assim como para as colunas e cortinas do pátio (Êx 35.18; 38.20,31). Essas estacas e cordas eram também usadas na porta do pátio (Êx 39.40; Nm 3.26,37; 4.26,32).

As cordas provavelmente eram feitas de linho trançado grosso. Sua função era proporcionar estabilidade às colunas, ajudando a mantê-las firmes em seus lugares mesmo durante as tempestades do deserto. Com relação ao Senhor Jesus Cristo, a corda nos fala de sua graça e de seu amor. Em Oséias 11.4 está escrito que quando Israel era criança, Deus o conduziu "com laços [cordas] de bondade humana e de amor". Assim, as cordas nos falam do amor e da graça de Deus que mantêm o crente firme.

As estacas eram semelhantes às estacas da tenda. Esta palavra no hebraico pode também ser traduzida por "prego" (Jz 4.21,22; 5.26 – KJV). Em textos proféticos das Escrituras, Jesus é comparado a uma "estaca": "Eu o fincarei como uma estaca em terreno firme; ele será para o reino de seu pai um trono de glória" (Is 22.23). "Dele [Judá] virão a pedra fundamental, e a estaca da tenda... (Zc 10.3,4). Jesus foi pregado na cruz.

As cordas e as estacas, portanto, se relacionam diretamente com o Senhor Jesus Cristo que foi pregado (fincado com estacas) na cruz por nós para tornar-se aquele que nos mantém (prega, fixa) no lugar certo. Sua graça, seu amor e sua segurança nos sustentam e nos mantêm de pé (colunas). Sua Graça e seu amor nos dão força, firmeza e retidão em meio as tempestades da vida. Sua graça e seu amor capacitam o crente a testemunhar sobre a justiça de Deus em Cristo.

Assim como as cordas e estacas falam a respeito de Cristo, também se aplicam à Igreja, particularmente da expansão da Igreja como habitação de Deus. O Senhor diz à sua Igreja: "Alargue o lugar de sua tenda, estenda bem as cortinas de sua tenda, não o impeça; estique suas cordas, firme suas estacas. Pois você se estenderá para a direita e para a esquerda; seus descendentes desapossarão nações e se instalarão em suas cidades abandonadas" (Is 54.1-3. Veja também Is 33.20-22 e Jr 10.20). A Igreja é instruída a alargar suas fronteiras para receber os gentios. Como podemos ter certeza que esse texto se refere à Igreja? Porque Paulo, sob inspiração do Espírito Santo, aplica Isaías 54.1 à Igreja do Novo Testamento (Gl 4.27).

O Tabernáculo de Moisés estava relacionado a uma nação. Suas medidas eram somente para aquela nação. No Tabernáculo de Davi há uma ampliação, no sentido de que todas as nações venham a ser abençoadas através de Jesus Cristo. A Igreja do Novo Testamento é o Tabernáculo no qual todas as nações encontram lugar.

10. Resumo do pátio externo

A seguir, apresentamos um resumo dos pontos principais relacionados ao pátio:

1. O linho fino aponta para o padrão de justiça de Deus, que todos precisam enfrentar antes de se aproximar dele.

2. As 60 colunas com bases de bronze representam os 60 homens justificados pela fé que fazem parte da notável genealogia do Messias; ou os crentes em Cristo que se firmam (manifestam) na justiça de Deus.

3. As bases de bronze indicam que o juízo contra o pecado foi consumado.

4. As ligaduras de prata, os ganchos e os topos ligam, sustentam e coroam as 60 colunas com o plano de redenção.

5. As medidas das cortinas de linho ao redor do pátio totalizavam 1.500 côvados quadrados, apontando para a Dispensação da Lei, o período de 1.500 anos de Moisés até Cristo.

6. Havia apenas uma entrada para o pátio. Há apenas um caminho que leva o homem a Deus.

A ENTRADA DO PÁTIO

Êx 27.16; 38.18,19

1. Considerações gerais

A entrada do pátio recebe pelo menos três diferentes títulos ao longo das Escrituras, entre eles: entrada (Êx 27.16), cortina para a porta do pátio (Nm 3.26 – KJV) e porta do pátio (Nm 3.26 – ERA).

Essa entrada assinalava a via de acesso ao Tabernáculo. Ao redor do Tabernáculo havia um muro alto de linho fino. Qualquer pessoa que se aproximasse do Tabernáculo por outro lugar que não fosse a entrada, encontraria aquela parede de linho. Essas cortinas externas de linho funcionavam como um aviso de "Entrada Proibida", mas se alguém acompanhasse as cortinas acabaria chegando à entrada. A mensagem sugerida pela entrada era bastante diferente. Ela dizia que o homem podia entrar, mas somente à maneira de Deus. Aquela entrada era a única maneira de chegar ao pátio. Todos tinham que passar por ela. Todo o povo de Israel, de qualquer tribo, e todos os estrangeiros em Israel, vindos dos quatro cantos do acampamento, distantes ou próximos, tinham que vir da mesma forma (Ef 2.11-18).

Qualquer pessoa que tentasse entrar no Tabernáculo de outra forma, seja escalando o muro ou passando por baixo das cortinas, seria visto como um ladrão ou assaltante. Deus colocou somente uma entrada no Tabernáculo, pois há somente um caminho para o homem se aproximar de Deus, e este passa pela entrada (leia Jo 10.1-10). Podemos notar quatro coisas sobre esta entrada:

1. Era a única entrada para o pátio. Jesus disse: "Eu sou o caminho, a verdade e a vida. Ninguém vem ao Pai, a não ser por mim" (Jo 14.6). Assim como só havia uma entrada, há somente um Salvador, um mediador entre Deus e os homens. "Debaixo do céu não há nenhum outro nome dado aos homens pelo qual devamos ser salvos" (At 4.12).

2. Era uma entrada larga. Essa entrada era larga o suficiente para permitir a entrada de qualquer pessoa que quisesse entrar. Deus deseja "que todos os homens sejam salvos e cheguem ao conhecimento da verdade" (1 Tm 2.4).

3. Era uma entrada bonita. Ela era bordada com várias cores, de modo que aqueles que buscavam algo belo em meio ao deserto seriam atraídos por ela.

4. Era uma entrada inconfundível. Ninguém poderia errar confundindo-a com o resto do muro. As cores da entrada do pátio a distinguiam claramente, de modo que todos a viam, diferenciando-a do muro de cortinas de linho branco do pátio externo. Não havia como confundir esta única entrada. Jesus Cristo se distinguia dos demais homens pelo que Ele era, pelo que fez e pelo que disse. Ele permanece como o único justo. Só Jesus foi o único homem sem pecado, o redentor cuja justiça faz parte de sua própria natureza e essência. Não houve nenhum justo antes dele nem haverá depois! Ele se tornou para nós justiça, santidade e redenção (1 Co 1.30; Jr 23.5 e 33.15).

2. Na entrada do pátio havia uma cortina de linho fino trançado e de fios de tecidos azul, roxo e vermelho, obra de bordador (Êx 38.18)

Aqui foram usados os mesmos materiais utilizados na construção da porta do Santuário e do segundo véu (veja o capítulo sobre as entradas do Tabernáculo). Iremos simplesmente mencionar os conceitos principais relacionados a cada tipo de material:

Linho fino trançado – Refere-se a Cristo como o justo retratado no Evangelho de Lucas

Bordados azuis – Apontam para Cristo como "aquele que desceu do céu" do Evangelho de João

Bordados roxos – Representam Cristo como Rei, a respeito de quem Mateus testificou

Bordados vermelhos – Descrevem Cristo como o Cordeiro que derramou seu sangue, que é o tema central do Evangelho de Marcos

O linho fino era trançado com essas três cores. Isso nos revela o fato de que a vida de Cristo foi envolvida, entrelaçada e permeada pelo Espírito de Deus. Cristo foi o perfeito exemplo para nós da natureza, caráter, atitudes, dons, talentos e virtudes da eterna divindade, pois nele habita corporalmente a plenitude da divindade (Cl 1.19; 2.9 e Jo 3.34). Sua vida estava totalmente comprometida e envolvida com a obra do Espírito Santo.

3. Tinha nove metros de comprimento [vinte côvados], e à semelhança das cortinas do pátio, tinha dois metros e vinte e cinco centímetros de altura [cinco côvados] (Êx 38.18)
A entrada do pátio deveria ter 5 côvados de altura e 20 de comprimento, isto é, deveria ser ampla o suficiente para permitir a entrada de todos os que cressem. Esta entrada tinha 100 côvados quadrados, o que pode ser interpretado isoladamente como um total (100%) compromisso com Deus. Mas quando observamos as medidas dessa entrada em relação a outras entradas do Tabernáculo, temos uma outra ideia. Veja a seguir:

A entrada do pátio tinha	100 côvados quadrados (5 x 20)
A porta do Tabernáculo tinha	100 côvados quadrados (10 x 10)
O segundo véu tinha	100 côvados quadrados (10 x 10)
O que nos dá um total de	300 côvados quadrados nas áreas de entrada

O número 300 é representativo de várias coisas, mas basicamente é o número do remanescente fiel. Em cada geração, Deus tem preservado um grupo de pessoas que se rendeu 100% à vontade do Senhor. O exército de Gideão é um exemplo desse grupo de pessoas que não desistia de participar das ações de Deus, sem se importar com o custo. Gideão tinha 300 homens fiéis que organizou em três grupos de 100 (Jz 7.6). Enoque é outro exemplo de homem fiel em meio a uma geração perversa. A Bíblia narra que Enoque caminhou com Deus, e após gerar Matusalém viveu mais 300 anos, e então foi transportado para a glória de Deus (Gn 5.21-24).

Temos então três entradas totalizando 300 côvados quadrados. Os 100 côvados quadrados da entrada do pátio conduziam o sacerdote aos 100 côvados da porta do Santuário. Os 100 côvados quadrados da porta do Santuário conduziam aos 100 côvados quadrados do véu e à presença da glória de Deus.

Podemos parar antes de alcançarmos a plenitude desses 300 côvados. Alguns atingem 30%, outros 60%, mas Deus quer 100% (Mt 13.23). O Senhor Jesus quer 100% de compromisso nosso com Ele, em todas as ocasiões. Quer nos provar em cada peça da mobília à medida que nos aproximamos da plenitude da sua glória.

4. ... com quatro colunas e quatro bases de bronze. Seus ganchos e ligaduras eram de prata, e o topo das colunas também era revestido de prata (Êx 38.19)

A entrada do pátio era sustentada por quatro colunas com bases de bronze. Essas colunas faziam parte das 60 colunas que completavam todo o pátio externo e simbolizavam a disponibilidade da entrada para todos que desejassem. Qualquer pessoa podia vir até a entrada, mas devia vir pelo caminho da entrada. O número quatro nos fala dos quatro evangelhos: Mateus, Marcos, Lucas e João.

Estes quatro livros da Bíblia apresentam como podemos nos aproximar de Deus através de Cristo. Estes quatro Evangelhos são representados nas quatro cores da entrada do pátio e apresentam Cristo como a entrada. Tratam da jornada de Cristo aqui na terra. Não podemos ter acesso à Igreja do Novo Testamento (Santuário) sem antes passar pelas quatro colunas, a entrada que aponta para o Senhor Jesus Cristo. As quatro colunas vistas em relação ao total de 60 colunas, podem também significar o fato de que na genealogia de Cristo, conforme encontramos em Mateus e Lucas, havia quatro mulheres, mencionadas juntamente com seus maridos (Mt 1.3,5,6). Tamar, Raabe, Rute e Batseba, todas elas estão incluídas na genealogia. Vemos aqui uma mistura de hebreus e gentios, onde todos se tornam parte da raça eleita através da graça divina.

Todas as três entradas tinham colunas. A entrada do pátio tinha quatro colunas (Êx 27.16). A porta do Tabernáculo tinha cinco colunas revestidas de ouro (Êx 26.36,37). O véu também tinha quatro colunas revestidas de ouro (Êx 26.31-33). Estas três entradas juntas tipificam o Senhor Jesus Cristo, que disse: Eu sou...

1. *O Caminho*: A entrada do pátio é considerada o único caminho para entrar no Tabernáculo. Ela estava aberta a todos os israelitas. A cortina da entrada ocultava a mobília do pátio.

2. *A Verdade*: Representada pela porta do Tabernáculo. A porta ocultava a mobília do Lugar Santo. Estava aberta para todos os sacerdotes ministrarem.

3. *A Vida*: Representada pelo segundo véu, que ocultava a única peça da mobília do Lugar Santíssimo. Ela estava aberta somente para o sumo sacerdote (Jo 14.1,6 e Hb 7.25,26).

Note estes versículos relacionados à "entrar na Presença do Senhor" e leia também Is 60.11,18; Gn 28.17; Ap 21.21, 25; 22.14:

"Abram as portas da justiça ... Esta é a porta do Senhor" (Sl 118.19,20)
"Abram as portas para que entre a nação justa, a nação que se mantém fiel" (Is 26.1-4)
"Entrem por suas portas com ações de graças, e em seus átrios, com louvor..." (Sl 100.4)
"Ele (Deus) ama as portas de Sião..." (Sl 87.2; 122.2; 24.7)

O ALTAR DE BRONZE

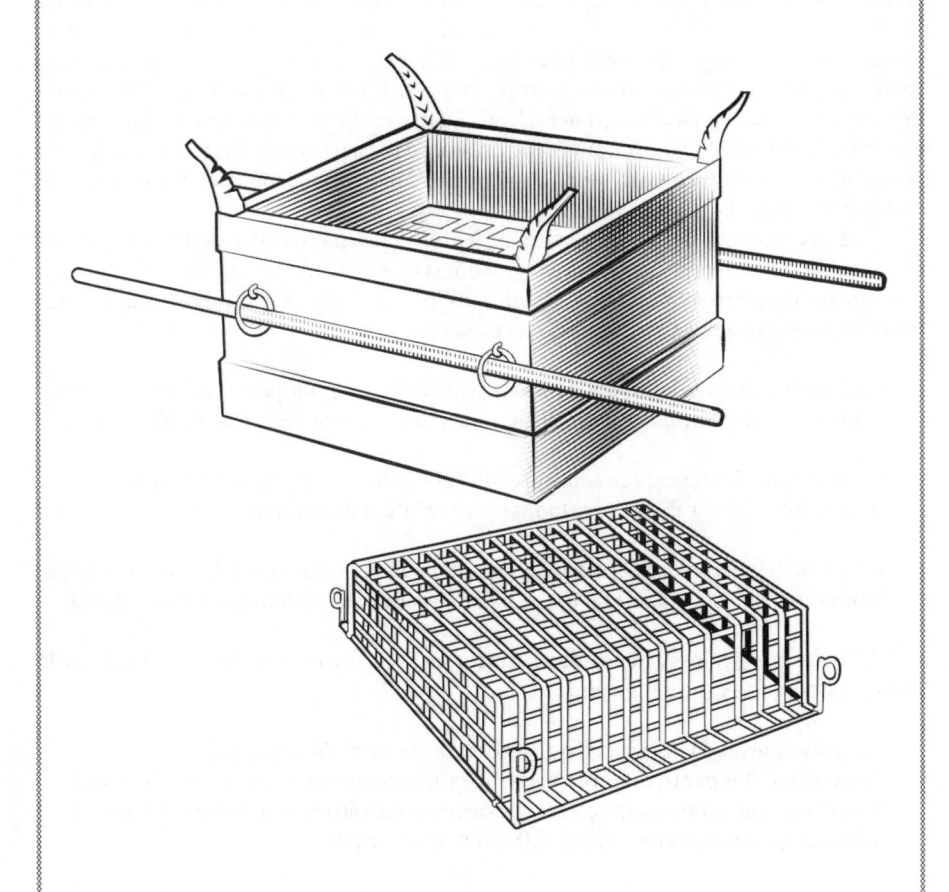

Possível relação entre a grelha de bronze e o altar

O ALTAR DE BRONZE

Êx 27.1-8; 30.28,29; 38.1-7; Lv 6.10-14; 8.10,11; 16.18,19; Nm 3.30,31; 16.36-40; 19

1. Considerações gerais

O altar de bronze não é de forma alguma o primeiro altar mencionado nas Escrituras. De fato, através de todo Antigo Testamento há uma revelação gradual do altar. Muitos dos primeiros heróis da fé foram homens de sacrifício. Podemos constatar isso nos exemplos a seguir:

1. Há evidências implícitas da existência de um altar no primeiro sacrifício pelo pecado do homem feito pelo próprio Deus no Jardim do Éden (Gn 3.21-24)
2. Há um altar também implícito na oferta de Abel à entrada do Éden (Gn 4.1-4 e Hb 11.4)
3. Noé edificou um altar ao Senhor. Esta é a primeira vez que a palavra "altar" é usada especificamente (Gn 8.20)
4. Abraão edificou um altar para selar a aliança que Deus fizera com ele (Gn 12.7)
5. Isaque também edificou um altar para marcar a renovação da aliança em sua época (Gn 26.25)
6. Jacó também edificou um altar sob as ordens do Senhor (Gn 35.1)

A revelação de Deus é sempre gradual. Todos esses altares acrescentaram algo na revelação e são precursores daquilo que viria através do altar de bronze.

Deus permitiu que fossem construídos altares para sua honra. Contudo, vemos nas Escrituras que Ele instruía como o altar deveria ser feito. Em Êx 20.24-26, lemos o seguinte:

Deus permitiu que os filhos de Israel edificassem um altar de terra. Ali Ele celebraria a memória de seu nome. Talvez esse fosse o tipo de altar encontrado nos primeiros dois casos citados acima (veja também 2 Rs 5.17). Deus permitiu que eles edificassem um altar de pedra não lavrada. Essa pedra não poderia ser tocada por nenhuma ferramenta para não profanar o altar (veja 2 Rs 18.31).

Em Êxodo 17.1 lemos que Deus ordenou um altar de Bronze. Os altares de Deus não tinham degraus (Êx 20.26) e este não era exceção.

Alguns sugerem que haveria uma rampa para subir ao altar, porque o uso de degraus era proibido. Deus proibiu o uso de degraus porque não queria que a carne fosse vista quando o sacerdote estivesse ministrando. A carne era uma característica das festas e cerimoniais pagãos. As nações pagãs ao redor de Israel estavam todas envolvidas em oferecimentos de carne para seus ídolos. Israel deveria ser um povo separado. Não há lugar para "a carne" no altar de Deus (Êx 20.25-26; 28.43 e Lv 9.22).

2 Faça um altar... (Êx 27.1)

Como já mencionamos, havia dois altares no Tabernáculo: o altar de ouro do incenso e o altar de bronze. Às vezes há certa confusão sobre a qual altar as Escrituras se referem em determinada passagem, porém, se tivermos em mente duas características relacionadas ao altar de ouro do incenso, não teremos dificuldade em discerni-lo. Primeiramente, nenhum sacrifício de sangue era oferecido no altar do incenso. Em segundo lugar, somente aos sacerdotes era permitido entrar no Lugar Santo onde o altar de ouro estava localizado. O altar de bronze é referido nas Escrituras das seguintes formas:

Altar de madeira de acácia (Êx 27.1)
Altar do holocausto (Êx 30.28; 31.9; 35.16; 38.1; 40.6)
Altar de bronze (Êx 38.30; 39.39)
O altar (Êx 29.36-44; Lv 1.5; 8.11)
A mesa do Senhor (Ml 1.7,12)
O altar à porta do Tabernáculo (Lv 1.5)

A palavra "altar" literalmente significa "levantado", "alto" ou "subindo" (veja Jo 3.14; 8.28; 12.32-34). Jesus Cristo foi levantado na cruz, seu altar. Desde então Ele subiu aos céus e está no alto, acima de todos (At 2.30-36). No pensamento hebraico, essa palavra também significa "lugar de morte". No grego, ela traz a ideia de um lugar "para a morte, o holocausto das vítimas". O Calvário foi de fato um lugar de morte. Cristo foi levado como um Cordeiro para o matadouro e tosquiado vivo por nós (At 8.32; Is 53). Assim, o altar apontava para a cruz do Calvário, onde tudo que o altar de bronze prenunciava foi cumprido.

3. ... de madeira de acácia... (Êx 27.1)
A mesma madeira usada na arca da aliança, na mesa dos pães da Presença, no altar do incenso, nas tábuas e nas colunas deveria ser usada também no altar de bronze. A mesma verdade em relação a todas as outras peças da mobília aplica-se também aqui. A madeira de acácia é branca, durável, "incorruptível", expressando a humanidade sem pecado e incorruptível de Cristo. Ele não foi corrompido pelo pecado, nem por Satanás nem pela maldade desse mundo. Seu corpo não viu corrupção nem quando Ele foi colocado no sepulcro (Hb 7.25-27; Sl 16.10; At 2.31 e 1 Pe 1.23). Ele é o renovo justo que foi cortado (Jr 23.6; 33.15; Is 11.1-3). Ele foi o único a viver uma vida perfeita sobre a terra. No Filho do Homem havia humanidade sem pecado, sem morte e sem corrupção, pois Ele era o próprio Filho de Deus.

A madeira é parte integrante da mensagem de Cristo. Ele morreu numa cruz de madeira. Assim como Isaque, o filho unigênito do Antigo Testamento que carregou a madeira para seu próprio sacrifício, assim também Jesus carregou sua cruz de madeira sobre a qual Ele seria sacrificado (Gn 22.6-8 e Jo 19.17). A cruz de madeira era o seu altar, e se tornou o nosso "altar" (Hb 13.10).

4. Será quadrado, com dois metros e vinte e cinco centímetros [cinco côvados] de largura e um metro e trinta e cinco centímetros [três côvados] de altura... (Êx 27.1)
Temos aqui dois números relevantes em relação às medidas do altar de bronze. O altar teria três côvados de altura. Três é o número da divindade. Este altar, que seria o instrumento para provisão do sangue da expiação aponta para o Deus triúno – Pai, Filho e Espírito Santo – envolvido nos três dias e três noites da expiação (Mt 12.39,40; 28.18-20 e 1 Jo 5.6-8).

Outro número de destaque em conexão com o altar de bronze é o número cinco. O altar de bronze deveria ter cinco côvados de comprimento e cinco côvados de largura. O número cinco é um símbolo da graça de Deus na expiação. O altar de bronze era o lugar onde seria derramado aquele precioso sangue para propiciação das pessoas, assim como a cruz do Calvário foi o lugar onde o precioso sangue de Cristo foi derramado por nós. Na cruz, Cristo foi perfurado em cinco lugares: nos dois pés, nas duas mãos e no lado. Essas cinco feridas de Cristo representam as cinco respostas de Deus para as cinco declarações de Satanás quando desafiou o poder de Deus no céu (eu me levantarei... eu me exaltarei... eu me assentarei... eu subirei... eu serei).

O número cinco é visto através de todo o Tabernáculo. De fato, ele é o número mais evidente em toda a construção. É perfeitamente adequado que o número da graça seja o número que prevalece no lugar da habitação de Deus entre seu povo. Se não fosse pela graça de Deus não haveria habitação alguma. Devido ao predomínio deste número, oferecemos a seguir um resumo das ocasiões em que o número cinco e seus múltiplos são citados no Tabernáculo:

No pátio:
Havia 60 (12 x 5) colunas, 60 capitéis (a parte superior das colunas) e 60 bases
Havia provavelmente 120 estacas (24 x 5)
O volume do pátio externo era de 100 (20 x 5) x 50 (10 x 5) x 5 côvados cúbicos
No caso das colunas estarem equidistantes umas das outras, cada coluna sustentaria 5 côvados quadrados de linho

No Tabernáculo:
Havia um total de 100 (20 x 5) bases de prata
Havia 15 (3 x 5) travessões passando através das tábuas
Havia 10 (2 x 5) cortinas de linho
Havia 50 (10 x 5) colchetes de ouro para as cortinas
Havia 50 (10 x 5) colchetes de bronze para as cortinas de pelo de cabra
Havia um total de 100 (20 x 5) laçadas azuis
A estrutura total tinha o volume de 30 (6 x 5) x 10 (2 x 5) x 10 (2 x 5) côvados, equivalente a 3.000 (600 x 5) côvados cúbicos
O volume do Lugar Santo era de 20 (4 x 5) x 10 (2 x 5) x 10 (2 x 5) côvados cúbicos, totalizando 2.000 (400 x 5) côvados cúbicos
O volume do Lugar Santíssimo era de 10 (2 x 5) x 10 (2 x 5) x 10 (2 x 5) côvados cúbicos, totalizando 1.000 (200 x 5) côvados cúbicos

Nas entradas:
A entrada do pátio externo media 20 (4 x 5) x 5 côvados, equivalente à área de linho de 100 (20 x 5) côvados quadrados
A porta do Lugar Santo media 10 (2 x 5) x 10 (2 x 5) totalizando 100 (20 x 5) côvados quadrados.
Havia 5 colunas na porta
O véu diante do Lugar Santíssimo media também 10 (2 x 5) x 10 (2 x 5) côvados, totalizando também 100 (20 x 5) côvados quadrados

A graça de Deus é representada em toda essa estrutura. Também nas duas tábuas da Lei encontradas na arca da aliança nós vemos a graça, pois nelas estavam escritos os 10 (2 x 5) Mandamentos.

5. Será quadrado... (Êx 27.1)

Medidas quadrangulares não são específicas do altar de bronze. Nós já vimos que o altar de ouro era quadrado, assim como o Lugar Santíssimo, o véu e a porta. O peitoral do sumo sacerdote era quadrado e o pátio deveria ser igualmente dividido em duas áreas quadradas.

O número quatro aponta para o fato de que a mensagem da redenção é para o mundo todo. O Evangelho deve ser pregado nos quatro cantos da terra. O Evangelho é o poder de Deus para salvação de todo aquele que crê (Rm 1.16). O altar é para todos (At 1.8; Mt 28.18-20).

Apesar da ênfase em medidas quadrangulares, não podemos esquecer que tanto a mobília como o acampamento estavam dispostos em forma de cruz. Isso apresenta um duplo simbolismo. Os quatro evangelhos nos dirigem primeiro para a cruz.

Depois que passamos pela cruz, somos guiados finalmente à cidade quadrangular de

Deus, mencionada no livro de Apocalipse (capítulos 21 e 22). O único caminho para se chegar a essa cidade é através da cruz!

6. Faça uma ponta em forma de chifre em cada um dos quatro cantos, formando uma só peça com o altar... (Êx 27.2)

Havia quatro chifres no altar de bronze. Vemos aqui outra ligação entre o altar de ouro e o altar de bronze. Chifres, como já vimos, simbolizam a força e o poder dos animais (Sl 92.10; 132.17; Jr 17.1 e Hc 3.4). Chifre expressam salvação, força e poder (Lc 1.68,69; Rm 1.16 e 1 Sm 17.40) para todo o mundo, para toda criatura (At 1.8; Mt 28.18-20; Mc 16.15-20 e Ap 5.9,10).

Ao longo das Escrituras, o chifre aparece relacionado a alguns eventos importantes. Observe as seguintes situações:

O carneiro que foi sacrificado no lugar de Isaque estava preso pelos chifres num arbusto (Gn 22.13)
Israel tocou trombetas feitas com chifres de carneiro durante a queda dos muros de Jericó (Js 6)
Cristo é representado como um cordeiro com sete chifres (Ap 5.6)
Havia chifres na figura simbólica da besta (Dn 7-8 e Ap 13.1,2)
O chifre era usado para ungir reis (1 Sm 16.13)

Os chifres tinham um significado especial para o altar de bronze. Em primeiro lugar, eles eram adornos funcionais, pois era ali que os animais sacrificados ficavam amarrados. Os sacrifícios do Antigo Testamento eram sacrifícios involuntários (Sl 118.27). Mas Jesus Cristo se entregou de modo voluntário como nosso sacrifício, de uma vez por todas. Ele não teve que ser amarrado. Ele aceitou tudo por amor, em obediência à vontade do Pai. Ninguém tirou sua vida, Ele a deu espontaneamente, oferecendo-a no altar do Calvário (Hb 10.7-10; Jo 3.16 e 10.15-18).

A Bíblia menciona um outro evento interessante e altamente simbólico relacionado a chifres. Em Êx 21.12-14 lemos que os chifres do altar eram um lugar de refúgio. Isto significa que a cruz é o nosso único lugar de refúgio (Hb 6.18). O Antigo Testamento relata pelo menos duas situações em que homens correram até o altar em busca de proteção, com resultados bastante diferentes:

1. Durante uma rebelião, Adonias foi apanhado em pecado e correu para os chifres do altar buscando um refúgio para escapar do julgamento do rei (1 Rs 1.50-53). Salomão foi misericordioso e lhe deu uma chance de se defender.

2. Quando Joabe se rebelou contra o rei, ele também correu para os chifres do altar, mas não recebeu misericórdia (1 Rs 2.28-34).

Para Adonias, o altar representou vida, enquanto que para Joabe o mesmo altar representou morte. Isto simboliza claramente a mensagem da cruz retratada no contexto dos dois ladrões na cruz (Lc 23.32,34). O Evangelho tem aroma de vida para os salvos e de morte para os que estão perecendo (2 Co 2.14-16). Para estes, o Evangelho é loucura, mas para nós, que somos salvos, é o poder de Deus (1 Co 1.18). A mensagem principal do altar de bronze é a mensagem da cruz. Os chifres do altar são aspergidos com sangue no Dia da Expiação. Os quatro chifres simbolizam as quatro verdades centrais envolvidas na cruz e na expiação:

Redenção
Resgate

Substituição
Reconciliação

7. ... que será revestido de bronze (Êx 27.2)

Este altar deveria ser revestido de bronze. Esse bronze sem dúvida foi obtido através das ofertas trazidas diante do Senhor para edificar o Tabernáculo (Êx 25.3; 35.5,16). Ao longo das Escrituras, o bronze geralmente é relacionado ao mal, à maldade dos homens ou ao juízo contra o pecado (veja Gn 4.22; Jz 16.21; 2 Rs 5.27; 1 Sm 17.5, 6, 35; Sl 107.16; Is 48.4; Jr 1.18 e Ap I.15). O bronze é um símbolo de poder e juízo contra o pecado. No Tabernáculo, o bronze se destaca particularmente nos elementos do pátio externo. O bronze era usado: nos cinquenta colchetes sobre as cortinas de pelos de cabra; nas cinco bases para a porta do Tabernáculo, nas colunas, nas estacas e bases do pátio externo, no altar de bronze e na pia de bronze. Todos esses objetos eram de bronze (ou cobre, segundo algumas versões).

O pátio externo era o local onde o pecado era julgado. Havia uma purificação sacrificial pelo sangue do animal sacrificado e lavagens cerimoniais para purificação de toda contaminação. O bronze expressa claramente o juízo do pecado. O livro de Deuteronômio relata que Deus prometeu ao seu povo que se eles fossem desobedientes, os céus se tornariam como bronze sobre suas cabeças (Dt 28.15-23). Em outras palavras, a comunicação com Deus seria cortada e, pior ainda, os céus, que são o lugar do trono de Deus, se tornariam o lugar de juízo contra o pecado da desobediência. Para aqueles que são obedientes, o trono de Deus é um trono de misericórdia, mas a desobediência o transforma num trono de juízo (Lv 26.19).

Há um outro exemplo no Antigo Testamento que ilustra esta relação entre o bronze e o juízo de Deus. Quando Israel murmurou contra Deus, depois dele haver entregado os inimigos em suas mãos, Deus enviou serpentes para julgá-los pelos seus pecados. As serpentes tinham um veneno mortal. As pessoas logo se arrependeram, e Deus providenciou um meio para que fossem curadas, através do exercício da fé. Moisés ergueu uma serpente de bronze sobre um poste, e quando as pessoas olhavam para essa serpente, eram curadas do juízo do pecado trazido pelas picadas das serpentes venenosas (Nm 21.6-9).

Todas essas coisas são figuras do nosso Senhor Jesus Cristo, que foi levantado no madeiro (cruz) e julgado por nossos pecados. Ele mesmo profetizou: "Da mesma forma como Moisés levantou a serpente no deserto, assim também é necessário que o Filho do homem seja levantado, para que todo o que nele crer tenha a vida eterna" (Jo 3.14-16).

Jesus cumpriu tudo isso no Calvário. Ele foi condenado por nossos pecados. Ele julgou Satanás, a serpente, e com ela, todo o pecado, enfermidade e morte. Ele tomou sobre si o castigo de todos nós, pois o salário do pecado é a morte (Gn 2.17; Lv 17.11; Jo 5.24; Rm 3.21-23). A Palavra de Deus afirma que o pecado deveria ser punido com a morte. Assim, Cristo foi feito pecado por nós (2 Co 5.21). Ele se fez maldição por nós (Gl 3.13). Ele foi condenado em nosso lugar quando foi levantado no madeiro.

Considerando todo o Tabernáculo como uma figura de Cristo, o altar de bronze representa os pés de Cristo. O profeta Ezequiel teve uma visão profética de Jesus como "um homem que parecia de bronze" (Ez 40.3). Seus pés eram como de bronze numa fornalha ardente (Ap 1.15 e 2.18). Quando entregamos nossa vida a Cristo, pela ação do Espírito de Deus, devemos começar nos humilhando aos pés de Cristo.

Este altar era revestido de bronze por dentro e por fora. Vimos isso em relação à arca da aliança. Se fizéssemos um corte transversal no altar, isso revelaria três camadas, isto é, seriam três camadas em um único altar. Esta verdade evidencia:

1. A camada interna de bronze é um símbolo do Espírito Santo que habita dentro de nós.

É seu ministério, como espírito de julgamento (Is 4.4), convencer o mundo do pecado, da justiça e do juízo (Jo 16.8-11).

2. A camada central de madeira nos lembra da cruz de madeira colocada sobre a pessoa central da divindade, o Filho, que foi julgado por nós (Is 53; Mq 5.1,2).

3. A camada externa de bronze é um símbolo do Pai e Juiz de todos. Ele julgou seu Filho pelos nossos pecados.

O número três aponta para a divindade. A divindade estava envolvida em tudo que aconteceu no Calvário. O número um nos lembra que há somente uma cruz, um sacrifício, uma redenção, um salvador, um caminho e uma oferta, feita uma vez por todas pelo pecado. No Tabernáculo temos, portanto, somente um altar de sacrifício (Jo 14.1,6; Hb 7.25,26; 1 Tm 2.5,6).

8. **Faça de bronze todos os seus utensílios: os recipientes para recolher cinzas, as pás, as bacias de aspersão, os garfos para carne e os braseiros (Êx 27.3)**
Novamente vemos o número cinco relacionado a este altar. Deveria haver cinco utensílios para o serviço ministerial nesse altar:

Recipientes: Para recolher as cinzas – usados para retirar as cinzas do holocausto e limpar o altar (Lv 6.10,11). As cinzas deveriam também ser usadas na purificação (Nm 19.17).

Pás: Usadas para apanhar as cinzas e lidar com o fogo.

Bacias: Ou tigelas, usadas para derramar e aspergir o sangue no altar (Hb 9.12; 13.20; Mt 26.28; Rm 5.9 e Ap 12.11).

Garfos: Usados para distribuir os sacrifícios sobre o altar. O sacrifício deveria estar em ordem para ser perfeitamente consumido.

Braseiros: Ou incensários, usados para levar as brasas do altar de bronze para o altar de ouro. As brasas de carvão do altar de bronze permitiam que o incenso subisse a Deus.

Estes são os utensílios aos quais Isaías se referiu dizendo: "Sejam puros, vocês, que transportam os utensílios do Senhor" (Is 52.11). Todos esses utensílios deveriam ser feitos de bronze (Lv 10.1,2 e Nm 16.46). Eles apontam para o fato de que o crente deve permanecer no sangue de Cristo para ser um vaso puro diante do Senhor.

Os cinco utensílios apontam também para o ministério quíntuplo (Ef 4.2-6), novamente tipificado em Arão e em seus quatro filhos. Cinco também corresponde ao número das ofertas levíticas que deveriam ser queimadas neste altar: o holocausto, a oferta de cereais, a oferta de comunhão, a oferta pelo pecado e a oferta pela culpa (Lv 1-7).

Todos esses números "cinco" apontam para a Graça de Deus: Deus manifestando sua graça para redimir o homem. A graça divina para o homem pecador flui do Calvário.

9. **Faça também para ele uma grelha de bronze em forma de rede e uma argola de bronze em cada um dos quatro cantos da grelha. Coloque-a abaixo da beirada do altar, de maneira que fique a meia altura do altar (Êx 27.4,5)**
O altar deveria ter uma grelha ou uma espécie de rede de bronze, que estaria posicionada

O ALTAR DE BRONZE OU DOS HOLOCAUSTOS

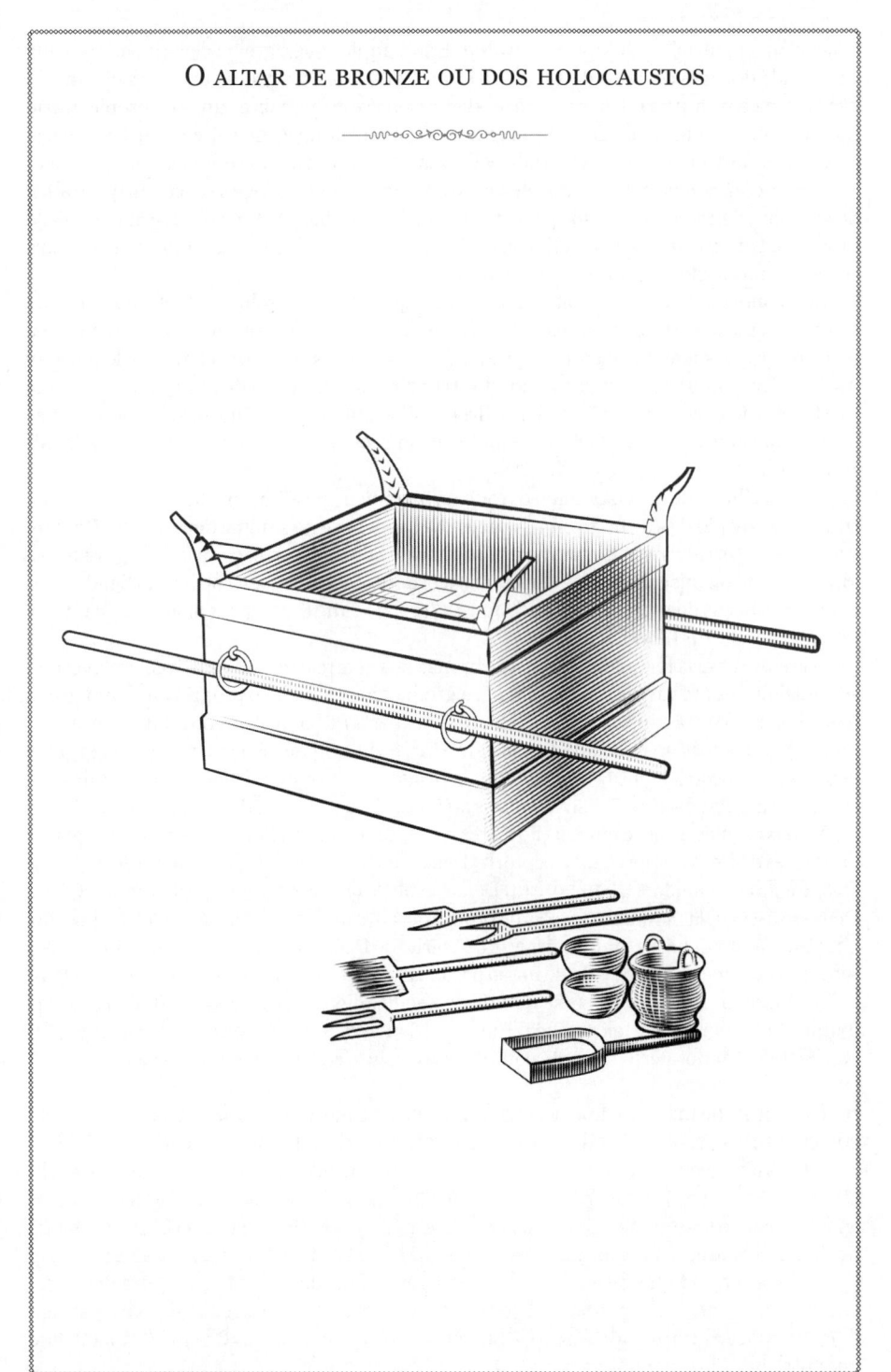

a meia (ou "em meio" – ERA) altura do altar. Isso significa que a grelha deveria ser colocada na metade dos três côvados de altura do altar. Portanto, essa grelha teria 1 ½ côvado de altura, a mesma altura da mesa dos pães da Presença e da arca da aliança ou propiciatório (tampa, trono de misericórdia). A largura das tábuas era também de 1 ½ côvado. Em relação ao significado espiritual dessa medida, veja o capítulo sobre a mesa dos pães da Presença.

Vários diagramas mostram a grelha em diferentes posições. Alguns sugerem que o altar deveria ser inteiramente rodeado por esta grelha, desde o chão até o meio, ou seja, 1½ côvado de altura. Outros mostram a grelha no centro do altar, onde o sacrifício era colocado para ser consumido pelo fogo que vinha de baixo.

Seja como for, o conceito espiritual revelado aqui é de que a grelha sustentava o corpo da vítima sacrificada, e esta grelha estava "no meio" do altar. Tudo isso aponta para a cruz, que foi a grelha que sustentou o corpo de Jesus Cristo, em seu supremo sacrifício pelo pecado. Assim como a grelha estava "no meio" dos três côvados de altura do altar, também Jesus Cristo foi crucificado "no meio" de dois ladrões, colocando sua cruz "no meio" de outras duas (Jo 19.8). Jesus é também aquele que está "no meio", como a figura central da divindade (Mt 18.20; Gn 2:7; Ap 1.12-17 e Dn 9.24-27).

Esta grelha pode ser vista como o trono do julgamento do Tabernáculo. Este trono, que tinha 1 ½ côvado de altura, tornou-se acessível com base no sangue derramado. De fato, o sangue que era derramado no altar de bronze no Dia da Expiação era levado para outro altar, o trono de misericórdia, pelo sumo sacerdote. Juízo e misericórdia são ligados por essas duas peças da mobília (Sl 85.10; Jo 1.17; Tg 1.13 e Mt 18.23-25); a primeira e a última peça da mobília do Tabernáculo.

A grelha deveria ter quatro argolas de bronze nos quatro cantos. Essas argolas deveriam ser funcionais para carregar não somente a grelha, mas também o próprio altar. A posição das argolas não está explícita. Talvez existissem aberturas nos cantos do altar, permitindo que as argolas fossem colocadas. Seja como for, o simbolismo é o mesmo. Essas argolas expressam a mesma mensagem proclamada pelas quatro argolas da mesa dos pães da Presença e as argolas da arca. Ela se refere aos atributos infinitos, duradouros, eternos de Deus.

Vimos argolas de ouro em relação à arca e à mesa. Essas argolas expressavam as quatro descrições de Deus no Novo Testamento: (1) Deus é luz (1 Jo 1.5); (2) Deus é amor (1 Jo 4.16); (3) Deus é fogo consumidor (Hb 12.29) e (4) Deus é espírito (Jo 4.24). Quando estas descrições de Deus são associadas às quatro argolas de bronze ou às quatro argolas do juízo contra o pecado, nós observamos que a luz, o amor, o fogo e o Espírito de Deus nos purificam e nos limpam. Eles são instrumentos no julgamento do nosso pecado para que possamos nos aproximar de Deus.

As quatro argolas de bronze se referem especificamente aos eternos atributos de Deus manifestados em sua perfeita justiça. São eles: (1) misericórdia, (2) verdade, (3) justiça e (4) paz (Sl 85.10), todos perfeitamente equilibrados na justiça do nosso santo Deus.

10. **Faça varas de madeira de acácia para o altar e revista-as de bronze. Estas varas serão colocadas nas argolas, dos dois lados do altar, quando este for carregado (Êx 27.6,7)**

Vemos novamente aqui as varas relacionadas com esta peça da mobília. As varas simbolizavam as peregrinações, as caminhadas e jornadas pelo deserto rumo à terra prometida. Elas apontam para o fato de que Cristo e sua Igreja são peregrinos e forasteiros na terra, não tendo nenhuma cidade permanente, mas buscando a que há de vir (Hb 13.10 -14; 11.10-16 e 1 Pe 2.11).

As varas eram feitas de madeira de acácia revestidas de bronze. A madeira de acácia sempre representa a humanidade perfeita e incorruptível de Cristo. A madeira (humanidade) revestida de bronze indica o juízo que estava por vir sobre Jesus Cristo. Ele foi julgado por nosso pecado.

A existência de duas varas aponta para dois fatos fundamentais implícitos nas boas novas da salvação: (1) a morte e (2) a ressurreição do Senhor Jesus Cristo (1 Co 15.1-3). Todos os sermões relatados no livro de Atos foram baseados nessas duas verdades essenciais. A mensagem dos apóstolos incluía tanto a morte quanto a ressurreição de Cristo. Os apóstolos usavam essas duas varas quando pregavam a Cristo. Nós também precisamos apresentar esses dois aspectos do Evangelho. Precisamos ver a importância das duas varas, pois nossa salvação está firmada nesses dois fatos. Nós somos salvos primeiramente pela morte de Jesus, e a seguir somos salvos pela sua vida salvadora (2 Co 4.10 e Rm 5.8-10). Todos os animais sacrificados durante o período mosaico permaneceram mortos. Nenhum deles foi capaz de nos dar uma demonstração de ressurreição. Cristo, contudo, morreu uma vez por todas, ressuscitou e agora está vivo, no poder de uma vida sem fim. Sua vida perfeita põe em evidência os nossos pecados, do mesmo modo que a Lei. Mas a perfeita vida que Ele viveu capacitou-o a morrer a morte perfeita, para que nós pudéssemos ser salvos através da sua perfeita vida ressurrecta.

11. **Faça o altar oco e de tábuas, conforme lhe foi mostrado no monte (Êx 27.8)**

O altar de sacrifício deveria ser oco. Isso significa que não deveria haver nenhuma placa na parte inferior. Tratava-se de uma estrutura oca de bronze, com uma grelha vazada no meio. Esta grelha deveria permitir a passagem do fogo proveniente do chão no fundo do altar, e, ao mesmo tempo, deixar que as cinzas caíssem ao chão. Desta forma, o altar poderia ser erguido do chão através de varas para que as cinzas dos sacrifícios queimados pudessem ser removidas e levadas para fora do acampamento, para o lugar prescrito para as purificações. Este ato, por si só, aponta para o Senhor Jesus Cristo, que quando foi removido do madeiro amaldiçoado, seu altar foi colocado num lugar limpo, um sepulcro no qual nenhum homem havia ainda sido colocado. Assim como a cinzas eram levadas para fora do acampamento, Cristo sofreu fora das portas da cidade (Hb 13.11-13). As cinzas removidas por baixo da grelha indicavam que o sacrifício havia sido oferecido, e a obra consumada. Quando Cristo tombou a cabeça, sua obra estava consumada (Jo 19.30; 17.1-4).

Devido às dimensões do altar de bronze, provavelmente todas as outras peças da mobília caberiam dentro de sua área oca. Quando entendemos que o altar de bronze é um símbolo do que Cristo fez por nós na cruz, a verdade torna-se evidente. Tudo que recebemos de Deus nesta vida e na eternidade nos foi dado com base na obra completa de Cristo na cruz. Ele pagou por tudo. Ele derrotou todos os adversários. Sua obra na cruz é a garantia de nosso direito a todas as promessas de Deus.

O fato de ser oco significa também que esse altar estava aberto para os céus e para a terra. Isto expressa o fato de que Cristo está atento à vontade do Pai, e ao mesmo tempo, é sensível às necessidades do homem na terra. Ele é o único mediador. Ele era um com Deus, mas esvaziou-se a si mesmo simplesmente por amor (Fp 2.8), para poder se tornar nosso sumo sacerdote, identificado com nossas necessidades e fraquezas.

12. **... conforme lhe foi mostrado no monte (Êx 27.8)**

O altar de bronze deveria ser feito de acordo com as instruções do Espírito e da sabedoria de Deus, segundo o padrão divino revelado a Moisés. O homem não podia interferir em nada (Êx 31.1-6). O altar de bronze representa a graça de Deus, de acordo com o plano divino, sem participação de homens. Essa mesma verdade pode ser relacionada à cruz de Cristo:

> Foi a sabedoria de Deus que planejou a redenção do homem através do sangue (1 Co 1 e 2)
> É o Espírito de Deus que realiza e aplica esta obra da cruz (Zc 4.6; Jo 3.1-5)
> Tudo foi feito de acordo com o projeto divino

Deus tem seu próprio projeto, concebido antes da criação do homem. O plano inteiro de redenção e salvação foi concebido pela sabedoria e pelo Espírito de Deus, em seu projeto divino. O padrão de Deus precisa ser cumprido. Nenhum meio substitutivo de salvação é aceito por Deus. Nós devemos nos aproximar de Deus pelo caminho providenciado por Ele. Satanás quer nos enganar fazendo-nos crer que somos capazes de chegar a Deus através de nossas próprias forças, se agirmos com sinceridade. O perverso rei Acaz pensou que poderia se aproximar de Deus da sua própria maneira, e deixou de lado o altar de Deus para estabelecer um altar falso (2 Rs 16.10-18). Mas nada disso adiantou (2 Cr 28.5,19,21).

13. Coloque o altar dos holocaustos em frente da entrada do Tabernáculo, da Tenda do Encontro; ponha a bacia entre a Tenda do Encontro e o altar... (Êx 40.6,7)

O altar de bronze foi colocado no pátio do Tabernáculo, entre a pia de bronze e a porta do pátio. Desta forma, esta era a primeira peça da mobília com a qual os israelitas se defrontariam caso desejassem se aproximar de Deus, que estava do lado de dentro da porta. Não havia como ignorar este altar, pois se tratava da maior peça do mobiliário. Ele se destacava por sua mensagem de arrependimento e juízo contra o pecado e a morte. Se alguém tentasse ignorá-lo, estaria cometendo o pecado da presunção, que sempre termina em morte. Ninguém pode se aproximar de Deus sem passar pelo caminho do altar de bronze (a cruz).

Podemos considerar o plano da salvação de duas maneiras: do ponto de vista de Deus ou do ponto de vista humano. Deus começa pela arca da aliança, e então vem ao encontro do homem pelo pátio externo através do altar de bronze. Assim, Ele chega ao altar de bronze no final. Esse é o caminho traçado por Deus para se aproximar do pecador.

O caminho do homem até Deus é exatamente o inverso do caminho divino. O homem, que nasceu em pecado e em iniquidade, deve começar pelo altar de bronze para tratar do pecado. Dali ele começa a caminhada em direção a Deus até finalmente alcançar o altar de glória. Para o homem, o altar de bronze vem em primeiro lugar! Sem que Deus, em sua graça, providenciasse o altar, o homem nunca seria capaz de se aproximar do Lugar Santo. Mas Deus, em seu infinito amor providenciou o caminho através da cruz de nosso Senhor Jesus Cristo. Este altar, ou cruz, é o primeiro lugar que o homem deve provar por causa de seu estado pecaminoso. É aqui que ele começa a se aproximar de Deus.

Este é o caminho que Deus preparou para o homem poder se aproximar dele, através do seu Filho Unigênito. A salvação vem do Senhor! Ela não foi algo planejado pela mente do homem. Qualquer outro meio para se aproximar de Deus não passa de presunção da parte do homem e terminará em morte eterna. Há somente uma forma de nos aproximarmos de Deus: através do caminho preparado por Ele mesmo para nós. Tomar a cruz (Mt 16.21-27) é o primeiro passo para se chegar à presença de Deus. Esta é a sabedoria de Deus.

Há somente um altar, um pátio, um Tabernáculo e um caminho. Tudo isso profetiza a respeito de um único mediador entre Deus e o homem, Jesus Cristo, homem (Jo 14.1,6; Hb 7.25,26; 1Tm 2.5,6). Não há nenhum outro caminho que possamos seguir para chegar a Deus. Ninguém pode edificar um altar para si mesmo. Todos devem vir ao altar de Deus através da fé no sangue redentor do Senhor Jesus.

14. O revestimento do altar de bronze (Nm 16.36-40; Jd 11)

Durante uma rebelião, Corá e seus companheiros fizeram incensários de bronze e, com isso, atraíram juízo sobre si, pois presumiram se sobrepor a Arão, o único que tinha o incensário de ouro. Arão era o único que havia sido ungido e designado para ser o sumo sacerdote do Deus Altíssimo (Hb 7.1-6). Como resultado, o chão se abriu e engoliu aqueles que "pelo seu pecado perderam a vida", tal como havia sido dito. Eles escolheram seguir seu próprio caminho, e qualquer pessoa que tentar fazer o mesmo, encontrará o mesmo fim. A única coisa que Corá e seus companheiros ganharam foi uma rápida viagem para o juízo de Deus.

Quando Corá recebeu o juízo de Deus, os incensários de bronze transformaram-se em lâminas e serviram de revestimento para o altar. Esse seria um sinal para Israel do juízo divino que sobrevêm a todo aquele que ousa apresentar seu próprio incenso e presume entrar na "presença de Deus" sem a presença do sumo sacerdote, o Senhor Jesus Cristo (At 17.31; Hb 8.1,2; 7.1-25). Sempre que os israelitas se aproximavam desse altar, a cobertura era um sinal e um alerta para eles não agirem de forma presunçosa diante de Deus ou rejeitarem seu ungido.

15. O altar em trânsito (Nm 3.30,31; 4.13,14)

Esta cobertura dos incensários de bronze transformada em lâminas seria a primeira cobertura sobre o altar nas jornadas pelo deserto. Sobre ela seria colocada a cobertura de cor roxa (púrpura) com os cinco utensílios sobre ela e as peles de couro cobrindo tudo. O altar é um tipo de cruz e representa Jesus Cristo e sua crucificação, dirigindo nossos olhos para o Cordeiro de Deus que sofreu em nosso lugar (1 Pe 1.11 e Lc 21.26).

O altar era o único objeto a ser coberto em trânsito com a cor roxa. Talvez seja devido ao fato de tratar-se do altar onde azul e vermelho se misturavam. O roxo é uma cor que representa majestade e realeza, e resulta de uma mistura das cores azul e vermelha. Nesse altar eram oferecidos os sacrifícios de sangue, simbolizando o derramamento do sangue do próprio Filho de Deus no Calvário. Jesus Cristo era divino e humano ao mesmo tempo, o Deus-Homem. Ele estava vestido de roxo (púrpura) ao ser crucificado (Mc 15.17). Nele o vermelho e o azul se mesclavam.

Assim como as outras peças da mobília, o altar era coberto por último com peles de couro, indicando que não havia nenhuma beleza externa no altar ou na cruz. De fato, a cruz é loucura para o homem não regenerado. Em Cristo não havia nenhuma beleza aparente (o que contraria muitas representações da sua pessoa). Sua beleza estava em seu interior (Is 52.14; 53.1-3).

16. O fogo divino (Lv 6.12,13; 9.24; Is 4.4; Hb 12.29)

Na dedicação do altar de bronze e do próprio Tabernáculo, a glória de Deus veio sobre a arca no Lugar Santíssimo derramando fogo divino que queimou os sacrifícios no altar. Este fogo se originou da glória de Deus! Ele deveria permanecer continuamente aceso, sem nunca se apagar. Esse fogo foi aceso divinamente, mas cabia ao homem mantê-lo ardendo, suprindo-o diariamente com madeira para queimar os sacrifícios da manhã e da tarde. Deus é fogo consumidor. Assim como os sacrifícios do Antigo Testamento eram divinamente consumados, Cristo foi divinamente consumado. Na cruz, o fogo deixou a glória da santidade de Deus ascendendo a ira divina contra o pecado (Jo 3.16; Mt 3.16).

Deus acendeu fogo, mas o homem deve mantê-lo aceso. O crente deve manter aquela chama soberanamente acesa ao trazer madeira diariamente e apresentar-se como sacrifício vivo a Deus (Rm 12.1; Ef 5.1 e Lv 1.9).

Na segunda vinda de Cristo, Ele virá na glória do Pai, em meio a chamas flamejantes. Ele então punirá os que não conhecem a Deus e não obedecem ao Evangelho de Cristo (2 Ts 1.7-10).

Ao longo das Escrituras temos vários casos de fogo caindo do céu em aprovação a certos sacrifícios:

> O fogo caiu (sem dúvida alguma) sobre o sacrifício oferecido por Abel pela fé (Hb 11.4; Gn 4. 1-6)
> O fogo caiu na dedicação do altar no Tabernáculo de Moisés (Lv 9.22-24)

O fogo caiu sobre o altar de Davi no Templo (2 Sm 24)
O fogo caiu sobre o altar de bronze no Templo de Salomão, ao ser dedicado ao Senhor (2 Cr 7.1-3)
O fogo caiu sobre o altar de Elias no monte Carmelo (1 Rs 18.38,39)
O fogo caiu figurativamente em Cristo Jesus, no Calvário, quando Ele morreu e foi julgado por nossos pecados e pela nossa natureza pecaminosa (Hb 12.29). Na cruz, Jesus recebeu o batismo de fogo

Uma vez que o fogo foi aceso por Deus, coube ao homem levar o fogo e acender o candelabro e o altar do incenso. Assim o fogo saído da glória de Deus deu origem a todas as luzes e a todo incenso a partir daí. Deus soberanamente acendeu a chama da Igreja no Pentecostes. Até que esse fogo fosse aceso nós não podíamos ser luzeiros. Mas, agora que Ele acendeu a chama, nós temos a responsabilidade de espalhar a chama e levar a luz ao mundo.

O fogo enviado por Deus fazia com que o aroma dos sacrifícios subisse como aroma suave ao Senhor Deus. Assim, o fogo do Espírito Santo nos faz subir à presença de Deus, como sacrifícios vivos (Mt 3.11,12,15,16).

17. A unção do altar (Êx 30.28,29; 40.10; Lv 8.10,11)

O altar de bronze deveria ser ungido. O óleo da unção deveria ser aspergido sete vezes. Sete é o número da plenitude ou da perfeição e nos leva ao Senhor Jesus Cristo, que foi ungido pelo Espírito (Hb 9.14; 1.9; Lc 4.18; At 10.38). Cristo recebeu a plenitude da unção, pois não recebeu o Espírito por medida. Ele foi ungido com o Espírito Santo e poder para oferecer seu corpo na cruz.

O altar deveria ser ungido para ser santo diante de Deus. Os utensílios e o altar foram todos ungidos e santificados. Todas as coisas que tocassem o altar depois da unção com o sangue do sacrifício seriam santas ao Senhor. O altar santificava a oferta (Êx 29.37; Mt 23.19) e o ofertante.

Quando nós nos apresentamos a Deus em sacrifício vivo, Ele nos santifica. "Ora, tanto o que santifica quanto os que são santificados provêm de um só. Por isso Jesus não se envergonha de chamá-los irmãos" (Hb 2.11).

18. Pois a vida da carne está no sangue, e eu o dei a vocês para fazerem propiciação por si mesmos no altar; é o sangue que faz propiciação pela vida (Lv 17.11)

As cinco ofertas levíticas deveriam ser apresentadas sobre o altar de bronze (Lv 1 a 7). A mensagem principal revelada por esse altar, portanto, deve ser vista com relação ao sangue da expiação (Ap 5.9,10). Este altar, que representa a cruz, era o único lugar onde deveria ser derramado o sangue da expiação e do sacrifício. Deus não revelou nenhum outro lugar para os israelitas sacrificarem, nenhum outro seria aceitável diante de Deus. Todos deveriam vir através do sangue derramado sobre o altar. Todos tinham que reconhecer e aceitar "o lugar do sacrifício" no altar de Deus.

No dia da dedicação todas as outras peças da mobília tinham que ser aspergidas com o sangue trazido deste altar. O candelabro de ouro, o altar de ouro do incenso, a mesa dos pães da Presença, a pia, o propiciatório, enfim, todos os elementos eram aspergidos. Só depois de ter sido aspergido com sangue é que o tabernáculo tornava-se um lugar de ministração. Só quando eles foram aspergidos pelo sangue que Deus pôde selar a sua obra com glória!

Deus somente poderia habitar naquele local por causa do sangue. Foi o sangue que transformou tudo; foi sangue que foi derramado para redimir a alma (Lv 17.11-14). Deus prometeu: "Quando eu vir o sangue, passarei adiante" (Êx 12.12,13; Rm 5.9,10; 3.24,25).

Não há nenhuma beleza no sacrifício de animais. Não há nada belo no corpo e no sangue das vítimas sacrificadas. A visão dessas coisas era provavelmente uma visão repugnante, repulsiva, que exalava mau cheiro. De fato, o sacrifício não tinha o propósito de ser algo atraente. Aquele era um lugar de juízo, era uma cena de fogo, fumaça e derramamento de sangue.

Esta cena aponta para o Calvário. O Calvário foi uma cena de pecado, de sofrimento, sangue e morte. Ali o pecado foi tratado por Deus. Foi o lugar do sacrifício do Cordeiro de Deus, e é o único lugar do universo onde o sangue de Jesus foi derramado pelos pecados. Foi uma cena do juízo contra o pecado e derramamento de sangue. Certamente aquela não foi uma bela cena. Mas sem derramamento de sangue não haveria perdão de pecados. Sem derramamento de sangue não haveria vida! Os homens tentam esconder a cruz para tornar a salvação mais atraente para o mundo pagão, mas a cruz nunca foi atraente, desde os dias bíblicos. A cruz era o instrumento ou lugar de morte!

O Calvário foi o lugar onde Cristo foi julgado por nossos pecados. Todos nós nascemos no pecado e temos participação no pecado, por isso merecemos receber o salário do pecado. "Pois o salário do pecado é a morte" (Rm 6.23; Gn 2.17). Jesus Cristo, o único Justo, escolheu tomar sobre si o castigo. O sangue derramado no Calvário é a evidência de que morreu em nosso lugar. Este sangue está agora no céu. Ele foi levado para dentro do véu do Santuário celestial e apresentado ao Pai. Ele agora concede poder no céu e na terra a todos que aceitam este poder. É este sangue que torna a presença de Jesus no Santuário terreno (a Igreja) possível.

Para o israelita, o sacrifício de animais era um assunto de fé. Deus prometera encontrar o homem no altar para julgar seu pecado. O pecador deveria trazer seu sacrifício. O ato de colocar as mãos identificando-se com o sacrifício e confessando seus pecados sobre ele era um exercício de fé. Sem fé é impossível agradar a Deus. Esta é uma verdade tanto para os dias de hoje, como na dispensação da Lei. No altar de bronze, os israelitas expressavam e declaravam sua fé em Deus através da morte substitutiva de um animal inocente. Eles criam no sangue como o modo de se aproximar de Deus (Jo 14.1,6; Hb 7.25,26).

O modo de Deus para os israelitas se aproximarem dele era primeiramente entrar pelo portão do pátio, numa atitude de arrependimento. O próximo passo era vir até o altar receber a justificação pela fé através do sangue. A condição espiritual no Antigo Testamento foi julgada com base na valorização que davam a este altar e na atitude assumida diante dele. Nós somos julgados da mesma forma.

Muitos atualmente rejeitam a mensagem da cruz e sua remissão pelo sangue por considerá-la "sanguinária". Qualquer um que rejeita o sangue de Jesus Cristo está negando o critério de Deus. Uma religião que não aceita o sangue de Cristo é simplesmente uma abominação para Deus. Aqueles que rejeitam o sangue estão seguindo o "caminho de Caim". Deus quer que todos sigam o "caminho de Abel", o caminho da fé através do sangue de Jesus (Jd 11; Hb 11.4).

O ponto culminante em relação ao sangue era o grande dia da expiação. Nesse dia, os pecados de toda a nação eram julgados e os quatro chifres do altar de bronze eram aspergidos com sangue por sete vezes (Lv 16.18,19). Sete é o número da perfeição. O sangue permitia que a nação pudesse vislumbrar a perfeição da ausência de pecado, ao abrir caminho para a entrada do sumo sacerdote na própria sala do trono de Deus, através do sangue derramado.

O Senhor Jesus Cristo deixou-nos uma vasta herança através de sua obra na cruz. É o poder do seu sangue que levará a Igreja à perfeição no final dos tempos. O poder do sangue está disponível a todas as pessoas do mundo.

19. O sacerdote vestirá suas roupas de linho e os calções de linho por baixo, retirará as cinzas do holocausto que o fogo consumiu no altar e as colocará ao lado

do altar. Depois trocará de roupa e levará as cinzas para fora do acampamento, a um lugar cerimonialmente puro... (Lv 6.10,11)

As cinzas indicavam que a obra estava consumada. Estas cinzas deveriam ser levadas para fora do acampamento, a um lugar cerimonialmente limpo (Lv 4.12; Nm 19). Tudo isso aponta para o Senhor Jesus Cristo, que sofreu fora do acampamento (Hb 13.11-13) e consumou a obra da redenção (Jo 19.30; 17.1-5). Ele foi o holocausto que se tornou em cinzas (Sl 20.3).

Estas cinzas, como já dissemos, deveriam ser levadas para fora do acampamento, a um lugar cerimonialmente limpo. Isso significa que havia lugares limpos e lugares imundos fora do acampamento. Examinaremos brevemente esses dois lugares:

1. *Fora do acampamento – o lugar limpo*: as cinzas do sacrifício eram levadas para "fora do acampamento, a um lugar cerimonialmente limpo", e guardadas para serem usadas na água da purificação (Lv 4.11,12; e Nm 19.9).

Este aspecto é significativo pelo fato de que Jesus Cristo foi levado para "fora do acampamento" do judaísmo, sofrendo fora dos muros da cidade de Jerusalém, no Calvário. O Calvário tornou-se o lugar limpo diante de Deus, o único lugar de purificação do pecado e da impureza; o único meio de limpeza, purificação e separação das impurezas trazidas pela corrupção do pecado (Hb 13.12-14).

Nós devemos ir a Ele "fora do acampamento", carregando a desonra que Ele suportou, assim como Levi foi até Moisés (que costumava armar a Tenda do Encontro "fora do acampamento"), para concordar com Deus e Moisés contra a adoração idólatra ao bezerro de ouro.

2. *Fora do acampamento – o lugar impuro*: Havia também lugares fora do acampamento que estavam associados com a corrupção, por exemplo:

a. Os mortos eram sepultados fora do acampamento (Lv 10.5). Não poderia haver morte nem qualquer coisa dentro do acampamento de Israel, o acampamento do Senhor
b. Todos os leprosos ficavam fora do acampamento (Lv 13.46)
c. Todas as outras impurezas deveriam estar fora do acampamento (Dt 23.10-13)
d. Os blasfemadores deveriam ser apedrejados fora do acampamento (Lv 24.14)

Deus estava no meio do acampamento de Israel, portanto ele deveria ser santo para que Deus pudesse permanecer em seu meio (Dt 23.14).

Este aspecto fala da Nova Jerusalém final, a cidade santa, a eterna habitação de Deus e dos santos, o acampamento do Senhor. Não haverá nada impuro ou corrupto neste acampamento. Todos os mentirosos, impuros, assassinos e os feiticeiros estarão "fora do acampamento", no lugar imundo chamado geena, ou lago de fogo (Ap 21.27; 22.15).

É melhor estar "fora do acampamento" da apostasia, no lugar limpo chamado Calvário, com Cristo e sua Igreja agora, do que estar "fora do acampamento" do Senhor, num lugar imundo chamado "Inferno", junto com Satanás, os apóstatas e os não-regenerados, por toda a eternidade!

20. Estudos complementares

Há muito mais coisas a serem estudadas nas Escrituras em relação ao tema do altar de Deus. Os que desejarem aprofundar seus estudos fariam bem em meditar nos itens abaixo:

1. *A dedicação do altar de Bronze no Tabernáculo de Moisés* (Êx 29.35-37, Nm 7): Esta dedicação se relaciona aos doze líderes de Israel e suas ofertas especiais. A quantidade de ofertas e sacrifícios se caracteriza por números múltiplos de doze ou sete. Na dedicação

da dispensação da Igreja (o Santuário de Deus) temos os doze apóstolos do Cordeiro (Ap 21.14) e o sacrifício único, perfeito, sem pecado do Senhor Jesus Cristo.

2. *Salomão e toda a assembleia oferecem sacrifício no altar* (2 Cr 1.1-13): Quando Salomão e toda a assembleia vieram até o altar em Gibeom, Deus concedeu-lhe sabedoria e conhecimento (1 Co 1.30; 12.8; Cl 3.3, 9,10).

3. *A dedicação do Templo de Salomão* (2 Cr 5.11-14): Havia 120 sacerdotes tocando suas cornetas na consagração do Templo. Havia 120 pessoas reunidas no cenáculo na dedicação da Igreja da nova aliança (Atos 1-2). Estes permaneciam de pé, na extremidade oriental do altar (Lv 1.6; 6.11; Sl 20.3), onde as cinzas eram derramadas.

4. *O altar de bronze no Templo de Salomão* (2 Cr 4.1): Este grande altar media 20 x 20 x 10 côvados, equivalente a 4.000 côvados cúbicos. Esses 4.000 côvados cúbicos eram o único lugar onde poderia haver derramamento de sangue. Também representa os 4.000 anos transcorridos da queda de Adão até Cristo, quando foi derramado todo o sangue sacrificial.

5. *A plataforma de bronze e a dedicação* (2 Cr 6.13): Salomão ajoelhou-se sobre esta plataforma de bronze que media 5 x 5 x 3 côvados (Êx 27.1; Rm 12.1,2). Isso demonstra que Salomão ofereceu a si mesmo como sacrifício vivo, santo e agradável a Deus.

6. *Isaías no altar* (Is 6.1-7): Para Isaías, o altar era um lugar de purificação, expiação e compromisso.

7. *A restauração do altar* (Ed 3.1-3): Na restauração após o cativeiro babilônico, a primeira coisa a ser restaurada foi o altar (oferta de sangue). A reforma da igreja na Idade Média teve início com a mensagem da justificação pela fé no sangue de Jesus.

8. *O juízo começa no santuário de Deus, no altar* (Ez 9.1-7; compare com 1 Pe 4.17).

9. *Altares falsos*:

a. O altar de Acaz (2 Rs 16.10-16).
b. O altar de Jeroboão (1 Rs 12.25-33; 13.1-5): O altar se fendeu e as cinzas se espalharam, conforme o juízo que o Senhor havia dito.
c. O altar ao Deus desconhecido (At 17.23): Representou o ápice da cultura grega.
d. Os altares a Baal e aos falsos ídolos (1 Rs 18): Estes altares eram construídos no alto dos montes, e os postes sagrados eram edificados debaixo das árvores frondosas. Todos, os altares idólatras e os postes sagrados, são abominações ao Senhor e um insulto ao seu altar.

Os altares idólatras erguidos pelas religiões dos homens são abomináveis ao Senhor, pois representam um insulto ao altar do Calvário. Há somente um altar no universo: a cruz de Jesus. O Calvário aboliu todos os demais altares do Antigo Testamento, sejam de terra, de pedra ou de bronze, que nada mais eram do que representações do Calvário. "Nós temos um altar no qual não têm direito de comer os que ministram no tabernáculo" (Hb 13.10).

Devemos honrar a cruz de Jesus e seu sangue remidor, dando-lhes a importância que Deus lhes dá em sua Palavra!

A BACIA DE BRONZE

A BACIA DE BRONZE

Êx 30.17-21; 38.8

1. Faça uma bacia... (Êx 30.18)

Moisés foi instruído a fazer uma bacia que deveria ser colocada na área do pátio, entre a Tenda do Encontro e o altar de bronze (Êx 40.7,30). A Bíblia não fornece muitos detalhes dessa peça, chamada de:

Bacia de bronze (Êx 30.18; 38.8)
Bacia (Êx 30.28; 31.9; 35.16; 39.39; 40.7,11,30)

Não há medidas específicas nem algum tipo de modelo registrado. Todas as informações que temos sobre esta peça foram obtidas pela tradição. Ela é descrita como um utensílio de bronze contendo água e apoiada num pedestal ou base. Provavelmente formava um conjunto dividido em duas partes, pois as referências mencionam "uma bacia de bronze com uma base de bronze" (Êx 30.18). A base literalmente significa "pedestal" ou "suporte" (compare com Lv 8.11).

O dicionário bíblico apresenta três definições para esta bacia:

1. "Um utensílio de lavagem, tigela ou bacia, com água para a purificação"
2. "Um utensílio do Tabernáculo de Moisés para os sacerdotes se lavarem"
3. "Um utensílio do Templo de Salomão para os sacrifícios serem lavados"

Outros sugerem que a bacia era um reservatório onde se armazenava água para os sacerdotes poderem lavar os pés. Os sacerdotes deveriam lavar as mãos na bacia. Seja como for, a função principal das bacias era fornecer água para a limpeza dos sacerdotes. As outras peças da mobília eram usadas particularmente com referência a Deus, mas a bacia era usada especificamente para os sacerdotes. O altar de bronze era para o sacrifício oferecido ao Senhor, a arca da aliança era o seu trono, a mesa era a mesa do Senhor, mas a bacia era para a limpeza do sacerdote. A palavra hebraica "kiyyor" significa "bacia", "pote" ou "tacho". Tratava-se provavelmente de um grande tacho ou lavatório com a água necessária para limpar os sacerdotes antes de começarem a ministrar.

2. ... de bronze com uma base de bronze... (Êx 30.18)

A bacia deveria ser colocada no pátio. O pátio era principalmente visto em conexão com o bronze. As colunas eram provavelmente de bronze, os ganchos (colchetes) e as estacas eram de bronze, o altar de sacrifício era revestido de bronze e a bacia, da mesma forma, era feita de bronze. Nesta peça da mobília não havia madeira; a bacia deveria ser de bronze maciço.

O fato de ser feita de bronze maciço coloca uma forte ênfase na natureza da função da bacia. O bronze, conforme já dissemos, é um símbolo de força, firmeza, perseverança e juízo contra o pecado. O bronze é citado nos seguintes textos:

1. As portas de bronze (Sl 107.16)
2. Trancas de bronze (1 Rs 4.13)
3. Algemas de bronze (Jz 16.21)

4. Seus pés eram como o bronze polido (Ap 1.15; Dn 10.6)
5. A serpente de bronze (Nm 21.8,9)
6. Os incensários de bronze (Nm 16.36-40)
7. O céu... será como bronze (Dt 28.23)

A função da bacia aponta para o ministério da Palavra de Deus em nossas vidas. O Espírito Santo, que é um Espírito de julgamento e de fogo, usa a Palavra de Deus para nos convencer do pecado, da justiça e do juízo (Is 4.4; Jo 16.6-12). Jesus Cristo, a Palavra que se tornou carne, recebeu autoridade para exercer juízo contra o pecado (Jo 5.27). A bacia representa este juízo sobre o pecado operando através da Palavra de Deus. Ela representa a purificação que vem quando a Palavra expõe áreas de nossas vidas que não estão em conformidade com os padrões de Deus. Isso fala da limpeza da água pela Palavra (Ef 5.26).

Todo pecado deve ser julgado.
O meu pecado deve ser julgado.
O pecado, nosso pecado, é julgado no altar de bronze.
Na bacia de bronze, o meu pecado é julgado!

A Bíblia ensina que se nós examinássemos a nós mesmos, não seríamos julgados (1 Co 11.31,32). Se os sacerdotes entrassem no Lugar Santo sem passar pela bacia, eles seriam julgados por Deus ao entrar. Haverá um tempo de juízo para todos que ainda não foram julgados (1 Pe 1.7 e 1 Co 3.12-15). O juízo deve começar pela casa de Deus (1 Pe 4.17). Era isto que acontecia quando o sacerdote se lavava na bacia. É isso que acontece quando nos submetemos à Palavra e ao Espírito depois que fomos convencidos por Eles. Quando nos submetemos e deixamos a Palavra nos lavar, nós experimentamos uma limpeza real. O desejo de Cristo é ter um povo limpo. O Senhor Jesus Cristo é o nosso sacerdote e juiz, aquele que tem o peitoral do juízo (Êx 28-29). Cristo quer uma nação santa e um povo separado para oferecê-los como sacrifícios espirituais a Deus (1 Pe 2.9).

3. ... com os espelhos das mulheres que serviam à entrada da Tenda do Encontro... (Êx 38.8)

A bacia foi feita com o bronze dos espelhos das mulheres. Esses espelhos de bronze eram das mulheres, que os entregaram como oferta ao Senhor. Normalmente, os espelhos são instrumentos de vaidade e orgulho, mas o Senhor os transformou em instrumentos de purificação.

Esta relação entre o bronze dos espelhos e o bronze da bacia é bastante significativa. A função do espelho é refletir a imagem colocada diante dele. Homens e mulheres fazem uso de espelhos para admirar sua "beleza natural" ou seus defeitos. O espelho ajuda as pessoas a fazerem um levantamento geral de sua aparência antes de saírem de casa. Elas também usam o espelho para poderem se enfeitar. Mas os espelhos podem se tornar uma fonte de orgulho ao revelar para nós mesmos nossa beleza ou defeitos. Através do espelho podemos nos enxergar como realmente somos. Ele nos revela nossa verdadeira natureza e o que podemos ser ao nos limparmos.

Nem todos os espelhos proporcionam uma imagem real. Eles podem ser distorcidos ou produzir algum efeito desejado. Os espelhos usados nos parques de diversões são exemplos disso. Esses espelhos não dão um reflexo verdadeiro. Eles distorcem o que nós somos aos nossos olhos e aos olhos de outros. Eles produzem uma mentira ou uma impressão enganosa.

Nesse sentido, note o quanto foi adequado o uso de espelhos para construir a bacia. A figura ou símbolo do espelho é usada por Tiago quando diz: "Aquele que ouve a palavra, mas não a põe em prática, é semelhante a um homem que olha a sua face num espelho" (Tg 1.23). A Palavra de Deus é um espelho! Ela nos permite enxergar de modo claro e verdadeiro como nós realmente somos, e como Deus nos vê. Mas Ela também nos dá uma visão do que podemos nos tornar através de Cristo. À medida que contemplamos a Palavra de Deus, percebemos nossa necessidade de limpeza. A Palavra revela toda a sujeira que precisa ser removida.

É exatamente assim que Deus nos transforma através de sua Palavra. Ele quer nos transformar de glória em glória, e para que isso aconteça, nos dá pequenos vislumbres de como realmente somos. Quando percebemos quem na verdade somos, Ele nos dá a força e o desejo de mudar. Jó viu a si mesmo como realmente era e isso causou-lhe repugnância (Jó 42.5,6). Isaías percebeu quem ele realmente era diante do Senhor (Is 6.5). Pedro enxergou sua natureza pecadora diante de Jesus (Lc 5.8). Todos nós podemos nos enxergar através de Jesus. Ele, a palavra viva, mostra quem realmente somos, o que devemos ser e o que podemos ser. A descoberta de quem realmente somos é, num primeiro momento, assustadora, porque vemos nossa própria impureza. Mas esse é o primeiro passo para a limpeza. Quando Isaías tomou consciência de sua própria impureza, ele estava pronto para ser tocado por Deus.

Nós, também, devemos desejar reconhecer e aceitar o que o espelho, Jesus, nos revela, e não viver uma vida de autocontemplação ou auto condenação, mas utilizarmos a água purificadora que Deus nos dá.

Os espelhos usados para a confecção da bacia de bronze refletiam seu conteúdo, a água. A Palavra nos mostra a necessidade de limpeza! O espelho da Palavra deve ser um instrumento de correção e não um instrumento de condenação. Nós precisamos da Palavra corretiva antes de experimentar a limpeza pela água. A Palavra de Deus provê ambos os aspectos. A Palavra age como um espelho (Tg 1.23-25) para nos dar um verdadeiro reflexo do que somos diante de Deus, mas ao mesmo tempo é a água que reflete nossa imagem e nos torna limpos (Pv 27.19 e Ef 5.26). O sacerdote via seu reflexo no bronze polido e na água.

4. ... para se lavarem (Êx 30.18)

Como já vimos, a bacia tinha uma dupla função. Ela servia para revelar toda impureza através dos espelhos (Hb 4.12-14), e tornava limpo através da água (Ef 5.26). Quando nós nos tornamos limpos pelo espelho e pela água da Palavra, contemplamos como por um espelho a glória do Senhor e podemos assim refletir essa mesma imagem (2 Co 3.18).

A função principal da bacia pode ser resumida em três palavras: "para se lavarem". A bacia continha a água que deveria ser usada para a limpeza dos sacerdotes. A origem dessa água é objeto de muitas conjecturas. É bem provável que eles enchessem a bacia com a mesma água que usavam para beber. Nós sabemos que esta água vinha da rocha ferida por Moisés (Êx 17.6), e esta rocha representava Cristo (1 Co 10.4). O Senhor Jesus Cristo é a nossa rocha ferida. Ele é o único que nos leva às águas de descanso. Através de sua morte, sepultamento e ressurreição, providenciou a purificação necessária (Jo 7.37-39; 1 Co 10.1-4).

Esta experiência com água era a segunda prova que os sacerdotes deveriam observar ao se aproximarem de Deus. O sacerdote começava pelo altar de bronze para provar da limpeza pelo sangue através da morte substitutiva. Dali, o próximo passo seria a bacia de bronze onde eles provariam da limpeza pela água. Essa era a ordem para o homem se aproximar de Deus:

> Primeiro provar o sangue (altar de bronze)
> Segundo provar a água (bacia de bronze)

No altar de bronze o homem recebe a justificação de seus pecados, e na bacia de bronze o homem santifica-se diante do Senhor.

As Escrituras mencionam muitas vezes esses dois elementos, água e sangue. Ambos eram os agentes principais de purificação nas leis cerimoniais do Antigo Testamento para Israel, "a congregação no deserto" (At 7.38).

O sangue é visto no sentido de purificação nos seguintes exemplos:

O sangue do cordeiro pascal (Êx 12)
O sangue do Dia da Expiação (Lv 16)
O sangue das ofertas nas festas do Senhor (Lv 23)
As cinco ofertas levíticas (Lv 1-7)
O sangue da propiciação pela alma (Lv 17.11-14)
O sangue (a vida) que clamava a Deus (Gn 4; Hb 12.22-24)

A água é vista com relação às purificações cerimoniais nos seguintes casos:

As águas da purificação e as cinzas da novilha vermelha (Nm 19)
A água na consagração do ministério sacerdotal (Lv 8.6)
Água na purificação do leproso (Lv 14.1-8)
As lavagens (imersões) purificadoras da Lei (Hb 9.10)
O batismo de Israel na nuvem e no Mar Vermelho (Êx 13-14; 1 Co 10.1,2)
A experiência de Israel no Jordão (Js 4.19, 5.10)

O significado espiritual de tudo isso pode ser visto no Novo Testamento, onde esses dois agentes de purificação se encontram na cruz de Jesus. Na cruz, quando Jesus morreu, os soldados perfuraram seu lado e dele saiu sangue e água! "Aquele que o viu deu testemunho e seu testemunho é verdadeiro" (Jo 19.34,35).

João foi aquele que recebeu a revelação dessas verdades essenciais, registrando-as tanto em seu Evangelho quanto em suas epístolas. "Este é aquele que veio por meio de água e sangue, Jesus Cristo: não somente por água, mas por água e sangue. E o Espírito é quem dá testemunho, porque o Espírito é a verdade" (1 Jo 5.6). Quando Cristo morreu na cruz, e sangue e água fluíram de seu lado, Ele cumpriu e aboliu a necessidade de sangue e água do Antigo Testamento. Tudo aquilo que o sangue de animais e as águas cerimoniais representavam convergiu para o sacrifício perfeito de Cristo. O sacrifício de Cristo foi o antítipo ou sacrifício definitivo para o qual todos os sacrifícios de animais apontavam. O sangue derramado é o antítipo de todo sangue de animal derramado sob a aliança mosaica. A água que fluiu do lado perfurado de Cristo cumpriu tudo que as lavagens cerimoniais da antiga aliança representavam. Por causa disso, o sangue e a água são partes vitais da nova aliança.

Estes dois agentes de purificação permanecem na Igreja do Novo Testamento. Não os mesmos sangue e água vistos em relação aos filhos de Israel, mas à realidade espiritual, a qual é eterna pelo próprio Espírito do Senhor Jesus Cristo. Não se trata de sangue de animal nem de lavagens cerimoniais!

É o sangue que nos purifica do pecado. À medida que nos lavamos no sangue de Cristo, nossas vestes se tornam brancas (Ap 1.5; 7.14; 22.14), porque o sangue de Jesus Cristo nos purifica de todo pecado (1 Jo 1.6,7,9).

É a água que nos purifica de toda a nossa corrupção. Nós devemos passar "pelo lavar regenerador" (literalmente, bacia – Tt 3.5), devemos ser "purificados pelo lavar (literalmente, bacia) da água mediante a Palavra" (Ef 5.26). Esta água é para limpar, santificar e aperfeiçoar a Igreja.

A água também pode ser interpretada em relação a vários ministérios da divindade em sua busca pelo homem:

Água do juízo: A terra, que era coberta pelas águas no começo da Bíblia, de acordo com Gênesis 1, recebe o segundo batismo pelas águas do grande dilúvio dos dias de Noé (Gn 7-8). Nos dois casos a água está relacionada ao juízo e ao Deus-Pai.

Água da purificação: Esta água diz respeito ao Filho, o Senhor Jesus Cristo, que é a Palavra que se fez carne. Jesus demonstrou essa verdade quando Ele (a Palavra) lavou os pés dos discípulos. Eles foram purificados pelo lavar da água mediante a Palavra (Jo 13; Tt 3.5; Ef 5.26).

Água para beber: A água que Jesus nos oferece destaca a ação do Espírito Santo. Ele é o único capaz de fazer jorrar uma verdadeira "fonte de águas vivas" no interior do crente (Jo 7.37-39).

5. Coloque-a entre a Tenda do Encontro e o altar, e mande enchê-la de água (Êx 30.18)
A água deveria ser colocada na bacia. A água enfatiza a lavagem da água pela Palavra, mas há também aqui uma relação adicional com a Igreja do Novo Testamento. Nós podemos ver a água mencionada em duas situações:

A *água na regeneração*: Isto indica que Ele "nos salvou pelo lavar regenerador e renovador do Espírito Santo". Jesus disse: "Ninguém pode ver o Reino de Deus, se não nascer de novo" (Jo 3.3). A regeneração e a renovação correspondem ao novo nascimento (ou nascer do alto). Esta é a lavagem inicial, uma limpeza, uma purificação em relação à antiga maneira de viver (compare com At 15.9; 1 Ts 4.7; 2 Co 5.17). É isso que nos transforma em novas criaturas. Paulo diz: "Mas vocês foram lavados, foram santificados, foram justificados no nome do Senhor Jesus Cristo e no Espírito de nosso Deus" (1 Co 6.11). Jesus disse: "Quem já se banhou... está limpo. Vocês estão limpos" (Jo 13.10). Tudo isso se refere à limpeza inicial que acontece na vida do crente quando ele realmente nasce de novo.

A *água no batismo*: O crente é lavado pelo sangue de Jesus e pela água da regeneração. Depois da lavagem inicial, o próximo passo é o batismo nas águas. O batismo no Novo Testamento não é uma opção, mas sim um mandamento (compare com At 2.36-38, 41; Hb 6.1,2; Mc 16.16; Rm 6.1-4; Cl 2.12,13 e Mt 28.18-20). Se queremos realmente obedecer a Jesus, então devemos ser batizados. Deixemos as seguintes Escrituras falarem por si mesmas:

"Arrependam-se, e cada um de vocês seja batizado..." (At 2.38)
"E agora, que está esperando? Levante-se, seja batizado e lave os seus pecados, invocando o nome dele" (At 22.16)
Nós fomos "sepultados com ele no batismo" (Cl 2.12)
"Apenas algumas pessoas, a saber, oito, foram salvas por meio da água, e isso é representado pelo batismo que agora também salva vocês – não a remoção da sujeira do corpo, mas o compromisso de uma boa consciência diante de Deus – por meio da ressurreição de Jesus Cristo" (1 Pe 3.20,21)

6. Arão e seus filhos lavarão as mãos e os pés com a água da bacia. Toda vez que entrarem na Tenda do Encontro, terão que lavar-se com água, para que não morram. Quando também se aproximarem do altar para ministrar ao SENHOR, apresentando uma oferta preparada no fogo, lavarão as mãos e os pés para que não morram (Êx 30.19-21)
Os sacerdotes deveriam lavar as mãos e os pés na bacia antes de qualquer ministração.

Eles não podiam entrar no Santuário para exercer qualquer serviço diante do Senhor enquanto não tivessem passado pela bacia. Eles não podiam servir junto à mesa do Senhor, ou no altar do incenso ou no candelabro, pois todos se encontravam no Lugar Santo (Sl 119.9; 1 Pe 1.22; Hb 10.22). Além disso, não lhes era permitido ministrar no altar de bronze ou no pátio, a menos que primeiro se lavassem. Todos aqueles que transportavam os utensílios do Senhor deveriam estar limpos (Is 52.11).

O significado espiritual desse fato é evidente. Absolutamente nenhum ministério era aceitável ao Senhor sem que antes houvesse purificação. Antes de poder ministrar, o sacerdote tinha que se submeter à Palavra do Senhor. Tão séria era qualquer violação desta ordem divina que eles seriam mortos se não agissem desta forma.

Quantas "mortes espirituais" acontecem na Igreja do Novo Testamento hoje porque os crentes falham ao se preparar para entrar no santuário, deixando de passar pela bacia, antes de entrar para adorar. A Igreja de Corinto ilustra esta verdade : "Por isso há entre vocês muitos fracos e doentes, e vários já dormiram. Mas, se nós tivéssemos o cuidado de examinar a nós mesmos, não receberíamos juízo" (1 Co 11.30,31). Se nós julgarmos a nós mesmos na bacia de bronze, então não seremos julgados na mesa dos pães da Presença!

Somos chamados para ser sacerdotes do Senhor em uma casa espiritual. Mas precisamos estar certos de que estamos limpos para carregar os utensílios do Senhor. Precisamos continuamente da limpeza sacerdotal para poder servir em seu Santuário.

7. Esse é um decreto perpétuo, para Arão e os seus descendentes, geração após geração (Êx 30.21)

Moisés lavou inteiramente Arão e seus filhos na limpeza inicial ("de uma vez por todas"). Dali em diante os sacerdotes deveriam manter essa limpeza usando a bacia nas lavagens diárias de suas mãos e pés (Êx 29.4; 40.12). Jesus Cristo, o nosso Moisés, ministrou o batismo inicial da regeneração, mas é nossa responsabilidade pessoal manter a limpeza diária de nossas mãos e pés (1 Pe 1.22; 2 Co 7.1; Ef 5.26; 1 Co 6.11). Paulo nos exorta: "Purifiquemo-nos de tudo o que contamina o corpo e o espírito, aperfeiçoando a santidade no temor de Deus" (2 Co 7.1). Ele diz também que devemos nos aproximar de Deus tendo "os nossos corpos lavados com água pura" (Hb 10.20-22). A responsabilidade para manter essa condição é colocada sobre nós. De fato, devemos ajudar uns aos outros a preservar a limpeza lavando os pés uns dos outros (Jo 13.1-4).

Não importa se os sacerdotes estavam a par dos princípios e regras. Ignorar tal sujeira era indesculpável. Deus providenciou a bacia de água e deixou-a à disposição dos sacerdotes. Ela estava ali, disponível. Se eles se recusassem a usá-la, sofreriam as consequências. Ao ministrar diante do Senhor, os sacerdotes deveriam ter as mãos e os pés limpos. Mãos limpas representavam sua função diante do Senhor. Eles deveriam levantar mãos santas (Sl 24.3,4; 1 Tm 2.1,8; Tg 4.8 e Is 1.16). Pés limpos indicavam o modo como viviam na presença de Deus (Hb 12.13; Ef 4.1-3 e Jo 13.1-8). Os sacerdotes deveriam ter uma conduta pura e reta diante do Senhor. Se essas purificações não ocorressem, por ignorância ou negligência do sacerdote, o juízo cairia sobre ele. O povo redimido deve ser um povo limpo. Judas foi um homem que sentou-se à mesa sem limpar as mãos e os pés!

A bacia deveria ser usada para a limpeza dos sacerdotes enquanto eles ministravam diante do Senhor, mas também era o lugar onde era feita a limpeza dos sacrifícios. Todos os animais oferecidos deveriam ser cerimonialmente lavados na água. Nós somos sacerdotes junto ao Senhor, mas também somos o sacrifício. Devemos apresentar nossos corpos como sacrifício vivo, santo e aceitável a Deus (Rm 12.1,2; compare com Lv 1.9; e 1Pe 2.5-9; Ap 1.5,6; 5.9,10; At 15.9; 1 Ts 4.7). Somos sacerdotes e também o sacrifício.

Deus nos deu essa maravilhosa figura para nos guiar a uma verdade que atua no Reino de Deus. Ele está falando que devemos nos santificar ou nos afastar de todas as impurezas da carne quando entramos na presença de Deus. Ficar apenas observando a água não nos tornará limpos. A água tem que ser usada para que nos tornemos limpos. Apenas ler a Palavra ou meditar sobre uma verdade da Palavra de Deus não é suficiente. A verdade deve ser aplicada e praticada em nossas vidas para ter poder purificador.

Esse deveria ser um estatuto perpétuo para Arão e sua descendência em todas as gerações. Esta é uma figura. Arão aponta para Cristo (Hb 5.1-5). A descendência de Arão aponta para a Igreja, a sua descendência e a semente do sacerdócio real (Gl 3.16,27; Ap 1.6; 1 Pe 2.5-9; Ap 5.9,10). Durante todo o período do sacerdócio araônico, os sacerdotes tinham que se lavar naquela bacia. Eles deveriam estar limpos ao ministrarem diante do Senhor. Quando Cristo veio, Ele cumpriu totalmente e aboliu o sacerdócio araônico, inaugurando um sacerdócio superior, o sacerdócio eterno segundo a ordem de Melquisedeque. O sacerdócio araônico era apenas uma sombra do que haveria de vir. A bacia de bronze era somente uma sombra do poder de limpeza da Palavra. Em Cristo essas sombras são abolidas porque a Palavra se fez carne (Jo 1.14). Agora permanecem a semente de Cristo, a Igreja, o rei e sacerdote da ordem de Melquisedeque, para manter-nos limpos pela lavagem da Palavra de Deus. Essa descendência deve manter a prática da limpeza sacerdotal perante o Senhor por todas as gerações!

8. As três testemunhas

A bacia deveria ser aspergida com sangue, ungida com azeite e conter a água para a purificação (Êx 40.11; e Lv 8.10,11). Assim, a água purificadora da Palavra vem a nós através do sangue de Jesus e pelo Espírito (o azeite) de Deus. Essas são as três testemunhas de que João fala a respeito: "Há três que dão testemunho: o Espírito, a água e o sangue; e os três são unânimes" (1 Jo 5.7,8).

Como crentes-sacerdotes nós precisamos experimentar todas as três testemunhas se quisermos ser perfeitos nele. Precisamos que nossos corações sejam aspergidos com sangue. Precisamos ser continuamente lavados pela água da Palavra. E precisamos do santo azeite da unção do Espírito Santo derramado sobre nossas cabeças, para desempenharmos o ministério que Ele tem para nós. Uma testemunha sem as outras duas é incompleta, e nós precisamos ser perfeitos e completos nele!

9. A bacia em trânsito

Não há nenhum registro do modelo ou das medidas da bacia de bronze. Também não temos nenhuma informação de como ela era transportada pelo deserto, seja por varas ou barras. Não está registrado se ela deveria ser coberta durante as jornadas do povo pelo deserto. Na relação das coberturas que deveriam ser usadas para proteger os objetos do Tabernáculo mencionada em Números 4, não há menção da bacia de bronze. Talvez isso signifique que o poder de limpeza da Palavra de Deus não pode ser mensurado em sua função para a Igreja na sua peregrinação neste presente mundo.

10. Sugestões de estudo

O estudioso sincero da Palavra faria bem em examinar os seguintes pensamentos abaixo relacionados à bacia.

1. *As bacias de bronze no Templo de Salomão* (2 Cr 4.2-6): Havia dez bacias de bronze no Templo de Salomão. Essas bacias eram usadas na lavagem dos sacrifícios (compare Rm 12. 1,2; 1 Pe 2.1-9). A Igreja deve se apresentar como um sacrifício vivo a Deus e se submeter à ideia transmitida pelo número dez, que fala da ordem divina.

2. *O tanque (mar) de metal fundido no Templo de Salomão* (1 Rs 7.23-26, 44; 2 Cr 4.2-6): O tanque de metal fundido (mar de bronze) tomou o lugar da bacia do Tabernáculo de Moisés. O tanque era o lugar onde os sacerdotes se lavavam enquanto as dez bacias menores eram usadas para limpar os sacrifícios. O crente, além de ser um sacrifício vivo, é também um sacerdote e tem um lugar no tanque. Em Cristo nos tornamos o ofertante e a oferta, o doador e a dádiva, o sacerdote e o sacrifício (Hb 5.1-5). Observe o seguinte com respeito a este mar ou tanque de bronze:

a. Servia para os sacerdotes se lavarem e se santificarem antes de ministrarem no Templo do Senhor (1 Co 3.16; 2 Co 6.16 e Ef 2.19-21).
b. Deveria ter dez côvados (quatro metros e meio) de diâmetro. Dez é o número da Lei ou da ordem divina, como é visto nos Dez Mandamentos. Esse número se aplica a nós pela Lei do Espírito e da vida em Cristo Jesus. Esta é sua justiça imputada a nós (Rm 8.1-4; 10.1-5).
c. Esse tanque deveria ser sustentado por uma base formada por doze bois de bronze (2 Rs 16.17). Doze é o número do governo apostólico, sobre o qual a Igreja foi fundada.
d. Esses bois estavam voltados para as direções norte, sul, leste e oeste (Mt 28.18-20). A mensagem do Evangelho é de alcance mundial (Mc 16.15-20; At 1.8). O poder de limpeza do evangelho e da Palavra de Cristo é para todos e se estende pelos quatro cantos da terra.
e. A altura do tanque era de cinco côvados (dois metros e vinte e cinco centímetros), o que está relacionado à expiação e à graça de Deus, que provê água para a limpeza.
f. Sua circunferência deveria medir aproximadamente trinta côvados (treze metros e meio). Trinta era o número da consagração do sacerdócio (Nm 4.1-3; Lc 3.23). Lembre-se que esse tanque era o local onde o sacerdote deveria se lavar.
g. Ele deveria ser ornamentado com desenhos de flores (lírios). O lírio fala da beleza, da pureza e dos frutos de Cristo produzidos pelo Espírito (Ct 2.1,2).
h. Ele continha 2.000 batos de volume (equivalente a quarenta mil litros; ver 1 Rs 7.26) quando em uso e 3.000 batos (sessenta mil litros; ver 2 Cr 4.5) quando cheio. Esses números representam a era da Igreja que chega ao fim com a plenitude da era do Reino.
i. Ele era feito de bronze de peso incalculável. Isso mostra que o poder do evangelho de Cristo para limpar o pecado vai além da compreensão humana.
Todas essas coisas foram cumpridas em Cristo e em sua Igreja através do poder purificador da Palavra.

3. *O mar de vidro do livro do Apocalipse* (Ap 4.6; 15.1,2): Note as pessoas que estão sobre ele e o fato de estar localizado no pátio (Ap 11.1-3).

4. *O Senhor Jesus Cristo limpa seus discípulos* (Jo 13): Esse capítulo deve ser especialmente estudado relacionando a bacia ao poder de limpeza da Palavra. Cristo, a Palavra que se fez carne, lavou os pés dos seus discípulos. Deus nos deu este exemplo da limpeza pelo seu Filho para nós seguirmos. Nós, da mesma forma, devemos lavar os pés uns dos outros (Mt 18.15; Lc 17.3, 4; Tg 5.16; Gl 6.1).

Cristo nos fez uma limpeza inicial. É nossa responsabilidade manter essa limpeza diariamente através da ação da Palavra. Devemos lavar uns aos outros no Espírito de Cristo e em verdadeira humildade. A Igreja deve ser santificada, purificada e consagrada ao Senhor através da lavagem da água pela Palavra!

A NUVEM DE GLÓRIA

Êx 40.1-38; Nm 9.15-23

Nesta parte final, examinaremos o coroamento de glória na conclusão da obra que Deus havia incumbido a Moisés.

Quando o Tabernáculo e todos os seus utensílios foram concluídos, os edificadores trouxeram tudo a Moisés para que ele verificasse se tudo havia sido construído de acordo com o padrão divino.

Os capítulos finais do livro de Êxodo (39 e 40) mencionam 17 vezes que tudo foi feito "como o SENHOR tinha ordenado a Moisés".

Moisés levantou o Tabernáculo, posicionando os móveis nos lugares divinamente designados, aspergindo tudo com sangue e ungindo com santo óleo. Assim "... Moisés terminou a obra" (Êx 40.33).

Tudo isso foi feito no dia em que o Tabernáculo foi dedicado ao Senhor.

Depois de tudo isso, as Escrituras nos dizem que "então a nuvem cobriu a Tenda do Encontro, e a glória do SENHOR encheu o tabernáculo" (Êx 40.34).

Nem mesmo Moisés pôde entrar no Tabernáculo porque a nuvem de glória estava sobre ele e enchia o local. Este foi o selo de Deus sobre a obra que Ele mesmo havia planejado e que tinha sido edificada pela sabedoria e pelo Espírito de Deus através de vasos escolhidos, de acordo com o modelo revelado a Moisés no monte de Deus.

Daquele dia em diante, a nuvem iria guiar a peregrinação da nação pelo deserto.

A nuvem de glória representa a presença do Espírito Santo. Ele é a nuvem da presença de Deus que cumpre, em seu ministério e atuação, tudo que a figura da nuvem de glória representava para Israel.

Apresentamos a seguir um breve resumo abordando a história, função e ministério da "nuvem" em relação aos filhos de Israel e ao Tabernáculo, que constituíam a "congregação no deserto" (At 7.38).

1. O Senhor conduziu Israel na saída do Egito para a terra prometida através de uma coluna de nuvem (de dia) e de fogo (à noite). Esta é primeira menção à nuvem (Êx 13.21,22). Observe as bênçãos recebidas pela presença da nuvem:

a. O Senhor ia adiante deles. Ele vai adiante da Igreja.
b. O Senhor os conduzia. Assim o Espírito Santo conduz a Igreja.
c. A nuvem proporcionava-lhes luz à noite. Luz em meio às trevas.
d. A nuvem era uma coluna de fogo, aquecendo-os durante a noite.
e. A nuvem proporcionava uma sombra para eles durante o dia, aliviando-os do calor.

Tudo que a nuvem representava para Israel, o Espírito Santo representa para a Igreja.

2. A nuvem guiou Israel através do Mar Vermelho. A nuvem trouxe trevas para os egípcios, mas iluminou o caminho para os israelitas, o povo de Deus (Êx 14.19-31; compare com 2 Co 2.15,16). O Senhor estava na nuvem, de modo que esta era uma manifestação visível da presença do Senhor para a nação. Paulo nos fala que os filhos de Israel foram "batizados na nuvem e no mar" (1 Co 10.1-4).

3. A glória do Senhor apareceu na nuvem (Êx 16.10).

4. A nuvem por fim conduziu o povo para o monte Sinai e colocou-se sobre o monte. A voz de Deus falou à nação através da nuvem, na festa de Pentecostes (Êx 19.9-19; Dt 5.22).

5. Moisés subiu ao monte Sinai em meio à nuvem e esteve ali por 40 dias e 40 noites. Ali na presença da glória de Deus, Moisés recebeu os Dez Mandamentos e a revelação da construção do Tabernáculo (Êx 24.15-18; 34.5-7).

6. Durante a dedicação do Tabernáculo, a nuvem de glória (os hebreus referem-se ela como "Shekinah"), deixou o Sinai e habitou no Tabernáculo, sobre o trono de misericórdia (propiciatório) aspergido com sangue, no meio do povo de Israel (Êx 40.34-38).

7. O Senhor aparecia na nuvem sobre o propiciatório e ali Deus falava com Moisés e lhe dava as instruções divinas (Lv 16.1,2; Nm 7.89).

8. A nuvem de glória guiou todas as jornadas de Israel pelo deserto, até levá-los para a terra de Canaã.
Quando a nuvem se movia, eles se moviam. Quando a nuvem parava, eles acampavam. Os sacerdotes deveriam estar continuamente atentos à nuvem, dia e noite, e deveriam tocar as trombetas para que o acampamento de Israel se movesse de acordo com a orientação de Deus, seja de dia ou de noite, seja qual fosse o dia, o mês ou o ano (Nm 9.15-23; 10.1-36; Dt 1.33; Ne 9.9; Sl 78.14). A mensagem para todo o Israel era "Siga a nuvem! ".

9. Quando o Templo de Salomão foi edificado, a nuvem de glória veio sobre ele, habitando sobre a arca da aliança, a qual tinha sido previamente trazida do Tabernáculo de Moisés e do Tabernáculo de Davi (1 Rs 8.10,11; 2 Cr 5.13,14).

10. O final da história da nuvem no Antigo Testamento é trágico em relação à nação de Israel, visto que a nuvem de glória afastou-se do Templo, pois este havia sido profanado com muitas abominações. Deus permitiu que o Templo fosse destruído por causa da corrupção (leia Ez 10.1-22, e compare com 1 Co 3.16,17; 6.19,20). A nuvem de glória nunca mais retornou ao Templo.

Contudo, a revelação da Bíblia no que se refere à nuvem não termina aqui. O Novo Testamento nos dá um glorioso clímax desta verdade.

Quando Jesus Cristo, o verdadeiro Tabernáculo e o verdadeiro Templo, subiu ao monte da Transfiguração, o relato nos diz que: "Uma nuvem resplandecente os envolveu, e dela saiu uma voz, que dizia: 'Este é o meu Filho amado em quem me agrado. Ouçam-no!'".

Leia cuidadosamente Mt 17.1-9; Lc 9.28-36; Mc 9.1-7.

A nuvem de glória, que havia deixado o Templo da antiga aliança (Antigo Testamento), agora descia sobre o Templo do Novo Testamento: o Senhor Jesus Cristo. A voz de Deus novamente se fez ouvir no meio da nuvem, dirigindo-se ao seu Filho.

Com relação a Cristo nós vemos:

a. A resplandecente nuvem de glória envolvendo-o no monte da Transfiguração (Mt 17.5)
b. Quando Ele foi elevado aos céus de volta ao Pai, uma nuvem o encobriu (At 1.9)
c. Ele está envolto numa nuvem (Ap 10.1)

d. Ele está assentado sobre uma nuvem branca (Ap 14.14-16)
e. Ele virá numa nuvem de glória (Lc 21.17)
f. Ele também virá em uma nuvem de glória com seus santos; esta é a grande "nuvem de testemunhas" (Mc 14.62; Mt 26.64, 1 Ts 4.17; Hb 12.1)
g. A glória que estava na nuvem será a eterna alegria dos redimidos na cidade de Deus, a Nova Jerusalém

Enquanto esperamos este dia, devemos seguir a nuvem do Espírito Santo, cujo ministério é nos levar à cidade do descanso eterno e para a glória de Deus.

PADRÃO PARA A
IGREJA NO NOVO TESTAMENTO

Podemos considerar o Tabernáculo de Moisés sob vários aspectos, todos revelando fatos verdadeiros. Nesta seção, apresentamos um breve resumo focalizando o Tabernáculo e sua mobília como uma figura da verdade vista na Igreja do Novo Testamento.

Todo o plano da redenção de Deus pode ser resumido na palavra que Deus deu a Moisés para a nação de Israel no monte Sinai: "Como os transportei sobre asas de águias e os trouxe para junto de mim" (Êx 19.4-6). Toda a história pode ser compreendida como a graça de Deus vindo alcançar e redimir o homem caído. A ordem de aproximação no Tabernáculo de Moisés nos dá uma maravilhosa figura da graça de Deus no plano da redenção, partindo da ordem da experiência do crente "em Cristo".

Da mesma maneira, a disposição do Tabernáculo é um tipo profético da restauração ou da redescoberta da verdade ocorrida durante a reforma. Cada revelação de Deus traz de volta à Igreja alguma faceta ou porção da verdade que foi confiada aos santos de uma vez por todas (Jd 3). Oferecemos um esboço dessa porção da verdade como um incentivo para estudos posteriores.

1. *O caminho da aproximação*: A entrada do pátio. É por essa entrada que o pecador é introduzido no plano de Deus. É o primeiro lugar pelo qual ele deve passar.
Verdade recuperada: A entrada nos leva à doutrina do arrependimento de atos que conduzem à morte (Hb 6.1,2).

2. *O caminho da justificação pela fé*: O altar de bronze. Este é o lugar do derramamento de sangue, onde o pecado é julgado. Depois que o pecador passa pela entrada, ele é reconciliado através do sangue do sacrifício.
Verdade recuperada: O altar de bronze aponta para a doutrina da fé em Deus (Hb 6.1,2). Essas duas verdades foram redescobertas pela Igreja durante a reforma.

3. *O caminho da purificação e santificação*: A bacia de bronze. Era na bacia que o pecador era julgado, lavado pela água e purificado pelo sacerdote. Quando nos aproximamos de Deus pela fé devemos passar por essa mesma experiência.
Verdade recuperada: A bacia de bronze simboliza a doutrina do batismo pelas águas (At 2.38-41; Mt 28.19,20; Mc 16.15-20). Santidade e santificação.

4. *O caminho para a entrada*: A porta do Lugar Santo. Ninguém poderia ministrar nesta área sem as vestes sacerdotais. A vestimenta sacerdotal que nos prepara para nos apresentarmos diante do Senhor é o batismo no Espírito Santo. Jesus disse aos discípulos que permanecessem em Jerusalém até que fossem revestidos (literalmente, no grego, "vestidos") com o poder do alto (Lc 20.49; At 2.4; 1.8).
Verdade recuperada: O batismo no Espírito Santo ou plenitude do Espírito, o uso da vestimenta sacerdotal e o acesso ao ministério sacerdotal foram restaurados à Igreja sob o derramamento ocorrido na virada do século 19. A doutrina do batismo no Espírito Santo foi redescoberta pela Igreja (Hb 6.1, 2).

5. *O caminho da iluminação*: O candelabro de ouro. Uma vez dentro do Lugar Santo, o

crente-sacerdote recebe luz, sabedoria, unção e discernimento através dos sete espíritos do Senhor da Igreja e pela revelação da Palavra de Deus.

Verdade recuperada: O candelabro transmite, de forma geral, a ideia da recuperação dos sete (7 lâmpadas) princípios da doutrina de Cristo, de modo particular à doutrina da imposição de mãos (Hb 6.2).

6. *O caminho da comunhão*: A mesa de ouro dos pães da presença. Cura divina, saúde e vida estavam na mesa dos pães da Presença. Há cura, saúde e vida quando nós discernimos o corpo do Senhor, tanto física quanto espiritualmente, nesta mesa.

Verdade recuperada: A doutrina da mesa do Senhor e da comunhão é restaurada nesta figura do Tabernáculo. É na mesa do Senhor que a verdade doutrinária de vida, saúde e cura divina é redescoberta. É na mesa que o corpo do Senhor deve ser discernido e a unidade com Cristo experimentada (1 Co 11.23,24; Mt 26.26-28). Na mesa nós vemos o relacionamento da nova aliança com Cristo e os membros do Corpo de Cristo.

7. *O caminho da oração, adoração e intercessão*: o altar de ouro do incenso. Quando nos apresentamos diante de Senhor, nossas orações, nosso louvor e nossa adoração sobem além do véu (Sl 141.1,2; Ap 5.9,10; 1.6; 1 Pe 2.5-10).

Verdade recuperada: É aqui que o espírito de oração, louvor e intercessão é restaurado à Igreja. Jesus disse que sua casa seria chamada "casa de oração" (Mc 11.17). Novamente a Igreja é conduzida à adoração em Espírito e em verdade enquanto Deus restaura o altar de incenso (Jo 4.24).

8. *O caminho de acesso à glória de Deus*: O véu no Lugar Santíssimo. Pelo sangue de Jesus o crente tem acesso além do véu, para entrar no Lugar Santíssimo (Hb 9.1-10; 10.19-22; 6.19,20).

Verdade recuperada: Aproxima-se o tempo, simbolizado pelas cerimônias do grande Dia de Expiação na nação de Israel, em que a Igreja (Israel espiritual) terá acesso à própria glória de Deus. Essa será uma ocasião em que muitas de nossas verdades "teóricas" deverão se tornar "verdades experimentais". Há esperança para aqueles que entram no véu. Jesus, nosso Precursor, já entrou ali por nós.

9. *O caminho da glorificação*: A arca da aliança. Esta é a última peça da mobília a ser considerada e nos aponta para a obra consumada da redenção, o aperfeiçoamento dos santos (Hb 6.1,2; Rm 8.26-30).

Verdade recuperada: Isso aponta para a conclusão do plano de redenção de Deus, a glorificação da Igreja e do crente. Isso nos leva a um tempo em que a glória Shekinah de Deus estará presente em meio ao seu povo redimido (Ap 21.1-5). Os itens da arca apontam para os vários aspectos envolvidos aqui:

a. O maná: Cristo é a nossa garantia de vida eterna e imortal (2 Tm 1.9,10)
b. A vara: Cristo é nosso sacerdote para sempre, segundo a ordem de Melquisedeque (Sl 110.1-4)
c. As tábuas da Lei: Cristo é o nosso legislador eterno. Sua Lei está escrita em nossos corações.

Nós seremos eternamente obedientes à sua vontade (Is 33.22)
No plano da redenção o crente começa pelo pátio (bronze) vai até o Lugar Santo (prata

e ouro) e chega finalmente, ao Lugar Santíssimo (ouro). Isso simboliza a caminhada do crente e sua experiência "em Cristo" da justificação para ser glorificado, da terra para a glória. O Tabernáculo como um todo pode, portanto, ser visto como o caminho de adoração e ministério. O Tabernáculo expressa Cristo e a Igreja. Este significado pode ser resumido da seguinte forma:

    a. O Tabernáculo foi o único lugar onde Deus registrou seu nome (2 Sm 6.1,2)
    b. O Tabernáculo era o único lugar de Adoração (Jo 4.24)
    c. O Tabernáculo era o lugar onde todos os sacerdotes serviam ao Senhor (Ap 1.6)
    d. O Tabernáculo era o lugar de habitação de Deus. Ele habitava no meio de seu povo através da coluna de fogo e da nuvem

Todas essas coisas podem ser encontradas na Igreja do Novo Testamento. A Igreja é o único lugar onde Deus registra seu nome, onde aceita a verdadeira adoração, recebe ministrações sacerdotais e habita em meio à nuvem e ao fogo de sua presença na pessoa do Espírito Santo (Mt 18.20; 1 Co 3.16; 2 Co 6.16).

As igrejas de hoje deveriam manifestar, pregar e usufruir dessas verdades. Desde a Reforma, o Senhor tem restaurado essas verdades que estavam perdidas na "Idade das Trevas" da Igreja aos crentes. Todas as igrejas do Novo Testamento deveriam lutar " pela fé de uma vez por todas confiada aos santos" (Jd 3). Todos nós devemos pedir ao Senhor para que cada peça da mobília seja colocada e firmada na Igreja e para que as verdades espirituais sejam compreendidas por todos que buscam o caminho do Senhor.

A vontade de Deus é que cada igreja se amolde ao padrão revelado no monte, pois Ele só poderá abençoar plenamente e colocar sua glória sobre a igreja que se submeter ao padrão divino revelado em sua Palavra. A Palavra de Deus é o padrão pelo qual cada igreja da nova aliança, ou Novo Testamento, será avaliada.

Nos últimos dias, o monte da casa do Senhor será estabelecido (Is 2.1-4).

CRISTO NO SANTUÁRIO CELESTIAL

Até agora vimos a relação entre o Tabernáculo e o ministério redentor do Senhor Jesus Cristo. Também consideramos o Tabernáculo com relação ao crente e à Igreja. Oferecemos a seguir um breve resumo da importância do Tabernáculo com relação ao ministério de Cristo no Santuário celestial.

Embora todos os aspectos analisados anteriormente sejam verdadeiros, usaremos aqui a epístola aos Hebreus como base dos conceitos apresentados nesse esboço. O escritor da carta aos Hebreus apresenta Cristo, nosso grande sumo sacerdote, segundo a ordem de Melquisedeque, servindo no Santuário celestial.

Por se tratar de um tema bastante vasto, é provável que nossa abordagem não alcance adequadamente todos os aspectos, pois como já foi dito, esse é apenas um esboço. Nossa intenção é simplesmente oferecer algumas ideias que o professor e o estudioso poderão desenvolver através do exame cuidadoso da Palavra de Deus. Sugerimos os temas abaixo para posterior estudo nesta área.

1. *O santuário celestial: uma realidade* – As Escrituras demonstram claramente que existe um santuário celestial verdadeiro, do qual o Santuário terreno é apenas uma sombra. Por essa razão é que o Santuário que Moisés edificou conforme o modelo de Deus era simplesmente uma cópia ou esboço das coisas celestiais. Tudo que havia no Santuário terreno aponta para o perfeito ministério de Cristo no Santuário celestial. Examine as seguintes passagens das Escrituras a este respeito: Hb 8.1-5; 9.1-15, 23,24; Ap 11.19 e 15.5-8.

2. *Os três lugares ou compartimentos* – O Santuário terreno tinha três lugares ou compartimentos: o pátio, o Lugar Santo e o Lugar Santíssimo. Esses três lugares juntos formavam um só Santuário ou um só Tabernáculo, onde Arão exercia seu ministério sacerdotal. Nessas três áreas o sumo sacerdote intercedia em favor do povo. Esses três lugares correspondem aos três lugares do Santuário celestial verdadeiro, chamados "os três céus", que podem ser assim resumidos:

a. Céu atmosférico: É o primeiro céu, que corresponde ao pátio
b. Céu planetário: É o segundo céu, que corresponde ao Lugar Santo
c. Céu dos céus: É o terceiro e mais alto céu, que é representado pelo Lugar Santíssimo
Jesus Cristo, nosso grande sumo sacerdote, ministra no terceiro céu, diante da presença de Deus, em nosso favor. Foi para esse terceiro céu que Paulo foi levado quando ouviu coisas que não podia mencionar. Esse terceiro céu é o próprio paraíso de Deus (compare com 2 Co 12 1-4; Lc 23.43; Hb 9.24).

Em sua ascensão, Cristo "adentrou os céus" (Hb 4.14), entrando no terceiro céu, o Lugar Santíssimo dos céus, e sentou-se à direita do Altíssimo. É desse lugar que Ele ministra no Santuário celestial.
Na ilustração que nos foi concedida no Tabernáculo, a terra corresponde ao deserto, no qual Israel (a Igreja no deserto) peregrinou.

3. *O grande sumo sacerdote* – Jesus é o nosso grande sumo sacerdote segundo a ordem de Melquisedeque. O ministério de Arão como sumo sacerdote em favor da nação de

Israel prenunciava o ministério de Cristo em favor da Igreja da nova aliança ou Novo Testamento, a qual é o seu corpo. A epístola aos Hebreus relata o sacerdócio de Cristo. Ele é rei e sacerdote. Ele governa, reina, intercede e ministra em favor do seu próprio povo, que também é chamado para ser uma nação de reis e sacerdotes junto a Deus, nessa mesma Ordem (compare Hb 4.14-16; 5.1-10; 7.1-28; 8.1-5; 1 Pe 2.5-9; Ap 1.6; 5.9,10). Cristo "adentrou o santuário interior, por trás do véu" (Hb 6.19-21; 10.19-22). Espiritualmente, o crente pode entrar no Santo dos Santos pelo caminho que Ele abriu por meio do véu, isto é, do seu corpo. É nesse local que Cristo concede salvação e redenção ao seu povo.

Se observarmos o Tabernáculo à luz dessa verdade, a epístola aos Hebreus se tornará mais significativa para os que desejarem descobrir as verdades ocultas de Deus (Pv 25.2).

OS METAIS DO TABERNÁCULO

Ao longo desse estudo, pudemos constatar a importância dos vários metais usados em objetos do Tabernáculo em relação ao lugar em que se encontravam. Apresentamos a seguir um resumo de nossas conclusões.

1. *O pátio* – predomínio do bronze. Sua mobília era de bronze, as colunas se apoiavam em bases de bronze e os ganchos eram feitos de bronze. O bronze simboliza o ministério do Espírito Santo. Ele é o "espírito de julgamento" (Is 4.4; Jo 16.7-9). Há muitas figuras do bronze relacionadas ao juízo, por exemplo:

a. A serpente de bronze foi erguida em relação ao julgamento do pecado (Nm 21.7-9).
b. "Vi alguém semelhante a um filho de homem... seus pés eram como bronze numa fornalha ardente" (Ap 1.12-15; 10.1; Dn 10.6).
c. Os céus se tornariam como bronze se Israel não obedecesse à Palavra de Deus (Dt 28.13-23).
d. Os incensários "dos homens que pelo seu pecado perderam a vida" eram feitos de bronze. Eles trouxeram juízo sobre si (Nm 16.36-40).
Em nossa caminhada espiritual, devemos começar pelo bronze, isto é, o pecado precisa primeiramente ser julgado. A convicção do pecado, da justiça e do juízo é obra do Espírito Santo em nossas vidas.

2. *O Lugar Santo* – distingue-se pelo ouro, mas toda a estrutura do Tabernáculo é fixada em bases de prata. A prata simbolizava o dinheiro da expiação, o dinheiro da redenção, o preço de uma alma. Ela revela o ministério redentor do Filho de Deus (Êx 30.11-16). A prata é encontrada nos seguintes lugares:

a. José foi vendido por vinte peças de prata (Gn 37.28)
b. Escravos eram vendidos por certa quantia de prata (Êx 21.32)
c. Jesus foi traído por trinta moedas de prata (Mt 27.1-9; Zc 11.12,13)

Do bronze do pátio nos dirigimos à prata do Lugar Santo. Deixamos o lugar do juízo contra o pecado e nos dirigimos ao lugar da redenção. Não fomos redimidos "por meio de coisas perecíveis como prata ou ouro... mas pelo precioso sangue de Cristo" (1 Pe 1.18,19).

3. *O Lugar Santíssimo ou Santo dos Santos* – caracterizada pelo uso do ouro. O ouro é um símbolo do Pai. A palavra "ouro" no hebraico literalmente significa "aquilo que brilha". O ouro simboliza a glória Shekinah de Deus. O ouro aparece geralmente associado ao Deus verdadeiro, e também aos deuses, ídolos e objetos de adoração. Em relação ao verdadeiro Deus, o ouro evidencia sua glória e sua natureza divina. Em relação ao santos, o ouro representa a participação deles na natureza, caráter e glória de Deus, que neles opera (Is 31.7; Ct 5.11; At 17.29; Ap 21.18, 21; 2 Pe 1.4; 1 Pe 1.7; Jó 23.10). Este é o último metal da nossa caminhada espiritual: a glória de Deus (ouro).
Assim, nossa caminhada em direção a Deus é tipificada nesses três lugares do Tabernáculo, demonstrando nosso progresso espiritual e nossa experiência com Deus. Iniciamos nossa jornada pelo bronze no pátio, passando pelo juízo do pecado e do nosso eu. Em seguida provamos a prata do Lugar Santo e a redenção pelo sangue. Finalmente, atingimos a glória de Deus e desfrutamos do ouro do Lugar Santíssimo.

SIGNIFICADO PROFÉTICO DAS MEDIDAS DO TABERNÁCULO

Um aspecto adicional da verdade revelada no Tabernáculo diz respeito às suas medidas. As medidas para a construção do Tabernáculo foram dadas diretamente por Deus através do "modelo" fornecido a Moisés no monte Horebe. Certamente Deus tinha algo em mente, pois Ele nunca faz nada sem um propósito. Toda palavra que procede da sua boca é uma revelação da verdade divina, do mesmo modo que cada palavra que Ele falou a Moisés tinha uma porção especial de revelação.

O Tabernáculo em si contém muitos aspectos da verdade. Não só revela verdades proféticas com relação a Cristo e à Igreja, como também pode ser interpretado em relação aos períodos de tempo relativos ao plano de redenção. A Bíblia menciona as medidas de três lugares: o pátio, o Lugar Santo e o Lugar Santíssimo.

As Escrituras nos dizem que as eras (no grego, aionios) foram formadas pela Palavra de Deus (Hb 11.3). Tal fato nos revela que Deus, o Pai, enviou seu Filho "no fim dos tempos" (grego: aion – Hb 9.26) para resolver de uma vez por todas o problema do pecado. Isso revela que foi através do Filho que Deus "fez as eras" (grego, aionios). Paulo nos diz que somos um povo "sobre quem tem chegado o fim dos tempos" (grego, aionios – 1 Co 10.11), e menciona frequentemente as "eras que hão de vir" (Ef 2.7). Muito embora esta palavra seja traduzida algumas vezes como "universo", a palavra grega é a mesma em todos os casos. A palavra "aionios" simplesmente significa "um período de tempo determinado, ou um período messiânico". Portanto, de acordo com o significado profético, chamaremos esses períodos de tempo de "eras" ou "dispensações".

1. A era ou dispensação da Lei – o pátio

O pátio, com suas paredes de cortinas de linho, deveria medir, de acordo as medidas expressas em Êxodo 26.9-19 (ERA):

O lado norte – 100 côvados de comprimento
O lado sul – 100 côvados de comprimento
O lado oeste – 50 côvados de largura
O lado leste – 50 côvados de largura
Total – 300 côvados de perímetro

A cortina de linho que incluía o muro ao redor do pátio deveria ter cinco côvados de altura. A entrada do pátio também deveria ter cinco côvados de altura. Para determinar a área total do pátio temos que multiplicar 300 x 5. A área limitada pelas cortinas de linho (incluindo a entrada) era de 1.500 côvados quadrados.

Esse é um número profético dos 1.500 anos da dispensação da Lei, de Moisés até Jesus ou do êxodo de Israel do Egito até a crucificação de Jesus Cristo no Calvário. É nesta parte que nós vemos as 60 colunas nas bases de bronze, com um topo revestido de prata e ligaduras também de prata. Isso representa os 60 homens da genealogia de Adão até o Messias registrada nos evangelhos de Mateus e Lucas.

O metal predominante no pátio era o bronze, uma figura do período da Lei, ou do Juízo, a "Era do Bronze". Entretanto, esses 60 homens eram "homens de fé", conectados através dos ligamentos de prata da propiciação pela fé na vinda do Messias de Deus. Nesta figura do pátio, as colunas da entrada representam os quatro evangelhos.

O altar de bronze (sangue) e a bacia de bronze (água) eram os dois elementos que caracterizavam o pátio. Quando Jesus Cristo morreu na cruz, fluiu do seu lado ferido e perfurado uma mistura de sangue e água (Jo 19.33,34), cumprindo e ao mesmo tempo abolindo esses artigos de bronze. Jesus foi julgado na cruz por nossos pecados, tornando-nos limpos por meio da lavagem verdadeira produzida pelo seu próprio sangue e água (1 Jo 5.6-8).

Assim, encontramos no pátio características típicas do período da dispensação da Lei ou anterior à cruz, que apresentamos de forma resumida no esboço a seguir.

a. Os 1.500 côvados quadrados da área de linho são significativos dos 1.500 anos da aliança estabelecida com Moisés, o mediador da antiga aliança, até Cristo, o mediador da nova aliança.
b. As 60 colunas em bases de bronze ligadas por ligaduras de prata representam de modo significativo os 60 homens da linhagem messiânica e da genealogia de Cristo, de Adão até Cristo.
c. O altar de bronze (sangue) e a bacia de bronze (água) eram símbolos proféticos da água e do sangue que fluíram do lado de Jesus na cruz. Esse evento marcou o fim da dispensação da Lei e introduziu a Dispensação da Igreja, o que nos leva à entrada do Lugar Santo.
d. As quatro colunas da entrada do pátio e as quatro cores correspondem aos quatro evangelhos, que nos apresentam todas as verdades representadas simbolicamente acima.

Assim, a marca da dispensação da Lei é vista de forma evidente no pátio, em seus metais e artigos, e nas medidas das cortinas e da entrada.

2. A dispensação da Igreja – o Lugar Santo

O Lugar Santo do Tabernáculo media 20 côvados de comprimento, 10 côvados de largura e 10 côvados de altura, totalizando 20 x 10 x 10 = 2.000 côvados cúbicos. As peças ou artigos do mobiliário característicos desse local eram o candelabro de ouro, o altar de ouro do incenso e a mesa dos pães da Presença. A estrutura de tábuas revestidas de ouro era fixada em bases de prata proveniente do dinheiro da redenção ou preço do resgate. Sua área era limitada por duas entradas: a entrada do Tabernáculo numa das extremidades e o segundo véu na outra. A entrada do Tabernáculo estava voltada para o Lugar Santo; o véu protegia o Lugar Santo e desembocava no Lugar Santíssimo. O Lugar Santo apresentava sinais e características do período pertencente à Dispensação da Igreja ou dispensação do Espírito Santo.

Podemos resumir estes pontos da seguinte forma:

a. Os 2.000 côvados cúbicos do Lugar Santo são proféticos dos 2.000 anos da dispensação da Igreja ou da presente dispensação do Espírito Santo, que teve início com a morte, sepultamento, ressurreição, ascensão, exaltação e glorificação do próprio Senhor Jesus Cristo, e o derramamento do Espírito no Pentecostes.
b. A porta do Tabernáculo simboliza o Senhor Jesus Cristo (Jo 10.9), o término do pátio (dispensação da Lei) e a abertura da entrada para o Lugar Santo (dispensação da Igreja). Essa porta também estava ligada à cruz de Jesus, que se tornou a verdadeira porta. A cruz encerra a antiga aliança e a dispensação da Lei e inaugura a era da nova aliança, a dispensação da Igreja, a dispensação da graça e da fé, e a dispensação do Espírito.
c. As cinco colunas representam os cinco escritores das epístolas do Novo Testamento

para as Igrejas, que nos falam do comportamento dos crentes como sacerdotes que ministram junto ao Senhor nos 2.000 côvados cúbicos do Lugar Santo (a dispensação da Igreja).

d. Os artigos do mobiliário do Lugar Santo têm um significado relacionado à dispensação da Igreja:

> O candelabro de ouro representa a luz da Igreja para ungir, iluminar, frutificar, conceder dons do Espírito e discernir a Palavra de Deus (Ap 1.20). A única luz que havia no Lugar Santo era aquela que vinha do candelabro. A Igreja é a única luz nesses 2.000 anos.
>
> A mesa de ouro dos pães da Presença é um modelo da mesa do Senhor, a verdadeira comunhão entre Cristo e a Igreja, provada nesses 2.000 anos pelos crentes [sacerdotes] (1 Co 11.23,24).
>
> O altar de ouro do incenso enfatiza o ministério de oração, adoração e intercessão que deve caracterizar a Igreja enquanto ela exerce seu ministério diante do Senhor (Ap 8.1-3).

e. Não havia absolutamente nenhum sacrifício animal ou derramamento de sangue de animal no Lugar Santo. Todos esses sacrifícios aconteciam no pátio. Tudo se consumava ali. Isso é representativo do fato de que não há necessidade de nenhum sacrifício de animais na dispensação da Igreja. Tais sacrifícios foram consumados e abolidos na cruz do Calvário através do perfeito sacrifício de Jesus pelo pecado, uma vez por todas. Deus nunca iria exigir novamente aquilo que foi abolido na cruz, isso seria um insulto ao Calvário. Qualquer sacrifício animal depois do Calvário seria uma abominação a Deus e um insulto à obra de Cristo.

f. As tábuas da estrutura do Tabernáculo estavam fixadas em bases de prata obtidas pelo preço da redenção. Isto é um símbolo profético e um tipo da Igreja, que é a habitação de Deus no Espírito, permanecendo sobre o patamar da redenção. A Igreja está firmada sobre a prata, e não sobre o bronze! O pecado precisa ser julgado. Só os crentes podem permanecer no Lugar Santo, aqueles que foram redimidos e constituídos sacerdotes(Ap 1.6; 5.9,10; Ef 2.19-22).

Assim, a marca da dispensação da Igreja está estampada sobre o Lugar Santo, seus metais, seu mobiliário e suas medidas.

3. A dispensação ou era do Reino – o Lugar Santíssimo

O Lugar Santíssimo ou Santo dos Santos media 10 côvados de altura, 10 de largura e 10 de comprimento, sendo assim um lugar cúbico e quadrangular, formando um cubo com 1.000 côvados cúbicos (10 x 10 x 10). Nele havia apenas uma mobília, a arca da aliança. O Lugar Santíssimo era o próprio trono de Deus em Israel. Deus habitava entre seu povo nesse Lugar Santíssimo quadrangular.

Sobre a arca da aliança estava o propiciatório (trono de misericórdia) aspergido com sangue, sobre o qual a própria presença e a glória Shekinah do Senhor Deus repousavam. Sua glória enchia aquele lugar e cobria o chão de terra do Tabernáculo. A única fonte de luz no Lugar Santíssimo era esta glória visível de Deus.

Na arca da aliança havia três elementos: as tábuas da Lei; o vaso de ouro com o maná e a vara de Arão que floresceu (no Templo de Salomão somente as tábuas da Lei permanecem na arca – 1 Rs 8.8-11 e 2 Cr 5.9,10).

Todos esses fatos relacionados ao Lugar Santíssimo apontam para a era vindoura ou dispensação do Reino no sentido pleno da palavra. O resumo a seguir nos dará uma ideia dessa dispensação:

a. Os 1.000 côvados cúbicos do Lugar Santíssimo tornam-se uma profecia do período do Milênio, no aspecto relativo à terra e ao plano de Deus na redenção (veja o que é relatado em Ap 20.1-6).
b. A arca da aliança representa o trono de Deus e do Cordeiro, que estará com os homens aqui na terra (Mt 6.9,10; Jr 3.17; Ap 22.1,2).
c. As medidas quadrangulares simbolizam a imagem final da quadrangular cidade de Deus, a cidade santa, a Jerusalém celestial (Ap 21.1-5).
d. A glória Shekinah e a presença de Deus na arca enchendo o Lugar Santíssimo e cobrindo o chão representam a terra sendo cheia do conhecimento da glória do Senhor, como as águas cobrem o mar (Hc 2.14; Is 11.9).
e. Os elementos no interior da arca simbolizam o fato de que todos que entrarem nos 1.000 côvados cúbicos, ou na dispensação do Reino terão:

Partilhado de Cristo, o maná celestial (Ap 2.17; Jo 6.47-58)
Aceitado a Cristo, o sacerdote celestial segundo a ordem de Melquisedeque e se submetido ao Renovo que brotou da vara de Deus, Jesus (Is 11.1-4)
A Lei de Deus escrita em seus corações e mentes sob a nova aliança (Jr 31.31-34)

f. Assim como ninguém pode entrar sem sacrifício de sangue no Lugar Santíssimo (Hb 9.7), também ninguém entrará na dispensação do Reino sem ter nascido de novo ou nascido do alto. "Ninguém pode ver o Reino de Deus, se não nascer de novo" (Jo 3.1-5).
g. As duas entradas do Tabernáculo correspondem à primeira e segunda vinda do Senhor Jesus Cristo. A porta era a primeira entrada e permitia o acesso ao Lugar Santo, os 2.000 côvados. Isso corresponde à primeira vinda de Cristo, que abriu a porta para os 2.000 anos da dispensação da Igreja. O segundo véu corresponde à segunda vinda de Cristo. Este véu protegia a entrada do Lugar Santo (2.000 anos) e permitia a entrada no Lugar Santíssimo (1.000 anos). Então as Escrituras serão cumpridas em sua plenitude: "Agora o tabernáculo de Deus está com os homens, com os quais ele viverá. Eles serão os seus povos; o próprio Deus estará com eles e será o seu Deus" (Ap 21.3).

Deste modo, o Lugar Santíssimo apresenta os sinais e as características da dispensação do Reino do Milênio.

Resumindo as medidas proféticas do Tabernáculo, nós temos:

1. Os 1.500 anos da dispensação da Lei – de Moisés até Jesus
2. Os 2.000 anos da dispensação da Igreja – da primeira até a segunda vinda de Cristo
3. Os 1.000 anos da dispensação do Reino – da segunda vinda até os novos céus e nova terra

Nota: Para uma síntese desses conceitos, consulte o diagrama das Dispensações.

4. Uma palavra de explicação

Alguns poderão questionar como nós chegamos às medidas do Lugar Santo e do Lugar Santíssimo já que elas não são expressamente citadas nas Escrituras. Por essa razão, cremos que uma palavra de explicação a esse respeito seria bastante apropriada. Determinadas medidas são indiscutíveis, pois são expressas claramente nas Escrituras. Como:

1. A altura da estrutura do Tabernáculo, incluindo o Lugar Santo e o Lugar Santíssimo, é determinada pela altura das tábuas colocadas verticalmente para compor os lados do Tabernáculo. Essas tábuas tinham 10 côvados de comprimento ou quatro metros e meio (Êx 26.16). A altura do Tabernáculo, portanto, era de 10 côvados.

2. O comprimento total da estrutura do Tabernáculo pode facilmente ser determinado com base na largura das tábuas que compunham cada lado. Cada tábua, como já dissemos, deveria ter 1 ½ côvado de largura (70 cm). Havia vinte tábuas assim, tanto do lado norte quanto do lado sul. O comprimento da estrutura do Tabernáculo, portanto, era de 30 côvados (20 x 1 1/2 – Êx 26.18-21 ERA).

Em relação a essas duas medidas não há dúvida. Contudo, quando consideramos a largura do Tabernáculo e o tamanho do Lugar Santo em relação ao Lugar Santíssimo, o caso é diferente. Devido à incerteza da exata posição e tamanho das tábuas do canto, e por não haver indicação exata da colocação do segundo véu, há muita confusão. Acreditamos que as medidas usadas nesse estudo são as mais lógicas. Não somente a tradição está do nosso lado, mas quando consideramos as medidas das cortinas em relação a toda a estrutura, esta conclusão se evidencia. Apresentamos a seguir as conclusões a que chegamos:

a. A largura da estrutura do Tabernáculo, incluindo as 6 tábuas da ponta (6 x 1 1/2 = 9), mais a largura das tábuas do canto (1/2 + ½ = 1) nos leva a concluir que seriam 10 côvados, o que pode ser confirmado pelas coberturas do Tabernáculo.

b. O Lugar Santíssimo seria um cubo perfeito, colocando o segundo véu 10 côvados da extremidade oeste do Tabernáculo. A disposição das coberturas também confirma esta conclusão.

Examinemos brevemente as cortinas e coberturas que foram colocadas no Tabernáculo no que diz respeito às medidas envolvidas. A primeira cortina colocada sobre a estrutura era feita de linho fino. Ela era um conjunto de dez cortinas unidas por duas partes de cinco cortinas cada. As medidas de cada cortina eram de 4 côvados de largura x 28 côvados de comprimento (1,80 de largura e 12,60 m de comprimento). Quando as metades se uniam, formavam duas cortinas nas medidas de 20 (4 x 5) x 28 côvados. Essas duas metades eram unidas com 50 laçadas de tecido azul e 50 colchetes de ouro. A cortina inteira, depois de unida, media 40 (2 x 20) x 28 côvados (Êx 26.1-6 – ERA).

Esta cortina de linho fino deveria ser pendurada sobre a estrutura do Tabernáculo. Não sabemos exatamente onde essa cortina deveria ser pendurada, mas pelas indicações de algumas passagens, podemos ter uma boa ideia do local. Não temos razão para acreditar que a cortina de linho fino se estendia além da porta do Lugar Santo. As cortinas de pelo de cabra, que iremos considerar em seguida, se estendiam além da porta, mas neste caso Deus revelou o que deveria ser feito com a sobra. Em relação à cortina de linho fino, não dispomos dessa informação.

Já que a altura (10 côvados) e o comprimento (30 côvados) da estrutura são conhecidos, podemos chegar a uma medida de 40 x 28 côvados de cortinas de linho sobre a estrutura. Quando colocamos essa medida junto a da extremidade da porta, descobrimos algo em torno de trinta côvados de comprimento mais um adicional de dez côvados para cobrir a parte de trás da parede. Nesse caso, isto colocaria os colchetes e as laçadas exatamente a 10 côvados da extremidade oeste. Se o Lugar Santíssimo era em formato de cubo, os colchetes e as laçadas estariam diretamente sobre o véu. Haveria um lugar mais adequado para essa divisão?

Em relação às cortinas de pelo de cabra o quadro é um pouco diferente. Essas cortinas eram formadas por um conjunto de 11 cortinas, cuja medida individual era de 4 x 30 côvados, divididas em um grupo de 5 e outro de 6. O grupo de cinco cortinas media 20 x 30 côvados, enquanto que as outras cortinas mediam 24 x 30 côvados. Essas duas metades eram unidas por 50 laçadas e 50 colchetes de bronze, dando um total de 44 x 30 côvados de medida. Essas cortinas ficavam sobre as cortinas de linho fino.

Ao considerar as cortinas de pelo de cabra, levamos em conta três fatos. Primeiramente, encontramos que o comprimento da cortina extra (a sexta cortina) deveria ser dobrado na parte da frente do Tabernáculo (Êx 26.9). Em segundo lugar, a metade da cortina que sobrasse deveria ser pendurada na parte de trás do Tabernáculo (Êx 26.12). Por fim, não há nenhuma indicação nas Escrituras de que as coberturas chegassem a encostar no chão, contudo, podemos afirmar que todo o ouro do Tabernáculo ficava coberto e não podia ser visto por aqueles que estavam do lado de fora.

A partir dessas considerações, podemos agora tratar das cortinas de pelos de cabra. Iniciando pela parte de trás, começamos do chão e cobrimos os dez côvados da parede de trás. O restante da metade desta primeira parte se estenderia em mais 10 côvados onde encontraria as laçadas e colchetes da primeira cortina de linho descrita acima (Êx 26.12). As laçadas e colchetes das cortinas de pelo de cabra estariam diretamente sobre as laçadas e colchetes das cortinas de linho fino. O segundo conjunto das cortinas de pelo de cabra então terminaria cobrindo o total de 30 côvados de comprimento da estrutura, com a medida adicional de 4 côvados. Estes quatro côvados restantes deveriam ser dobrados sobre a parte de frente (Êx 26.9).

Quando consideramos a largura das cortinas de pelo de cabra com o pensamento de que elas deveriam possivelmente cobrir e esconder todo o ouro da estrutura, temos uma ideia da largura do próprio Tabernáculo. Se essas cortinas, as quais tinham trinta côvados de largura, cobriam a altura da parede sul, que era de 10 côvados, e cobriam a altura da parede norte, que tinha 10 côvados, sobrariam 10 côvados para cobrir o teto do Tabernáculo (10 + 10 + 10 = 30). O Tabernáculo, portanto, teria dez côvados de largura.

Com as cortinas colocadas desta forma (o que parece mais de acordo com as Escrituras) não é difícil entender porque nós usamos as medidas do modo como usamos. Há uma divisão natural dessas duas coberturas com laçadas e colchetes. É difícil pensar que isto não se daria no lugar do véu. Quando isso é somado aos 30 côvados de largura das cortinas de pelo de cabra, chegamos à seguinte conclusão:

Lugar Santo   20 x 10 x 10   = 2.000 (dispensação da Igreja)
Lugar Santíssimo   10 x 10 x 10   = 1.000 (dispensação do Reino)
Total   30 x 10 x 10   = 3.000

As dimensões do Tabernáculo revelam por si mesmas os 3.000 anos de tempo desde a cruz, a primeira vinda de Cristo, passando pela segunda vinda, até os novos céus e a nova terra, na eternidade de Deus e do Cordeiro. Deus não deu essas medidas sem um significado espiritual!

CRISTO TIPIFICADO NOS MATERIAIS DO SANTUÁRIO

"No livro está escrito a meu respeito" (Hb 10.5-7)
"E no seu templo todos clamam: 'Glória!'" (Sl 29.9)

Símbolo	Representa
1. Ouro	Sua glória e natureza divina, sua divindade
2. Prata	Seu ministério e poder redentor, a expiação
3. Bronze	Sua capacidade para enfrentar o julgamento pelo pecado
4. Azul	Sua origem celestial, o Senhor dos céus
5. Roxo	Sua realeza, majestade, a nova criatura, o Deus-Homem
6. Vermelho	Seu ministério sacrificial e a glória da cruz
7. Linho fino	Sua santidade, justiça, humanidade sem pecado
8. Pelos de cabra	Sua expiação, nossa oferta pelo pecado
9. Peles de carneiro tingidas de vermelho	Sua submissão à vontade do Pai, substituição
10. Couro/Peles de animais marinhos	Sua proteção e ausência de atrativos para o homem não regenerado
11. Madeira de acácia	Sua humanidade incorruptível, a raiz, o ramo
12. O óleo da unção	Seu ministério ungido, o Cristo de Deus, o Messias
13. Os condimentos do incenso	O aroma agradável de sua vida de oração e intercessão, sua graça
14. Pedras preciosas	Sua glória sacerdotal e perfeição em favor do seu povo
15. A entrada	Cristo – o caminho
16. O altar de bronze	O sacrifício de Cristo para nossa justificação
17. A bacia de bronze	Cristo, aquele que nos purifica, nos santifica e nos separa
18. A porta	Cristo – a verdade
19. O candelabro de ouro	Cristo, a luz, o iluminador, a palavra; aquele em quem habita a plenitude do Espírito de Deus
20. A mesa dos pães da Presença	Cristo, nosso alimento, nossa comida, nosso provedor. Comunhão
21. O altar do incenso	Cristo, nosso intercessor, advogado, mediador
22. O véu	Cristo, nossa vida, nosso acesso a Deus, o Pai
23. A arca da aliança	Cristo, a plenitude da divindade encarnada
24. Os Dez Mandamentos	Cristo, nosso legislador e mantenedor da Lei
25. O vaso de ouro com o maná	Cristo, nosso maná celestial, alimento, saúde divina

26. A vara que floresceu	Cristo, nosso sumo sacerdote segundo a ordem de Melquisedeque. Ressurreto.
27. O Tabernáculo como um todo	Cristo, o Tabernáculo e habitação de Deus entre os homens
28. A glória Shekinah	Cristo, a habitação corpórea da glória de Deus
29. A nuvem e a coluna de fogo	Cristo, nosso líder e guia para o céu
30. O sumo sacerdote e vestimentas de glória e beleza	Cristo, nosso sumo sacerdote celestial que nos representa diante do Pai

SIGNIFICADO DOS NÚMEROS

Os números que aparecem na Palavra de Deus nunca são citados de forma aleatória. Cada número possui um sentido e um significado espiritual, que deve ser buscado pelo estudioso à procura da verdade, afinal, "a glória de Deus é ocultar certas coisas; tentar descobri-las é a glória dos reis" (Pv 25.2).

Toda a criação possui o "selo de Deus", uma característica numérica. Deus fez o homem limitado ao seu próprio tempo, portanto, o homem é uma criatura marcada pelos números!

Assim, é coerente com a própria natureza divina que seu Livro, a Bíblia Sagrada, seja marcada com este mesmo "selo", isto é, uma Bíblia caracterizada por números!

Embora a Bíblia tenha sido escrita por vários homens de Deus e em diferentes períodos de tempo e gerações há uma coerência ao longo do seu conteúdo, e podemos constatar através de todo o Livro, o mesmo maravilhoso propósito e harmonia no uso dos números. Começando pelo livro de Gênesis, o propósito de Deus flui através de cada livro e é consumado no Apocalipse, confirmando a divina inspiração das Escrituras (2 Tm 3.16; 2 Pe 1.21).

Apresentaremos a seguir os princípios básicos para a interpretação dos números. Aqueles que se orientarem por esses princípios estarão preservados do erro ou de falsas interpretações.

1. Os números de 1 a 13 têm um significado espiritual.
2. Os múltiplos desses números, ou dobro ou triplo, expressam basicamente o mesmo significado, porém com maior intensidade.
3. A primeira vez que um número é citado nas Escrituras geralmente transmite seu significado espiritual.
4. Coerência de interpretação: Deus é coerente. O significado de determinado número no livro de Gênesis permanece coerente até o Apocalipse.
5. O significado espiritual nem sempre é evidente; muitas vezes está oculto ou pode ser compreendido através da comparação com outras passagens das Escrituras.
6. Os números geralmente apresentam características boas ou más, verdadeiras ou falsas, divinas ou satânicas.

Nem todos os números apresentados aqui são encontrados no Tabernáculo, mas muitos deles, ou seus múltiplos, podem ser vistos. Através da consulta constante a essa lista o leitor irá se familiarizar com a verdade expressa nesses símbolos.

1	O número de Deus. Começo, origem, princípio (Gn 1.1; Mc 6.33) Número da unidade divina, Deus Triúno (Dt 6.4; "echad"(Jo 17.21-23; 1 Co 12.1-14) Primeiro – "yacheed". Único (Gn 22.2; Zc 12.10; Jo 3.16)
2	Número de comprovar, atestar, do testemunho. 1+1 = 2 (Jo 8.17,18; Dt 17.6; 19.15; Mt 18.16; Ap 11.2-4; Lc 9.30-32) Número de divisão, separação. 1 contra 1 = 2 (Êx 8.23; 31.18; Mt 7; Gn 19; Gn 1.7,8; Mt 24.40, 4)
3	Número da divindade (1 Jo 5.6,7; Dt 17.6; Mt 28.19; 12.40) Número da plenitude divina, testemunho perfeito. Triângulo (Ez 14.14-18; Dn 3.23,24; Lv 23) Três Festas (Êx 12.7; Êx 3.6)
4	Número da terra, Criação, mundo. Procede do 3, dependente dele (Gn 2.10; Lv 11.20-27; Mc 16.15; Jr 49.36; Ez 37.9; 1 Co 15.39) Quatro estações. Quatro ventos. Quatro cantos da terra

155

5	Número da cruz, graça, expiação, vida (Gn 1.20-23; Jo 10.10; e Lv 1.5) Cinco ofertas (Ef 4.11; Êx 26.3, 9, 26, 27, 37; 27.1,18; Êx 13.18) "Reserva, margem" (Js 1.14) Os cinco desejos de Satanás As cinco feridas de Jesus na cruz Nota: cinco no Tabernáculo
6	Número do homem, da besta, de Satanás O sexto dia da Criação (Gn 1.26-31) Seis gerações, Caim (Gn 4.6; 1 Sm 17.4-7; 2 Sm 21.20; Nm 35.15) Tempo: 6.000 anos
7	Número da perfeição, da plenitude. 3 + 4 = 7 O sétimo dia (Gn 2.1-3) Hb 6.1,2; Jd 14; Js 6; Gn 4.15; Lv 14.7, 16, 27, 51 Observe os "sete períodos proféticos" Número do livro de Apocalipse (Ap 1.4, 6, 12, 20; 4.5; 5.1; 6; 8.2; 10.3; 12.3; 15.1-7; 17.9,10) O número sete aparece cerca de 600 vezes na Bíblia
8	Número da ressurreição, novo começo "E ele morreu", mencionado oito vezes (Gn 5) Lv 14.10,11; Êx 22.30 Circuncisão no oitavo dia. Recebia um nome 1 Pe 3.20. Noé, a oitava pessoa 2 Pe 3.8. Novos céus e nova terra, oitavo dia Ressurreição de Jesus. Mateus 28.1; Jo 20.26 Música: oitava Valor numérico de "Jesus": 888
9	Número da totalidade, conclusão, plenitude Dígitos finais: 3 x 3 = 9 Mt 27.45. Número do Espírito Santo Gl 5.22; 1 Co 12.1-12. Fruto; 9 dons Gn 7.1, 2; Gn 17.1 Nove meses para o "fruto do ventre"
10	Número da Lei, ordem, governo, restauração Gn 1. "Deus disse" Êx 34.28; Dn 2. 10 dedos Dn 7. 10 Chifres Número da tribulação, provação, responsabilidade. 2 x 5 = 10 Mt 25.1,28; Lc 15.8; Lc 19.13-25; Nm 14.22; Ap 2.10; 12.3; Lv 27.32; Êx 12.3
11	Número da desorganização, desintegração, imperfeição. Onze: mais que 10; porém menos que 12 Gn 32.22. Onze filhos. Gn 35.16,18; 37.9 Mt 20.6; Êx 26.7. Pelos de cabra, ofertas pelo pecado. Dt 1.2 Dn 7. O "chifre pequeno" Número da iniquidade, desordem. O Anticristo
12	Número da soberania divina, plenitude apostólica Gn 49.28; Êx 15.27; Êx 28 As 12 Pedras. Êx 24.4; 28.21; Mt 19.28 Ap 12.1; Ap 21.12, 21; 22.2 Os doze apóstolos

Significado dos números

	Os doze pães da mesa do Tabernáculo Nota: O número doze na "cidade santa, Jerusalém" Apocalipse, capítulos 21 e 22
13	Número da rebelião, apostasia. Reincidir Gn 14.4; Gn 10.10 – Ninrode, 13º desde Adão Gn 17.25; 1 Rs 11.6; Et 9.1 Número da porção dobrada Gn 48. Efraim, 13ª tribo Compare Judas e Paulo
14	Número da Páscoa. 2 x 7 = 14 Êx 12.6; Nm 9.5; Gn 31.41; At 27.27-33
17	Número da ordem espiritual. 10 + 7 = 17 Gn 1; Gn 37.2; 1 Cr 25.5; Jr 32.9; At 2.9-11 "Caminhou com Deus". Gn 5.24; 6.9; Enoque, o sétimo, e Noé, o décimo Gn 7.11; 8.4. A arca repousou no 17º dia
24	Número do caminho ministerial, governo perfeito. 2 x 12 = 24 Js 4.2-9; Js 4.20; 1 Rs 19.19; 1 Cr 24.3-5; 1 Cr 25 Ap 4.4-10. Quatro seres viventes (24 asas) 24 anciãos Observe na "cidade santa, Jerusalém", em Apocalipse, capítulos 21 e 22
30	Número da consagração, maturidade para o ministério Nm 4.3; Gn 41.46; 2 Sm 5.4; Lc 3.23; Mt 26.15
40	Número da provação, teste, terminando em vitória ou juízo Nm 13.25; 14.33; Mt 4.2; At 1.3; Êx 34.27,28; Ez 4.6; At 7.30; 1 Rs 19.4-8
50	Número do Pentecostes, libertação, liberdade. Jubileu Êx 26.5, 8; Lv 23.25; 25.10,11; At 2.1-4; 2 Rs 2.7; 1 Rs 18.4, 13; Nm 8.25
70	Número que antecede o crescimento Gn 11.26; Êx 11.5; Gn 46.27; Nm 11.25; Êx 15.27; Lc 10.1; Êx 24.1,9
75	Número que indica separação, limpeza, purificação Gn 12.4; 8.5,6; Dn 12.5-13; Êx 27.1
120	Número do fim de toda carne Começo da vida no Espírito. 3 x 40 = 120 Gn 6.3; Dt 34.7; Lv 25 120 x 50 = 6.000 anos 2 Cr 3.4; 7.5; 5.12; At 1.5
144	Número da plenitude de Deus na Criação 12 x 12 = 144. Ap 21.17; 1 Cr 25.7; Ap 7.1-6; 14.1-3
153	Número do avivamento, dos eleitos Jo 21.11; 9 x 17 = 153
300	Número do remanescente fiel Gn 5.22; 6.15; Jz 8.4; 15.4 Note: As três entradas do Tabernáculo e suas medidas: 3 x 100 = 300 côvados
666	Número do Anticristo, de Satanás, o maldito Triplicado. 666. Dn 3; 1 Sm 17; Dn 7 Ap 13.18. Relacionado com o número 11 Ap 14.9-11

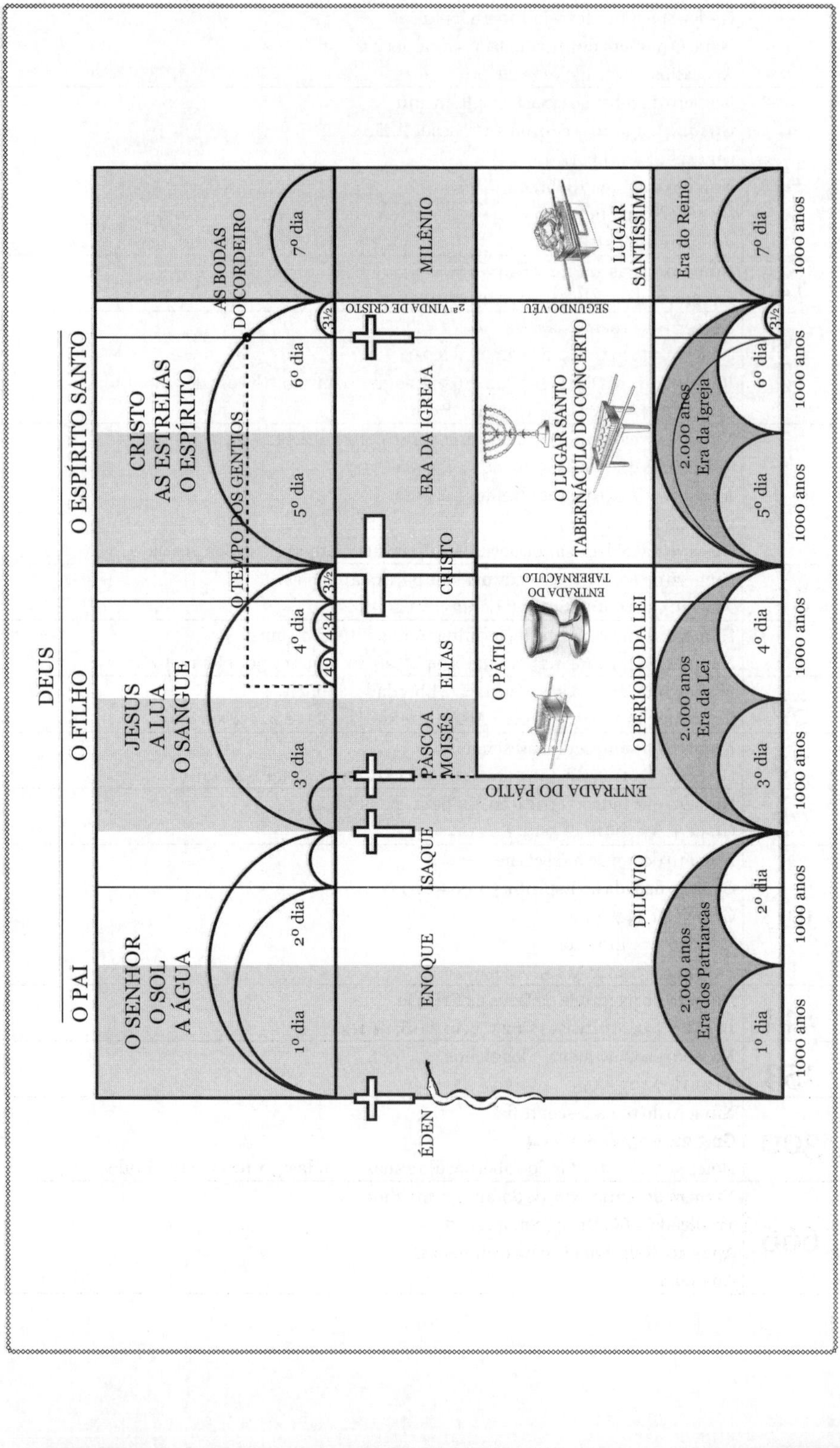
DEUS
O PAI
O FILHO
O ESPÍRITO SANTO
O SENHOR
O SOL
A ÁGUA
JESUS
A LUA
O SANGUE
CRISTO
AS ESTRELAS
O ESPÍRITO
AS BODAS
DO CORDEIRO
O TEMPO DOS GENTIOS
1º dia
2º dia
3º dia
4º dia
5º dia
6º dia
7º dia
49
434
3½
3½
ÉDEN
ENOQUE
ISAQUE
PÁSCOA
MOISÉS
ELIAS
CRISTO
ERA DA IGREJA
2ª VINDA DE CRISTO
MILÊNIO
DILÚVIO
ENTRADA DO PÁTIO
O PÁTIO
ENTRADA DO TABERNÁCULO
O PERÍODO DA LEI
O LUGAR SANTO
TABERNÁCULO DO CONCERTO
SEGUNDO VÉU
LUGAR
SANTÍSSIMO
2.000 anos
Era dos Patriarcas
2.000 anos
Era da Lei
2.000 anos
Era da Igreja
Era do Reino
1º dia
2º dia
3º dia
4º dia
5º dia
6º dia
7º dia
3½
1000 anos
1000 anos
1000 anos
1000 anos
1000 anos
1000 anos
1000 anos

BIBLIOGRAFIA

Livros consultados

Made According to the Pattern	C. W. Slemming
The Path of the Just	B. Maureen Gaglardi
Gleanings in Exodus	Arthur W. Pink
The Tabernacle, Priesthood and Offerings	Henri W. Soltau
The Holy Vessels and Furniture of the Tabernacle	Henry W. Soltau
The Law Prophecied	R. H. Mount, Jnr.
The Tabernacle	M. R. DeHaan
Keys to Scripture Numerics	Ed. F. Vallowe
Number in Scripture	E. W. Bullinger
Christ in the Tabernacle	Frank H. White
Tabernacle Alphabet	Charles E. Pont
Lectures on the Tabernacle	Samuel Ridout
The Tabernacle, Priesthood and Offerings	Dr. I. M. Haldeman
Typical Truth in the Tabernacle	W. S. Hottel

Anotações de palestras

The Tabernacle of Moses	Ern Baxter
Tabernacle in the Wilderness	Violet Kiteley
Studies in the Tabernacle	Bethel Temple Bible School
The Tabernacle	W. W. Patherson
Notes on the Tabernacle	Ray S. Jackson
Use of the Old Testament	B. Maureen Gaglardi
Significance of Numbers	Ray S. Jackson
Significance of Numbers in Scripture	W. W. Patterson

Gostou?

Você foi abençoado por este livro? A leitura desta profunda obra foi uma experiência rica e impactante em sua vida espiritual?

O fundador da Editora Atos, que publicou este exemplar que você tem nas mãos, o Pastor Gary Haynes, também fundou um ministério chamado *Movimento dos Discípulos*. Esse ministério existe com a visão de chamar a igreja de volta aos princípios do Novo Testamento. Cremos que podemos viver em nossos dias o mesmo mover do Espírito Santo que está mencioado no livro de Atos.

Para isso acontecer, precisamos de um retorno à autoridade da Palavra como única autoridade espiritual em nossas vidas. Temos que abraçar de novo o mantra *Sola Escriptura*, onde tradições eclesiásticas e doutrinas dos homens não têm lugar em nosso meio.

Há pessoas em todo lugar com fome de voltarmos a conhecer a autenticidade da Palavra, sermos verdadeiros discípulos de Jesus, legítimos templos do Espírito Santo, e a vivermos o amor ágape, como uma família genuína. E essas pessoas estão sendo impactadas pelo *Movimento dos Discípulos*.

Se esses assuntos tocam seu coração, convidamos você a conhecer o portal que fizemos com um tesouro de recursos espirituais marcantes.

Nesse portal há muitos recursos para ajudá-lo a crescer como um discípulo de Jesus, como a TV Discípulo, com muitos vídeos sobre tópicos importantes para a sua vida.

Além disso, há artigos, blogs, área de notícias, uma central de cursos e de ensino, e a Loja dos Discípulos, onde você poderá adquirir outros livros de grandes autores. Além do mais, você poderá engajar com muitas outras pessoas, que têm fome e sede de verem um grande mover de Deus em nossos dias.

Conheça já o portal do Movimento dos Discípulos!

www.osdiscipulos.org.br